KB144070

자전거로 가는 新열하일기

윤일영

김종운

최충현

신광수

배승식

허익렬

정종용

240여 년 전인 1780년, 연암은 청 건륭제의 70회 생일을 축하하는 조선의 사절단과 함께 당시 천자의 나라인 청나라를 방문하게 된다. 그의 기행문인 『열하일기』는 의주에서 압록강을 건너면서 시작하여 당시 열하인 승덕까지의 노정을 기록한 것이다. 음력 6월 24일부터 8월 20일까지 56일 동안 2,500여 리의 노정이다. 당시에는 교통편이 배나 말밖에 없었고, 한여름 염천하의 여행이니 가히 고난의 행군이었음이 짐작된다. 이 『열하일기』를 통해 연암은 당시 오랑캐라고 폄하하던 청나라의 문물과 사고를 바탕으로 조선 사회 문제를 신랄하게 풍자하며 조선의 변화를 이끌었다.

2019년 7월, 같은 생각과 뜻을 가진 우리 7명은 연암의 길을 따라 자전거를 타고 압록강변의 단동丹東을 출발하여 만주의 한복판인 요양遼陽과 심양瀋陽을 거쳐 산해관山海關을 뚫고 북경에 도착한 후 고북구古北口의 장성을 넘어 하북성의 승덕承德에 도착하였다. 50대 후반부터 70대까지 결코 젊지 않은 중노년인 우리가 7월 한여름에 온갖 시련을 겪으면서 장장 1,500㎞에 달하는 긴 여정을 소화해낸 것이다.

때로는 40도 가까운 무더운 날씨 속에서 하루에 130㎞를 넘는 초인적인 거리를 자전거로 달리기도 했다. 길을 잃고 헤맨 적도 있었고, 공안에 의해 여관에서 두 번이나 쫓겨나기도 했다. 험난한 고갯길을 수없이 넘기도 하고 맞바람을 맞으며 힘든 주행을 하기도 했다.

이번 여행은 역사 기행이라고 할 수 있다. 만주 지역에서 북경에 이르는 이 지역은 명말 청초의 역사적 풍운이 일어났던 지역이다. 왕조의 흥망과 성쇠가 교차하는 투쟁의 역사가 이곳에 있다. 이 길을 여행하면서 우리는 이러한 역사를 반추하며 오늘날 어떤 교훈을 얻을 수 있을 것인지를 생각해 보았다. 또한 당시 중국의 변방 국가로서의 조선이 처했던 상황과 조선의 선비들이 인식했던 현실을 재조명하면서 한국의 미래를 생각해보는 계기가 되었다.

이번 여행은 자전거를 이용한 여행이기는 하지만 차량의 도움을 많이 받았다. 차량에 짐을 실음으로써 자전거의 무게를 줄여 체력의 소모를 줄일 수 있었다. 무엇보다도 중요한 것은 자전거로 가기에는 힘든 먼 곳까지 차량을 이용하여 답사함으로써 이번 여행을 단순한 자전거 타기가 아닌 다양한 역사 기행의 성격으로 바꿀 수 있었다.

이번 여행 중에 우리를 도와준 사람이 있었기에 순조로운 자전거 여행이 가능했다. 우선 한정군韓正君 선생에게 감사드린다. 한 선생은 오랫동안 중국 심양沈陽에서 사업하면서 쌓아온 인맥을 통해 우리에게 류싱리劉興利, 쑨스린孫世林 선생과 같은 훌륭한 두 친구를 소개해 주었다. 그뿐만 아니라 여행 중에도 계속 SNS를 통해 우리의 의중을 파악하여 그들에게 전달함으로써 소통을 돕고 갈등을 잘 해결해주었다.

또 감사해야 할 사람들은 물론 류싱리 선생과 쑨스린 선생이다. 류 선생은 자전거를 타고 우리를 앞에서 리드해 주었다. 쑨 선생은 차량으로 우리의 부담을 덜어주었고 자전거로 갈 수 없는 곳까지 우리를 데려다 줌으로써 우리의 여행을 더욱 가치 있게 해주었다. 아마 이들이 없었다면 이번 여행은 우리가 겪었던 것보다 몇 배의 힘든 여정이 되었을 것이다.

또 위험하고 힘든 여정임에도 불구하고 지지하고 응원해준 우리 모두의 아내들에게도 감사한 마음을 전한다.

2020년 11월

목차

도착

백탑　피서산장 열하
송덕
고북구
삼간방　화유구

회유　밀운
슈의
손가장　계주
북경　통주　삼하
옥전　(고려포)
고려보
영원위
(수중현) 중후소

(노룡현)
영평　무녕　유관
풍윤　갈석산　산해관
진황도
창려

🚲 열하일기 답사로 ──────
🚐 안시성/부찰 답사로 ──────

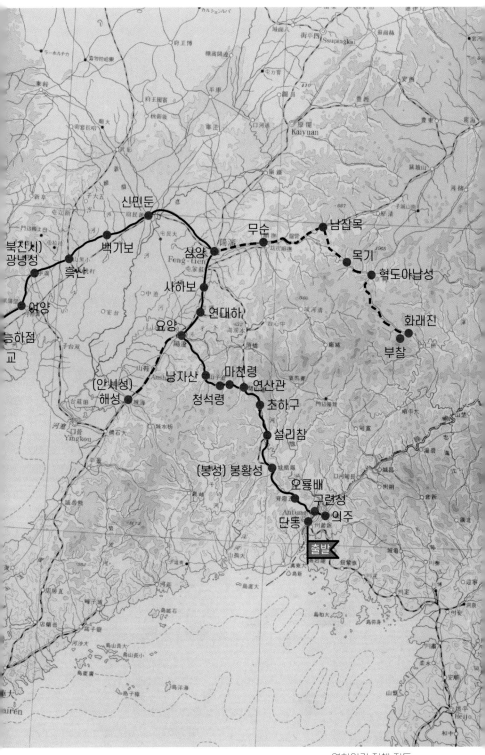

북진(北) 광녕성
백기보
신민둔
흑산
심양
사하보
무순
남잡목
목기
혁도아납성
여양
능하점
교
연대하
요양
화래진
부찰
낭자산
마천령
연산관
(안시성) 해성
청석령
초하구
설리참
(봉성) 봉황성
오룡배
구련정
단동 의주
출발

열하일기 전체 지도

압록강의 물살이 매우 급
했지만 사공들이 모두 노
래를 부르며 힘을 내자 배
는 쏜살같이 유성과 번개
처럼 빠르게 나아갔다. 마
치 하룻밤이 격한 듯이 정
신이 아찔했다. 멀리 통군
정의 기둥과 난간이 팔방
으로 빙빙 도는 것 같고, 전
송 나온 사람들은 아직 모
래 벌에 서 있는데 아득하
게 보여 마치 팥알처럼 까
마득하게 보였다.

『열하일기』 6월 24일
도강록 일부

압록강

《 1부 》

붉은 도시
단둥 丹東

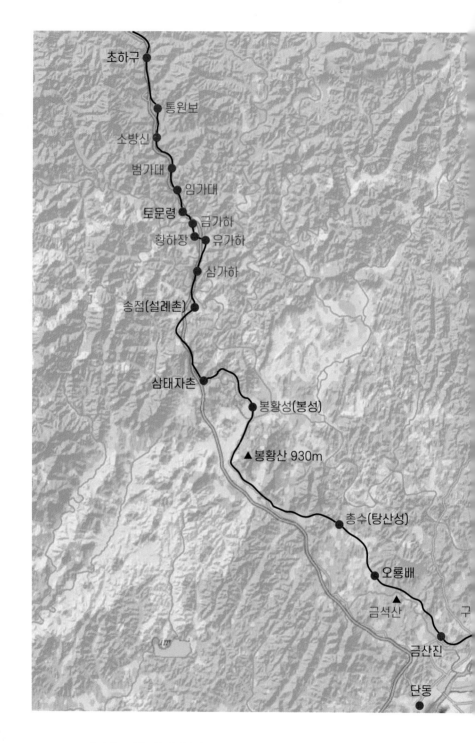

초하구

통원보

소방신

범가대

임가대

토문령 · 금가하

황하장 · 유가하

삼가하

송점(설례촌)

삼태자촌

봉황성(봉성)

▲봉황산 930m

총수(탕산성)

오룡배

금석산▲

금산진

단동

구

2019년 7월 8일 12시, 인천항에 도착하여 배표
를 바꾸고 승선 수속을 밟았다. 출국장에 도착하니 이곳은 이미 한국
이 아니었다. 중국어로 떠드는 중국인들로 출국장은 앉을 자리도 없
이 혼잡했다. 그곳에서 자전거를 배에 싣기 위해 대기하고 있으니 일
단의 중국 여성들이 우리의 자전거를 보며 반갑게 말을 건넨다. 진황
도秦皇岛의 자전거 동호회 사람이라고 한다. 그래서 그들과 함께 사진
을 찍었다. 중국에 도착하기도 전에 처음으로 만난 중국인이었다. 중
국인들은 언제나 활달해서 처음 보는 사람들과도 허물없이 대화를 나
눈다.

인천항 출국장

출국장에서 만난 진황도 여자들과 함께

　저녁 6시, 동방명주 6호를 타고 인천항을 출발하여 다음날인 7월 9일 오전 9시 드디어 우리의 이번 여행의 첫 출발점인 단동에 도착했다. 대략 15시간을 황해를 항해한 것이다. 곧바로 중국 해관의 입국 심사를 거쳐 단동항을 나섰다. 온갖 감회가 밀려왔다. 이제부터 연암의 길을 따라 우리는 여행을 시작할 것이다. 비록 당시의 상황과 다른 여건하에서 여행을 히게 되겠지만 어쨌든 힘든 여정이 될 것은 틀림없을 것이다. 50대 후반부터 70대 초반까지의 중노년들이 자전거를 타고 낯선 중국에서 30일간 1,500여 ㎞에 달하는 긴 여정을 소화해내기란 쉽지 않을 것이다.

　단동항을 나오니 이미 약속한 대로 중국인 류싱리刘兴利 선생과 쑨스린孙世林 선생이 우리를 기다리고 있었다. 우리는 처음 서로 인사를 하고 사진을 찍었다. 이번 여행에서 이 두 중국인이 우리의 전 일정을 도와주기로 했다. 류 선생은 우리와 함께 자전거를 타면서 안내를 하고, 쑨 선생은 차량을 가지고 와서 우리의 짐을 싣고 가기로 했다. 이

두 중국인은 심양沈陽에 사는 사람들로 이곳 단동까지 우리를 마중 나와 주었다. 처음 만난 사람들이지만 우리는 금방 친해졌다.

단동항 부두에서 해변 도로를 따라 압록강 하구로 향했다. 날씨는 맑았고, 가벼운 해풍이 얼굴을 스쳤다. 단동의 첫인상은 중국의 다른 도시에서 보지 못할 정도로 정돈되어 있고, 깨끗하다는 느낌이 들었다. 고층 건물이 들어서고 강변에는 압록강 공원이 아름답게 조성

단동항에서 처음 만난 중국인들과 함께

단동항에서 압록강으로

되어 있었다.

'단동'이란 지명에는 우리의 역사적 아픔이 있다. 1932년 일본이 현 동북 3개 성, 흑룡강성, 길림성, 요녕성 지역에 만주국을 세울 때 14개 성을 두었다. 이때 압록강 이북 안동安東 부근에 안동성安東省을 설치하고 안동을 그 성도省都로 삼았다. 만주국이 패망한 후 봉천성奉天省과 안동성이 요녕성으로 통합되었으며, 1965년 주은래周恩來는 안동이라는 지명이 제국주의적 색채가 있어 북중 관계에 도움이 안 된다며 단동丹東으로 개명케 했다. 한국전쟁 당시 조·중 혈맹血盟으로 탄생한 이름으로 '붉게 물든 동방의 도시'라는 의미였다. 그러므로 우리에게는 단동이라는 이름이 그리 기분 좋은 말은 아니었다. 실제로 한국전쟁 당시 중공군의 후방 기지는 단동이었다. 한국전쟁 중에 중공군의 소요되는 병력과 물자의 60% 이상이 단동을 통해 들어왔다. 단동을 통해 수많은 병력과 물자가 한국전쟁에 투입되었으며, 한국은 중공군의 개입으로 인해 국토를 통일할 절호의 기회를 놓치고 말았다. 그런 의미에서 단동은 한국에게는 뼈아픈 도시이기도 하다.

단동은 지열 자원이 풍부하고 온천과 휴양지가 많아 '중국 온천도시'로 이름이 나 있다. 또 중국 해안선의 북쪽 기점이기도 하며 동북아의 중심 지대로 동북아 경제권과 환발해, 황해 경제권의 핵심 도시이기도 하다. 또한 북한과의 무역에서 가장 중요한 도시로 특히 북한은 신의주와 단동을 통해 중국과 교역하고 있는 곳이기도 하다.

아 압록강이여!

　　해변 도로를 따라오면서 3시간을 달리니 압록강 하구가 보이기 시작했다. 그리고 마침내 압록강 철교 앞에서 멈췄다. 철교 밑으로 강물이 넘실대며 흐르고 있었다. 여름이라 그런지 수량이 매우 풍부했다. 『동국여지승람』에 의하면 통군정統軍亭 동북쪽 구룡연九龍淵의 물빛이 오리의 머리같이 푸르므로 압록鴨綠이라 칭했다고 한다. 그렇게 맑

압록강

은 강이라는 뜻이다. 그러나 강물은 그리 맑은 편은 아니었다. 본래 압록수는 구룡포 앞 구룡연의 물빛을 지칭한 것인데 오늘날에는 강물 전체의 명칭이 되었다.

압록강에 도착하여 곧바로 유람선을 타고 압록강을 유람했다. 압록강에 있는 철교로부터 압록강상의 위화도, 신의주를 가까이 볼 수 있었다.

압록강 철교

압록강에 있는 철교는 2개이다. 하나는 한국전쟁 때 파괴된 소위 '압록강 단교'이고 또 하나는 현재 사용하고 있는 철교이다. 이를 중국은 '중조우의교'라고 부른다. 중국과 조선 간의 우의를 상징하는 교량이라는 뜻이다.

압록강 단교

압록강 단교는 1904년 일본 제국주의가 대륙 진출을 위해 최초로 철도를 개설한 것으로 당시 안동(현 단동)과 봉천(현 심양)을 잇는 안봉선이었다. 그리고 1909년에 당시 협궤였던 안봉선을 표준 궤도로 바꾸면서 또 압록강에 철교를 건설하여 조선의 철도와 연결시켰다. 이렇게 함으로써 일본은 중국의 만주 지역과 한반도의 부산을 통해 일본에 이르는 커다란 병참선을 구축하여 중국과 한국의 식량과 석탄, 광물 자원 등의 물자를 일본으로 운반할 수 있게 되었다.

1909년 처음 기공하여 1911년 완공된 철교는 길이가 944m이고 넓이가 11m로 12개의 아치로 만들어졌으며, 중국 쪽에서 4번째 아치는 개폐식으로 만들어져서 대형 선박이 압록강을 항해할 때 90도로 회전할 수 있도록 했다. 이 철교는 1943년 상류에 제2의 철교를 건설하면서 철로가 아닌 일반 도로로 변경되어 자동차와 사람이 오갈 수 있도록 바뀌었다. 이 교량은 한국전쟁 당시 미군의 폭격으로 파괴되어 중국 쪽의 4개 아치 교량만 남아있다.

당시 중공군의 참전으로 곤경에 처한 맥아더는 중공군의 동맥인 압록강 철교를 파괴하려고 극동 공군에게 명령한다. 그러나 이것은 중공과의 확전을 염려하는 트루먼 대통령의 전략적 범위를 넘어서는 것이었다. 맥아더와 트루먼과의 전략적 조정 과정을 통하여 결국 '부득이한 경우에 한하여 한국 영토 내에 있는 교량을 공격해도 좋다.'는 훈령을 받게 된다. 그래서 중국 쪽의 교량만 남아있게 된 것이다.

입구에는 금색으로 '압록강단교'라는 현판이 걸려있는데 이는 전 중국 국방부장이었던 지호전迟浩田 상장이 쓴 글씨로 알려져 있다. 중국은 이 단교를 대대적으로 수리 보수하여 식민주의와 제국주의의 침략 전쟁을 잊지 말자는, 애국주의를 고취하는 교육 현장으로 사용하고 있다. 교량에는 아직도 수많은 포탄의 흔적들이 남아있다.

평화를 위하여

단교에 올라가자 제일 먼저 눈에 띄는 것이 '평화를 위하여'라는 글이 새겨져 있는 조상이다. 중국어로 '为了和平'이라는 글 밑에 영어로 'FOR PEACE'라고 쓰여 있다. 그 조형물은 중국의 군인과 인민들이 기치를 들고 전진하는 모습을 나타내고 있다.

평화를 위하여⋯ 과연 이것이 이 단교와 무슨 연관성을 가지고 있다는 것인지 잠시 혼란이 왔다. 평화를 위해 한국전쟁에 참전했다는 의미일 것이다. 그러나 그 평화는 중국의 평화일 뿐, 한국으로서는

단교에 있는 조상, 바닥에 '为了和平', 'FOR PEACE'라고 쓰여 있다.

중국의 참전으로 평화를 얻을 기회를 잃어버리고 3년간 평화가 아닌 전쟁의 소용돌이 속에서 고통을 겪게 된 것이 아닌가. 이렇듯 평화란 입장에 따라 전쟁이 되기도 한다.

두 번째 교량인 중조우의교는 1937년 4월 일본이 안봉선을 복선화하면서 기존의 교량 상류 쪽 100m 되는 지점에 설치한 교량으로 1943년 완공되었다. 길이는 946m이고 모두 12개의 아치로 만들어졌으며, 복선 철로로서 기차가 교행할 수 있도록 했다. 이렇게 함으로써 일본은 중국의 자원을 대량으로 더욱 신속하게 운송할 수 있게 되었다. 1945년 일본이 항복한 후 이들 교량은 당시 만주 지역을 점령하고 있던 소련군에게 이관되었다가 1947년 소련군이 철수하면서 중국과 조선 양국의 공동 관리가 되었다. 현재 상류에 있는 교량은 철로

중조우의교, 북한에서 중국으로 들어가는 화물차들 ⓒ搜狐

하나를 철거하여 일반 도로로 만들어 철로와 도로를 겸용하고 있다.

　연암은 열하일기 첫머리를 '도강록'이라고 이름을 붙이고 압록강을 건너면서 경험했던 일들을 자세히 기록했다. 당시에는 압록강에 교량이 없었기 때문에 배를 이용하여 강을 건넜다. 중국과 조선 간의 사신이 오가던 압록강상의 도하 지점은 의주의 통군정에서 배를 타고 대안에 도착한 후 다시 삼강을 건너 구련성九连城으로 가는 길이었다. 당시 연암도 의주에서 강을 건너려고 하였으나 압록강물이 불어 건너지 못하여 의주에서 10일간을 대기해야 했다. 압록강을 건너기 전에 의주의 구룡정에서 배와 사람, 말에 대한 짐 수색을 하였다고 기록하고 있다. 사람은 이름, 거주지, 나이 외에 특이하게도 수염과 흉터의 유무, 키의 장단을 적었고, 말은 털의 빛깔을 기록했다고 한다. 강에는 섬들이 많아 일부 인원들은 그 섬이 중국 대안인 줄로 착각하여 그 섬에 하선했다가 다시 배를 타고 건너오는 해프닝도 벌어졌다.

　굼실굼실 흘러가는 압록강을 바라보면서 이곳을 중심으로 벌어졌던 역사의 장면들이 스쳐 지나갔다. 우리 민족이 강대했던 부여, 고구려, 발해 시대에는 이곳은 우리 민족의 중심이 되는 곳이었다. 그러나 우리 민족이 힘이 없었을 때에는 외세가 침입해 들어오는 통로의 역할을 했던 곳이다. 수나라의 고구려 침입을 비롯하여 요나라의 침입, 몽고의 수차례의 침입, 청나라의 2차례의 호란이 모두 이곳을 통해 이루어졌다. 임진왜란 때에는 명나라의 조선 구원병이 또한 이곳을 통해 들어왔으며, 한국전쟁 때에도 중공군이 이곳을 통해 한국전에 개입하게 되었다. 모두가 우리에게는 뼈아픈 통한의 역사일 뿐이다.

위화도

유람선을 타고 강으로 나아가니 곧바로 북한 땅인 위화도가 보였다. 우리 역사에서 조선의 개국을 알리는 위화도 회군의 현장이다.

고려 말기인 1388년 요동 정벌의 장수인 이성계와 조민수가 요동으로 가던 중 이곳 위화도에서 군사를 돌려 정변을 일으키고 권력을 장악했던 사건의 현장이다. 14세기 중반은 중원을 장악하고 있던 원이 서서히 그 세력이 쇠퇴하고 주원장이 이끄는 명이 대두하기 시

위화도

작하던 시기였다. 이러한 왕조 교체 시기에 고려 조정의 실권을 장악하고 있던 최영은 요동 정벌을 단행하게 된다. 우왕은 5만 병력을 징발하여 최영을 총사령관인 팔도도통사로 삼고, 조민수를 좌군도통사, 이성계를 우군도통사로 삼아 요동 정벌을 출정케 하였다. 4월 18일 서경을 떠난 원정군은 19일이 지난 5월 7일 압록강 하류의 위화도에 도착했는데 그곳에서 강물이 불어 강을 건널 수 없다며 14일간을 지체했다. 그리고 이성계는 조민수와 상의하여 소위 4대 불가론을 주장하며 요동 정벌을 중단하고 철병할 것을 요구하였다.

> 첫째, 작은 나라로 큰 나라를 거스르는 것은 옳지 않다.(以小逆大)
> 둘째, 여름철에 군사를 동원하는 것은 옳지 않다.(夏月發兵)
> 셋째, 온 나라의 병사를 동원해 원정을 하면 왜적이 그 허술한 틈을
> 타서 침범할 염려가 있다.(擧國遠征, 倭乘其虛)
> 넷째, 무덥고 비가 많이 오는 시기이므로 활의 아교가 풀어지고 병사
> 들도 전염병에 시달릴 염려가 있다.(時方暑雨, 弓弩膠解, 大軍
> 疾疫)

우왕과 최영은 이를 허락하지 않고 계속 진군할 것을 명령했다. 그러자 이성계와 조민수는 정변을 모의하고 5월 22일 회군을 결행함으로 우왕과 최영을 체포하고 고려의 권력을 장악함으로써 새로운 왕조의 문을 연 사건이었다.

그 당시 위화도에서의 상황이 정확히 어떠했는지는 현재의 우리로서는 전혀 알 수가 없다. 그러나 만주 지역의 세력 공백기와 같은

왕조 교체기에 만약 요동 정벌을 단행했다면 우리의 역사는 어떻게 바뀌었을까? 시저가 "주사위는 던져졌다."고 외치면서 루비콘강을 건너 로마로 진격함으로써 로마의 권력을 장악한 것처럼, 이성계는 위화도에서 사대 불가론을 주장하며 압록강을 다시 되돌아 건너 회군의 결단을 함으로써 고려의 운명을 바꾸었다. 역사에서는 가정이 없다고 하지만 만약 고려가 요동 정벌을 단행하였다면 과연 우리의 역사는 어떻게 바뀌었을까?

신의주

압록강에 와서 제일 놀란 것이 신의주이다. 압록강에 도착하여 제일 먼저 보게 되는 곳이 압록강 건너에 있는 신의주이다. 우리들의 머릿속에는 이미 신의주가 헐벗고 남루한 도시일 것이라는 고정관념

신의주

을 가지고 있었다. 그런데 압록강에 도착하자마자 처음 보는 신의주
는 눈을 의심하지 않을 수 없을 정도로 제법 규모를 갖춘 도시였다.
건물들과 놀이시설 등이 보였다. 중국인 쑨 선생에게 다시 한 번 확인
할 정도로 우리는 신의주를 의심했다. 쑨 선생의 말에 의하면 이러한
변화는 최근에 벌어진 일이라고 한다.

중국에서의 첫날밤

단동항에서 압록강으로 와서 압록강 유람선을 타고 철교를 둘러
보고 나니 오후 4시가 넘었다. 첫날은 여유 있게 보내기로 하고 한국
에서 인터넷으로 예약한 단동 힐튼가든 호텔에 짐을 풀었다. 중국인
두 명은 다른 곳에 여관을 정했기 때문에 저녁 7시에 만나 함께 식사
하자고 약속을 했다. 그러나 약속 장소인 호텔 앞에서 아무리 기다려
도 중국인들이 나타나지 않았다. 나중에 확인해보니 우리와 언어 소
통에 문제가 있었다. 앞으로 중요한 문제에 대해서는 말뿐만 아니라
필담을 겸해서 분명한 의사소통을 해야 할 것이다. 우리끼리 단동에
서의 늦은 저녁 식사를 위해 호텔 주위를 배회하였다. 한국식 식당들
도 군데군데 눈에 띄었다. 우리는 그중에서 화동갈비和同炸木炭烤 식당에
서 중국에서의 첫 저녁 식사를 했다. 술을 마시며 우리의 장도를 스스
로 축하했고, 또 앞으로 다가올 갖가지 어려움에 대해 조금은 긴장했
다. 그리고 단동의 밤거리를 거닐다가 호텔로 돌아왔다.

호텔 창밖으로 비치는 단동丹東의 시내는 호화로웠다. 수많은 불
빛이 찬란하게 눈에 들어왔다. 그 불빛 너머 압록강이 흘러가고 또 그

너머 북한 땅이 있을 것이다. 그러고 보니 한국에서 참으로 멀리 왔다는 생각이 든다. 이제 겨우 출발점에 섰을 뿐인데, 그리고 겨우 하루도 지나지 않았을 뿐인데 왜 이런 느낌이 드는 것일까. 앞으로 가야 할 많은 날과 거리, 그리고 우리에게 일어날 수많은 사건을 생각하면서 단동丹東에서의 첫 밤을 설레는 마음으로 보냈다.

애하爱河

단동에서 일찍 호텔을 출발하여 호산장성虎山长城으로 향했다. 호산장성에 도착하기 전에 애하를 건넜다. 애하는 또 '애라하'라고도 불렸다. 지금은 '爱河'라고 쓰지만 예전에는 '靉河'라고 썼으며 이는 만주어인 애하靉哈에서 비롯되었다고 하는데 투명하고 깨끗하다는 뜻이다. 조선에서는 이 강을 삼강으로 불렀는데, 연암이 삼강을 건널 때에

애하

도 강물이 맑아서 비단결 같고 강폭은 대체로 조선의 임진강과 같다고 하였다. 조선에서 사신이 중국으로 갈 때에는 반드시 건너야 하는 강으로 이를 위해 봉성의 장군이 배를 비치해 두고 있다고 했으며, 연암이 삼강을 건널 때에도 이 배를 타고 건너 구련성九连城으로 들어갔다. 그러나 지금의 애하는 강에 물이 조금밖에 없어 바닥을 드러내고 있었다.

동북공정의 현장, 호산장성虎山长城

애하를 건너니 곧바로 호산장성이 보였다. 호산의 원래 명칭은 마이산馬耳山이라고 한다. 두 개의 높은 산봉우리 모양이 마치 말의 귀와 같다고 해서 붙은 명칭이다. 또 호랑이의 귀와 비슷해서 호이산虎耳山이라고도 불렸는데, 청대에 들어와서 호산으로 바뀌었다. 호산은 압록강변의 평지에 우뚝 솟아 그곳에 올라가면 사방의 시야가 확 트여 보인다. 그래서 북한의 집들이며 모습을 잘 볼 수 있으며 의주의 통군정과도 마주 보고 있다.

또한 호산은 군사적인 요새로 주변을 감제할 수 있는 요충지이기도 하다. 그래서 오래전부터 호산에 성을 쌓았다. 『구당서』에 의하면 정관 22년 648년 당나라 청구도 행군총관 설만철薛萬徹이 병사 3만을 인솔하여 고구려를 치기 위해 내주로부터 바다를 건너 압록수 입구에서 100리 거리에 있는 고구려성인 박작성泊灼城을 공격했다는 기록이 나온다. 이 박작성이 오늘날의 호산장성이다. 그러니 호산장성은 원래 고구려의 성이다.

호산장성

호산장성 매표소를 거쳐 안으로 들어가니 제일 먼저 눈에 띄는 것이 '만리장성 동단기점 호산장성'이라는 글씨였다.

중국이 동북공정을 통해 역사를 왜곡한다고 하지만 이것은 너무 심하다는 생각이 들었다. 만리장성의 동쪽 끝이라면 당연히 산해관山海關이 아닌가. 이 엄연한 사실을 왜곡하여 이곳 호산장성을 만리장성의 동단으로 역사를 조작하고 있다. 서쪽으로 가욕관으로부터 시작하여 중국 북부의 고북구古北口를 지나 동쪽으로 산해관山海關에 이르는 만리장성 밖은 원래 중국의 영토가 아니었다. 북쪽은 몽고족이 있었고,

동쪽 밖에는 여진, 말갈, 등 동이족의 영토가 아닌가. 조선 후기까지만 해도 만주 지역이 조선의 옛 땅이라는 인식이 강하게 남아 있었다는 것은 연암의 열하일기에도 잘 나와 있다. 연암이 심양沈陽에 갔을때 이곳을 조선의 땅이라고 하였다.

중국은 1990년 이전에는 산해관山海關을 만리장성의 동단이라고하였다. 그러나 90년 이후부터 이곳을 만리장성의 동단으로 주장하기시작하여 새로운 성벽을 구축하고 성루와 봉화대 등 각종 시설을 설치하였다. 그리고 교과서에도 만리장성의 동단이 산해관山海關이 아니라 호산장성이라고 기록하여 교육하고 있다.

중국의 동북공정의 대상은 한국이다. 즉 만주 지역에서의 한국역사 지우기라고 할 수 있다. 중국의 동북지역의 고구려와 발해의 역사는 그저 중국의 소수지방정권일 따름이다. 한국의 역사와는 무관하다는 입장이다. 민족국가의 존재는 그만큼 중요하다. 만주인들은 민족국가를 잃고 언어와 글조차 잃어버려 이제 중국에서 그 존재가 희미해졌다. 그러니 한국이 혹시 그들의 동북지역을 자기들의 영토라고주장하지 않을까 하는 것이 동북공정의 핵심이다. 오죽하면 윤동주시인까지도 중국(조선족)의 항일 시인이라고 할까.

그럼에도 불구하고 우리는 오히려 걸핏하면 아무 생각 없이 한반도기를 흔드는데 이것이야말로 중국의 동북공정에 맞장구를 치는 분별없는 행동이 아닐까. 한반도기를 흔든다는 것은 우리 스스로 대륙의 역사를 부정하고 우리의 역사가 한반도 안이라고 외치는 꼴이다.참으로 안타까운 일이 아닐 수 없다.

호산장성에서 북쪽을 향해 내려다본 중국 마을, 오른쪽 작은 개천이 조중 국경선이다.

장성에 올랐다. 호산장성이 평야에 우뚝 솟은 성이어서 주변의
경치가 모두 한눈에 들어왔다. 북쪽에 있는 중국인 마을은 주황색의
지붕들이 옹기종기 모여 아름다운 모습을 보여주었다.

동쪽으로 압록강 넘어 의주가 희미하게 보였다. 감회가 새로웠
다. 한벌(윤일영) 선생이 시를 읊었다.

호산장성에 올라 압록을 굽어본다
멀리 통군정이 있으련만
강나루 먼 숲에 가렸구나

옛날 고구려가 수나라와 다툴 때
을지문덕의 호연한 기백 간데없고
천 년 뒤 나그네
백발을 흩날리네

중국에 붙어버린 섬, 어적도於赤島

호산장성 바로 아래는 북한 땅 어적도가 붙어 있다. 어적도에는
잘 가꾸어진 푸른 들녘에 농작물이 풍요롭게 자라고 있고, 무슨 집들
인지는 모르겠지만 많은 집이 집단으로 세워져 있으나 사람들의 모습
은 보이지 않았다.

1962년에 북한과 중국이 맺은 조중변계조약에 따라 북한과 중국

어적도. 작은 샛강이 조중 국경선이다. 강 건너에 철조망이 쳐져 있고 어적도에는 많은 집이
보인다.

은 압록강상의 국경을 정한
바 있다. 그때 압록강상의 섬
들도 그 어느 나라에 귀속되
는지가 명확히 규정되었는데
이때 구리도, 어적도, 검동
도, 위화도는 북한의 소유가
되었다. 그런데 오랜 강 흐

일보과 ©whereismynextadventure.com

름의 퇴적 작용에 따라 어적도는 중국 땅과 거의 붙어버렸다. 그래서
이 부근에서의 북한과 중국의 국경선은 넓은 압록강이 아니라 어적도
와 호산장성 사이의 작은 실개천이다. 그래서 이곳을 일보과一步跨라고
한다.

일보과란 양국 사이에 있는 국경이 겨우 한 발자국밖에 안 되는
아주 폭이 좁은 강이라는 뜻이다. 이런 현상은 강을 사이에 두고 국경
을 정한 경우 많이 발생하는 현상이라고 볼 수 있다. 두만강 하구에
있던 녹둔도 역시 퇴적작용으로 러시아로 붙어버려 지금은 러시아의
영토가 되었다. 조선 선조 때만 해도 이순신 장군이 녹둔도에 주둔해
서 여진족을 막았다는 기록이 있다. 이 녹둔도 역시 언젠가는 우리가
되찾아야 할 영토이다.

의주를 바라보며

호산장성에서 압록강 대안에 있는 북한 땅 의주를 바라보았다.
압록강가에 드문드문 집들이 보이고 그 너머 의주 시내인 듯한 곳에

의주 일대의 지도

는 도저히 도시라고는 할 수 없는 작은 집들이 옹기종기 자리를 잡았다. 그 북쪽 언덕에 숲이 우거져 있는데 그 숲에 조그만 정자 같은 것이 희미하게 보여서 우리는 그것이 통군정이 아닐까 하는 추측만을 했다. 의주를 바라보는 우리의 마음은 착잡했다. 사실 열하일기를 답사하려 한다면 출발점은 마땅히 의주가 되어야 할 것이다. 그러나 지금은 갈 수 없는 땅이 되어 그저 멀리서 바라보기만 할 뿐이다.

연암은 압록강을 도하한 후 의주를 바라본 느낌을 다음과 같이 기록했다.

압록강 너머 의주의 모습

한 조각 외로운 성곽이 마치 한 필의 비단을 펼쳐놓은 듯하고, 성문
은 마치 바늘구멍과 같이 뚫려있어 그 사이로 새어나오는 햇살은 한
점의 새벽 별과도 같이 보였다.

이 묘사는 참 문학적인 표현인 것 같다. 성곽이 햇볕에 널어놓은
비단과 같고 성문에서 새어나오는 햇살이 새벽 별과 같다니…. 우리
들의 문학적 감성이 부족하기 때문일까, 240년 후에 같은 장소에서
바라보는 의주의 모습은 전혀 비단이라든가 새벽 별 같은 느낌이 없
었다. 아니면 연암의 시대와 역사적 상황이 바뀌었기 때문이었을까,
멀리서 바라보는 의주의 모습은 초라하기 그지없었다.

옛날에는 의주가 이 지역의 중요 지역으로 역할을 했지만, 오늘
날에는 그 역할을 신의주가 대신하고 있다. 이렇게 역할이 바뀐 것은

철도가 신의주를 통과하면서부터이다. 이러한 사례는 많이 있다. 충청도에서는 예로부터 공주가 중요 도시였으나 철도가 대전을 통과하면서 공주는 무색해지고 허허벌판이었던 대전이 오늘날 대도시로 변모한 것과 같다. 변경 도시로서의 중요성을 신의주에게 빼앗기고 퇴기처럼 뒤로 물러앉은 은퇴 도시여서일까?

구련성九連城

구련성으로 왔다. 연암이 압록강을 건너 처음으로 노숙한 곳이 구련성이다. 당시 노숙할 때의 상황을 연암을 다음과 같이 기록하고 있다.

> 삼강을 건너니 이미 저녁이 되어 숲속에서 노숙을 했다. 밤에는 아름드리 거목을 베어 30여 곳에 횃불을 지펴 밝히고 먼동이 틀 때까지 환하게 밝혀놓았다. 군뢰들이 나팔을 불고 소리를 지르는데 이는 호랑이들이 가까이 오지 못하게 하기 위함이다. 한밤중에 큰비가 억수같이 쏟아져 장막 위로 빗물이 새고 밑에서는 습기가 차올라왔으나 이내 날이 개어 하늘엔 별이 총총히 드리워져 손을 뻗치면 잡을 수 있을 것 같았다.

이때 지은 '구련성에서 노숙하며露宿九連城'라는 시가 『연암집』 4권에 수록되어 있다.

요양遼陽 가는 만릿길에 누워서 생각하니 / 臥念遼陽萬里中

산하에 예나 지금 영웅이 몇이더뇨 / 山河今古幾英雄

이적이 도호부都護府 설치한 곳엔 나무들 잇대었고 / 樹連李勣曾開府

동명왕 살던 궁궐 구름에 뒤덮였네 / 雲壓東明舊住宮

날고뛰었던 전투, 강물과 함께 흘러가버리고 / 戰伐飛騰流水盡

어부와 나무꾼 한가로이 문답하니 석양만 쓸쓸하구나 / 漁樵問答夕
陽空

출새곡出塞曲 노래하다 취한 김에 웃어 대니 / 醉歌出塞歌還笑

머리 하얀 한낱 서생 바람으로 머리를 빗질하겠구나 / 頭白書生且櫛
風

당시에 이곳에는 인가가
별로 없어서 호랑이가 출몰하
는 숲속에서 노숙을 할 수밖에
없었던 모양이다. 지금은 구
련성이 제법 큰 도시가 되었
다. 구련성의 옛 성터를 찾아

구련성 옛터 표지석

갔으나 이미 성터는 모두 없어지고 그래도 성터를 확인할 수 있는 것
은 상점 앞에 있는 '구련성구지九连城旧址'라고 쓰여진 돌비석뿐이었다.
그래도 혹시나 해서 그 지역 노인들에게 물어보니 아무것도 없다고
한다. 그래서 그곳 노인들과 함께 비석 앞에서 사진을 찍었다.

원대 이래로 구련성은 조선과 통상무역을 행하던 '호시互市'가 열
렸던 장소이기도 하다. 지금도 마시촌馬市村이라는 지명이 의주와 압록

강을 사이에 두고 구련성에 남아있다. 당시의 무역은 매년 봄 2월과 가을 8월 15일 이후에 쌍방이 이곳에서 물자를 교류했다고 한다. 청대의『봉성쇄록鳳城瑣錄』에 당시 무역의 상황이 다음과 같이 자세히 기록되어 있다.

매년 2월과 8월에는 보름이 지나면 조선 역부役夫들이 소와 상품을 가지고 압록강을 건너와 강변에 늘어서면 주방병駐防兵들이 판매대의 조선 역부들을 상대로 중국산 포布 총 七千五百十四 단段을 지불하고 조선 역부들로부터 소 二百 두頭, 소금 二百九十九 포包, 미역 万五千八百 근斤, 해삼海參 二千二百 근斤, 크고 작은 종이 十万八千 장張, 면마포綿麻布 四百九十九 단段, 쟁기 二百 구具를 매입한다. 이때 조선의 경기, 평양, 황해 3개 도道에서 상인이 1명씩 나와 거래를 처리하고 의주義州 지주知州는 관원을 거느리고 나와 이들을 감독한다.

구련성 중심소학교 어린이들

구련성 옛터에서 나와 다시 구련성 중심지에서 점심을 먹었다. 식당 부근에 구련성 중심소학교가 있어 잠시 들어갔다. 어린이들은 어느 나라를 막론하고 모두 순수하고 밝다. 우리가 운동장으로 들어가니 손을 흔들며 반긴다.

압록강 전투

단동과 의주, 구련성 일대는 갑오 청일전쟁 당시 청과 일본이 전투를 벌였던 전장이기도 하다. 1894년, 풍도해전과 평양전투에서 모두 패한 청은 병력을 압록강 하구로 상륙시켜 이곳을 방어선으로 하여 일본군의 진출을 저지하려고 하였다. 그리하여 8월 18일 정여창 제독은 이끌고 온 병력과 장비를 모두 압록강 하구에 상륙시킨 후 다시 여순이나 위해위로 돌아갈 것을 명했는데, 서남 해상에서 검은 연기가 나 보니 모두 미국기를 계양한 선박이었다. 그러나 이들 선박이 가까이 접근하면서 갑자기 일본기로 바꾸어 계양하면서 소위 황해해전이 발생하게 되었다. 일본군의 교묘한 속임수였던 것이다. 청 수군의 정여창 제독은 자기가 타고 있던 정원함定遠艦이 첫발로 쏜 12인치 함포의 굉음과 진동에 의해 브리지에서 떨어져 중상을 입고 초전부터 제대로 전투지휘를 할 수 없는 상태가 되었으며 이 해전에서 청의 해군은 완전히 괴멸되었다.

육군 또한 송경 등이 지휘하는 70개 영 규모의 병력이 단동과 구련성 일대의 압록강에 배치되었으며 송경은 구련성에 있었다. 10월 24일 일본군 제1군 예하 1사단이 의주에 도착했을 때 청군은 일본군이 단동과 구련성 방면으로 도하할 것으로 보고 이곳에 주의를 집중하고 있었다. 그러나 일본군의 주공은 어적도를 거쳐 호산촌 방향으로 진출하여 10월 25일 압록강을 도하하고 애하를 건너 청군을 포위 격멸하고 구련성과 안동을 점령했다. 이로서 청군의 압록강 방어선이 붕괴되었다.

당시 일본군이 도하했던 통로는 의주성 – 서호동 – 압록강(일명 제1강) – 검동도 – 소서강(중강) – 어적도 – 제3강 – 호산촌 – 호산 – 애하 – 서강 – 구련성의 길이었다. 이 길은 612년 수나라가 고구려를 침공할 때 도하했던 통로이며, 을지문덕이 항복을 가장하여 우문술의 진영을 방문했던 길이기도 하다. 호산장성 남쪽 2.5㎞ 거리에 있는 상첨촌上尖村이 을지문덕이 방문했던 우문술의 진영이 있던 안평성이다.

봉성鳳城

변문진邊門鎮

변문진은 옛날 국경 검문소가 있던 책문柵門이다. 책문은 나무를 잘라 목책을 쌓은 국경의 출입문을 말하는데, 이는 당시 조선에서 부르던 명칭이다. 중국 사람들은 변문邊門 혹은 가자문架子門이라고 불렀다고 하는데 지금은 변문진이라고 한다.

『열하일기』에는 변문의 모습을 다음과 같이 기술하고 있다.

책문 밖에 도착하여 책문 안을 바라보니 수많은 민가는 모두 대들보 다섯 개가 높이 솟았고 띠 이엉으로 지붕을 덮었는데, 집의 등마루가 흰칠하고 대문과 창문들이 가지런하며 네거리는 쭉 뻗어 마치 먹줄을 친 것과 같이 반듯하다. 담장은 모두 벽돌로 쌓았고, 사람 타는 수레와 짐 싣는 마차가 길 가운데 가득하다. 진열된 살림살이 그릇은 모두 그림을 그린 도자기이다. 그 제도가 어디를 보나 결코 촌티가 나지 않음을 볼 수 있었다.

그래서 연암은 책문이 중국의 가장 동쪽 변방임에도 불구하고 이렇게 규모가 있음을 보고 기가 꺾여 문득 다시 돌아갈 생각까지 들었

변문진

다고 했다. 이렇게 국경 도시의 역할을 해오던 변문진은 그러나 오래 전에 이미 신의주와 단동이 그 역할을 대행하고 있기 때문에 지금은 이곳이 그저 아무 특징도 없는 작고 초라한 촌락에 불과할 뿐이다.

과거 책문의 흔적은 어디에도 발견할 수 없었다. 그저 연암이 책 문에 도착하여 그곳을 통과할 때의 상황만을 더듬어 보기로 했다.

국경을 넘는다는 것은 예나 지금이나 번거롭고 까다로운 일임이 틀림없다. 각종 검문검색과 심사가 국경 검문소에서 이루어진다. 당 시에도 연암 일행은 정식 국가 사절임에도 불구하고 책문을 통과하면 서 그곳 관리들에게 소위 뇌물성 금품을 건넸는데 그 목록이 열하일 기에 자세히 나와 있다. 봉성장군 2명을 포함한 그곳 관리 102명에게 준 목록은 다음과 같다.

두꺼운 종이 156권, 백지 469권, 청서피靑鼠皮 140장, 작은 갑의 담배 584권, 담배 800봉, 가는 담뱃대 74개, 은으로 된 담뱃대 74개, 주석 장도 37자루, 칼집과 손칼 284자루, 대구 74마리, 월내月乃(다래라고도 하는데 말안장 진흙받이) 7벌, 환도 7자루, 은장도 7자루, 은 담뱃대 7개, 주석으로 된 긴 담뱃대 42개, 붓 40자루, 먹 40개, 화도 262개 청청월내 2벌, 별연죽別烟竹 35개, 유둔油芚 2벌

지금 생각해 보면 매우 자질구레한 것들로 생각된다. 그런데 삼복더위에 대구는 어떻게 가져갔을까. 아무리 말리고 소금에 절인 것이라 할지라도 비에 젖고 시일이 오래되면 상할 터인데….

봉황산 산성

변문진邊門鎭에서 1시간 만에 봉황산 풍경구에 도착했다. 봉황산은 봉성시 동남 3.5㎞ 지점에 있기 때문에 우리가 변문진에서 봉성으로 갈 때 봉황산이 먼저 우리를 맞이했다. 봉황산에는 봉황산성이 있는데, 고구려 때에는 봉황산을 오골산으로 불렀기 때문에 오골성이라고도 한다.

수양제가 대업 8년 612년 우문술 등에게 별동군 30만을 주어 평양성을 치도록 했을 때 우문술은 오골성을 경유하여 압록수에 이르렀다. 또『자치통감』과『구당서』, 『신당서』「고려전」에 의하면 당나라군이 백암성을 포위 공격할 때 고구려는 오골성의 군을 파견하여 백암성을 성원하였다고 한다.

봉황산

봉황산 앞에서

연암은 말하길 "어떤 이는 '여기가 안시성이다. 고구려의 옛 방언에 큰 새를 안시라고 하고, 지금도 시골말에서는 왕왕 봉황을 안시라고 하고, 사蛇를 백암(배암, 뱀)이라고 훈을 새긴다. 수나라, 당나라 때 우리나라 말로 봉황성을 안시성이라 하고, 사성蛇城을 백암성白巖城이라고 고쳤다.'고 하며 자못 그 말이 이치에 맞는 것 같지만 봉황성을 안시성으로 보는 것은 틀렸다."고 했다. 참으로 연암의 예리한 통찰력을 엿볼 수 있다.

봉성鳳城

봉황산에서 봉성으로 들어왔다. 봉황산이 봉성에 가까이 있기 때문에 30분 정도 가니 봉성 시내가 시작되었다. 우리는 시내로 들어가지 않고 그곳 변두리에 여관을 정했다. 가태嘉泰 상무주점이라는 여관이었는데 가격도 저렴하고 비교적 깨끗했다.

가태 상무주점

중국에서 여관을 정한다는 것은 참으로 어렵다. 물론 돈을 많이 주고 고급 호텔을 정한다면 아무런 문제가 없지만 100위안 내외의 저렴한 가격대의 여관을 생각한다면 더욱 그렇다. 더구나 그 지역에 대한 정보도 부족한 상태에서, 그리고 자전거로 도착해서 피곤한 상태에서 이곳저곳 여관을 찾아다닌다는 것은 불가능에 가까울 정도로 힘든 일이다. 그래서 결국 대충 눈에 띄는 여관을 정하는 경우가 대부분이다. 그렇다 보니 때로는 정말 형편없는 여관에서 숙박하기도 하고 때로는 아주 괜찮은 여관에서 하룻밤을 보내기도 한다. 이번 봉성의 가태 상무주점을 정한 것은 정말 운이 좋은 경우이다.

봉성은 예전에는 봉황성이라고 불렸다. 현재 랴오닝성 단동丹東시에 속한다. 인터넷에서 봉성에 관한 자료를 찾아보니 인구는 60만 정도 되는데 만주족, 한족, 회족, 조선족을 비롯하여 24개 민족이 거주하고 있다. 특이한 것이 만주족이 75%로 압도적으로 많다고 한다. 중국의 어느 소수민족 자치지역을 보더라도 기본적으로는 한족이 다수

봉성에서의 저녁 식사

를 점하고 있는 것이 보통이다. 연변 조선족 자치주도 마찬가지이다. 그럼에도 불구하고 이렇게 만주족이 많은 까닭을 모르겠다.

봉성의 밤은 중국에 온 후 처음으로 중국인들과 함께 우정을 다짐하는 의미 있는 시간이었다. 여관 앞길 건너에 있는 식당에서 식사했는데 모두가 건배하고 때로는 러브샷도 하면서 술을 많이 마셨다. 우리도 취하고 중국인들도 취했다. 백강(김종운) 선생이 통역을 하긴 했지만 사실 말이 필요 없었다. 의기가 통하고 마음이 통하니 그저 '하오하오好好', '셰셰謝謝' 한마디에 만국 공통어인 보디랭귀지면 만사가 다 해결되었다. 7시 반에 시작한 식사는 밤 10시가 넘어서 끝났다.

연암의 역사 인식

연암의 국토, 역사에 대한 인식은 매우 뛰어난 점이 있다고 할 수 있다. 평양과 패수의 위치를 한반도에서 찾아서는 안 된다는 주장은 그의 식견이 일반적인 사대부와는 완전히 다르다는 것을 알 수 있다. 요사에 발해 현덕부는 원래 조선 땅으로 기자가 봉해진 평양성이라 했는데 요나라가 발해를 쳐서 이를 동경으로 고쳤고, 이곳이 바로 지금의 요양遼陽이다. 이로써 볼 때 요양도 하나의 평양이었다. 『당서』를 보면 "안시성은 평양과의 거리가 500리이고 봉황성은 또한 왕검성이라 부른다."라고 했고, 지지에는 "봉황성은 평양이라고도 부른다."라고 했다. 또 지지에 옛날 안시성은 개평현 동북쪽 70리에 있다고 했다. 개평현에서 동쪽으로 수암하까지의 거리가 300리, 수암하에서 동쪽으로 200리 지점에 봉황성이 있으니 『당서』에서 말한 500리와 서로 맞아떨어진다. 그러나 우리나라 선비들은 단지 지금의 평양만 평양인 줄 여기고 기자가 도읍한 평양이 조선의 평양인 줄만 알고 있으며, 봉황성이 평양이라고 말하면 크게 놀라 해괴한 말을 한다고 꾸짖을 것이다. 이는 조선의 옛 영토를 전쟁도 하지 않고 줄어들게 만든 격이다.

한나라 이래로 패수란 것도 위치가 정해지지 않았고, 오늘날의 선비들도 지금의 평양만을 기준으로 삼아 패수의 흔적을 찾고 있다. 중국인들은 요동의 왼쪽 물을 범칭하여 패수라고 부르기 때문에 이정里程이 합치되지 않는 까닭은 여기서 연유한다. 따라서 고조선과 고구려의 강역을 알려고 한다면 먼저 여진 땅을 우리 국경 안으로 합치고 그다음에 요동에서 패수를 찾아야 한다. 패수가 어디인지 정해진 뒤라야 강역이 분명해지고, 그런 뒤라야 고금의 사실들과 부합될 것이다. 이것이 연암의 생각이다.

"아, 슬프다嗚呼! 후세에 땅의 경계를 상세하게 알지 못하고 한사군의 땅을 모두 압록강 안으로 한정했으니 이는 조선의 옛 강토를 전쟁도 하지 않고 줄어들게 만든 격이다. 고려 시대에 요동과 발해의 일대가 모두 거란에 들어가게 되었을 때, 겨우 자비령과 철령 두 고개에 금을 그어 놓고 국토라고 지키고, 선춘령과 압록강은 모두 팽개쳐 버리고 다시는 돌아보지 않았으니 하물며 그 너머의 땅인들 한 발자국이라도 돌아보기나 했겠는가?"

『열하일기』 제1권 「도강록渡江錄」의 한 구절이다. 조선 후기 북학파 영수였던 연암 박지원의 연행燕行 길은 이렇게 탄식으로 시작했다.

통원보 通遠堡

아침 일찍 여관에서 나와 시내 작은 식당에서 아침을 먹었다. 이 날은 봉성에서 연산관連山關으로 가는 날이다. 아침부터 약간의 긴장감이 감돌았다. 이 구간은 토문령土門嶺, 분수령分水嶺, 고가령高家嶺, 유가령劉家嶺과 같은 고개가 많고, 거리도 80km를 넘는 힘든 노정이기 때문이다. 또한 연산관에서의 숙박도 불확실했다. 인터넷에서 검색한 연산관의 여관은 세 곳이 있는 것으로 나왔으나 모두 전화가 없어서 숙박 여부를 알 수가 없다. 만약 연산관에 도착해서 숙박이 불가능해진다면 정말로 난감해질 수 있는 상황이 발생하기 때문이다.

봉성의 아침 식당

통원보 가는 길

봉성로를 따라 북상했다. 처음으로 고갯길이 나왔다. 계관산鷄冠山 풍경구의 고갯길이었다. 이어 304번 도로를 따라가니 또 고갯길이 나왔는데, 이번에는 제법 높고 긴 고갯길이었다. 이강자촌二崗子村을 지나 얼마를 가니 커다란 비석이 있는 삼거리가 나타났다. 오른쪽이 통원보 가는 길이다.

설례촌薛禮村을 지나 또 장령長嶺이라는 고개를 넘었다.

설례촌은 연암이 이곳을 지날 때는 송점松店이라고 불렸으며 일명 설리점雪裡店, 혹은 설류점薛劉店이라고 부르기도 했다고 한다. 일명 설인귀와 유인원이 이곳을 지났기 때문에 두 사람의 성을 따서 설류점

장령

삼가하

이라고 했다고 하는 설이 있다. 송점은 이곳에 몇백 년 된 소나무가 있었기 때문에 송점이라는 지명이 붙여진 것이라고 한다.

설례촌을 지나 30분 정도 가니 삼가하三家河가 나왔다. 연암은 이 하천을 통나무를 파서 만든 말구유 같은 배를 타고 건넜는데, 노도 삿대도 없이 양쪽 언덕에 나무를 박고 큰 동아줄을

유가하

묶어 줄을 당겨 건넜으며 말들은 헤엄쳐서 건너가게 했다고 한다. 지금의 삼가하에는 물이 없어 강바닥에는 잡초만이 무성하다. 하천 위에는 삼가하 다리가 놓여 있고, 공중에는 1113번 단부丹阜 고속도로가 지나가고 있었다. 240년의 시간과 공간의 변화를 상징적으로 보여주는 장면이다.

곧이어 유가하를 지나고 토문령을 넘어 12시경 통원보에 도착했다.

통원보에서

날씨는 그야말로 매우 더운 날씨이다. 온몸이 땀으로 뒤범벅되었다. 통원보에 12시경 도착하여 '냉면왕'이라는 식당 2층에서 점심 식

통원보

사를 했다. 식사 후 잠이 쏟아졌다. 날씨는 무더웠고, 몸은 지쳤다. 잠시 휴식을 한 후 다시 연산관으로 향했다. 갈 길은 아직 멀고, 힘든 고갯길이 우리를 기다리고 있었다.

통원보는 단동시 북부에 위치하며 본계本溪시와 접하고 있는 곳이다. 인구 4만의 작은 도시이다. 원대에 요동에서 구련성으로 가는 노선상에 역참을 세워 이를 용봉참이라고 하였는데 명조에 들어와 통원보로 개칭했다. 통원보의 의미는 이곳으로부터 가히 먼遠 곳인 조선까지 통通할 수 있는 곳이라는 뜻이라고 한다. 그만큼 통원보는 중국과 조선 간의 반드시 거쳐야 할 통로라고 보아야 할 것이다. 그래도 이주변에서는 제법 규모가 있는 곳으로 거리에는 자동차나 사람들도 많이 붐비고 있었다. 거리에서 많이 보이는 것이 삼륜차같이 생긴 작은 차량이다.

통원보 거리의 삼륜차

연암은 이곳 통원보에서 닷새나 체류했다. 계속 비가 오고 강물이 불어 강을 건널 수가 없었기 때문이다. 이때 정사의 마음은 기일 내에 도착하지 못할까 봐 매우 조급했을 것이다. 후일 연암은 다음과 같이 강물이 불어 지체되었던 일을 기록했다.

책문을 들어선 후 길에서 자주 비를 만나고 물이 막히어 통원보에서는 앉아서 5~6일을 허비했기 때문에 정사는 밤낮으로 근심했다. 그리하여 정사는 방을 마주한 나(연암)에게 빗소리가 들리는 밤이면 불을 밝히고 밤을 새웠다. 정사는 "천하의 일이란 알 수 없는 일일세. 만일 우리 일행을 열하까지 오라는 일이 있으면 날짜가 모자랄 것인데, 그때는 장차 어찌할 것인가. 또 설사 열하로 가는 일이 없더라도 만수절(황제의 생일)까지는 도착해야 하는데, 만일 심양과 요양 사이에서 비에 막히는 일이 있다면 이야말로 속담에 '새벽부터 가도 못 미친다.'는 격이 아니겠는가."라고 말했다. 정사는 날이 밝으면 백방으로 강물을 건널 계책을 마련하라고 지시했으며, 사람들이 이를 위험하다고 말리면 곧 "나는 나랏일로 왔으니 물에 빠져 죽는 한이 있더라도 내 직분일 뿐이다. 이를 어찌하랴."라고 하였다.

이렇게 하여 물을 건넜으나 불과 몇 리를 못 가서 또 물을 만나게 되니, 어떤 때는 하루에 여덟 번이나 건너기도 했다. 그리하여 숙소인 역참을 건너뛰어 쉬지 않고 강행군을 하니 말이 더위에 쓰러지고, 사람들도 모두 더위를 먹어 구토와 설사를 했다. 그럴 때면 정사를 원망하곤 했다.

다음은 연암이 통원보에서 체류할 때의 시이다. (『연암집』 4권)

변방에 비 주룩주룩 그칠 줄 모르니 / 塞雨淋淋未肯休

어명 받든 사신들 행차 길이 막혔구나 / 皇華使者滯行輈

예로부터 유세遊說하기를 소의 꼬리 되는 게 부끄럽다는데 / 遊談從古

羞牛後

마두들만 믿고 있는 일행들이 가엾구나 / 眷屬還憐恃馬頭

취한 속에 바라보아도 내 나라가 아니로세 / 醉裏相看非故國

어느 시대 세상인지 초가을이 또 왔네 / 人間何世又新秋

앞 강에 배 없다 기별이 전해 오니 / 前河報道闕舟楫

긴긴 날 지루하여 무엇을 해야 할지 / 長日無聊那可由

도이노음이오 都爾老音伊吾

'도이노음이오'라는 말은 '되놈이오'라는 말을 한자로 적은 것이
다. 연암이 통원보에서 비에 막혀 5일간 체류할 때 야간에 인기척이
있어 누구냐고 소리치니, 청나라 순라군이 한 말이라고 한다. 되놈이
라는 말이 청나라 사람들을 폄하하는 말인 줄도 모르고 조선 사람들
이 자신들을 항상 되놈이라고 부르니 자신들도 되놈으로 여기고 그렇
게 대답한 것이다. 참으로 포복절도할 이야기이다. 이 에피소드를 통
해 당시 조선 사람들이 청나라 사람들을 심정적으로 얼마나 업신여겼
는지를 알 수 있다.

태자하에 도착하니 강물이
장마로 크게 불어 배 없이
는 건너갈 수가 없었다. 강
을 따라 오르내리며 배를
찾고 있는데, 잠시 뒤에 갈
대숲에서 조그만 고깃배가
모습을 드러내고, 또 작은
배 한 척이 물가 모래톱에
숨어 있었다. 버드나무 숲
의 음영이 짙게 드리우고
석양의 햇빛은 금빛으로
노을졌으며 잠자리와 제비
는 물가에서 이리저리 날
아나녔다. 그러나 이부는
우리들의 외침을 못 들은
척 수없이 불러도 내내 돌
아보지 않는다.

『열하일기』 7월 8일

광우사백탑

《 2부 》

요양 遼陽

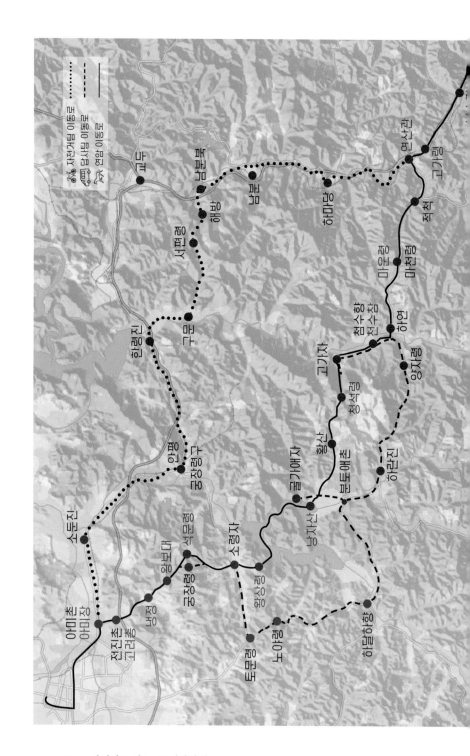

요양 가는 길

초하구草河口

    통원보에서 12㎞를 가니 초하구가 나왔다. 날씨는 매우 무더웠다. 우리는 초하구에서 수박을 사서 길가에서 먹으며 잠시 휴식을 취했다. 그곳에는 동네 할머니들이 길가에 나와 쉬고 있어서 우리와 함께 대화를 나누었다. 연세를 물어보니 모두 80이 넘은 할머니들이었다. 수박을 드리니 한사코 사양을 한다.

초하구

초하구는 우리나라 사람들이 답동畓洞이라고 불렀던 곳이다. 답畓 이란 글씨는 중국에는 없는 글자로 수水와 전田을 합하여 물밭, 즉 논 이라는 뜻으로 사용하고, 이를 '답'이라고 발음했다. 항상 물에 잠겨있 는 땅이기 때문에 우리나라 사람들이 이 이름을 붙였다고 한다.

우리나라 사람들이 중국 땅에 우리식 지명을 붙인 경우가 더러 있다. 변문邊門도 우리나라 사람들은 책문으로, 애하는 삼강으로 불렀 다. 총수라는 지명도 황해도 평산의 총수와 지형이 비슷하여 우리나 라 사람들이 붙인 이름으로 연암은 추정하고 있다. 답동도 그 예 중의 하나이다. 외국의 지명을 우리가 붙일 만큼 이 지역은 조선과 매우 가 까이 있기 때문일 것이다.

연산관連山關 가는 고갯길, 분수령分水嶺, 고가령高家嶺, 유가령劉家嶺

초하구에서 연산관까지는 20㎞ 정도의 거리인데 이 구간에 분수 령, 고가령, 유가령을 넘어야 했다. 그러나 실제로는 내부분 그리 높 지 않은 고개들이어서 힘들이지 않고 넘을 수 있었다.

유가령 역시 그리 높지 않은 고개여서 우리는 이곳이 유가령 인지도 알지 못했다. 유가령을 넘 어와서 그곳에 있는 농부에게 유 가령이 어디냐고 물으니 방금 넘 어온 곳이 유가령이고 이곳이 유 가촌이라고 한다. 유가촌은 작은

분수령

산골 마을로 밭에는 옥수수가 가득 자라고 있었다.

연산관에서 하마당下馬塘으로

연산관에 도착했다. 제일 중요한 일은 먼저 여관을 알아보는 일이다. 연산관에는 여관이 두 곳이 있는데 예상했던 대로 너무도 형편없는 상태였다. 불결하기도 하고 객실에 화장실도 없어서 공동 화장실을 사용해야 하는 최악의 여관이었다. 설사 이곳 여관을 정한다 해도 공안이 허락해줄 것인지도 불확실했다.(중국은 외국인 숙박을 공안이 제한할 수 있다. 특히 허름하고 값싼 여관에서 숙박하는 것은 대부분 불허한다.) 결국은 연산관에서의 숙박을 포기했다. 다시 연산관 입구 삼거리에서

유가촌

북쪽의 하마당령下馬塘嶺을 넘어 본계시 남분구 하마당으로 가기로 했다. 연산관에 오기까지 80㎞가 넘는 거리를 여러 개의 고개를 넘어왔기 때문에 모두 기진맥진한 상태에서 목적지를 변경하여 다시 큰 고개를 넘어 10㎞를 더 간다는 것은 매우 힘든 결정이었으나 어쩔 수가 없었다.

설인귀 동상, 하마당

하마당 고개를 넘었다. 고갯마루에는 설인귀의 동상이 세워져 있다. 그 동상 길 건너에 하마당 지명에 관한 설명이 희미하게 씌어있다. 당태종 시 설인귀가 동정할 때 이곳에서 말에서 내려 휴식을 취하고 말에게 물을 먹였다고 한다. 말에게 물을 먹인 개울이 연못池塘과 흡사하여 이곳이 하마당下馬塘이 되었다고 한다. 당태종 시

공안의 조사를 받는 모습

동정을 했다면 결국 고구려를 침공했다는 말인데 무언가 씁쓸한 마음을 지울 수가 없었다. 이곳뿐만이 아니라 단동에 있는 설례촌도 마찬가지이다. 일명 설유참이라고도 하는데 고구려를 정벌하러 간 설인귀와 유인원의 이름을 따온 것이다. 우리 민족의 아픈 역사가 오랜 시간을 거쳐 아직도 이렇게 지명으로 남아있다.

하마당下馬塘은 아주 작은 시골 마을이다. 본계시의 남분구의 일개 진鎭인데 그 인구와 경제 규모가 제일 작은 마을이다. 마을을 관통하는 도로 양편으로 마을들이 형성되어 있으며, 마을은 모두 누추하고 사람들도 별로 보이지 않았다.

하마당 거리

자전거팀의 행로

이튿날 아침 자전거팀과 차량팀으로 나누어 다른 길로 요양을 향해 출발하기로 했다. 자전거팀은 이왕에 하마당까지 왔으니 이곳에서 남분南芬구를 거쳐 동쪽에서 요양으로 들어가기로 했다. 다시 하마당령을 넘어 연산관으로 가기에는 너무 많은 거리를 지나왔고, 또 하마당의 높은 고개를 또 넘어가야 하기 때문이다. 이 길은 물론 열하일기의 길과는 전혀 다른 길이다. 그래서 차량팀만이라도 연암의 길을 따라 연산관을 거쳐 남쪽에서 요양으로 들어가기로 했다.

자전거팀은 하마당 숙소에서 출발하여 북상하였다. 하마당을 벗어나자마자 곧바로 가파른 고갯길이 시작되었는데 다 올라온 듯하면 또 고갯길이 이어져 이런 고개를 여러 번 반복하다 보니 정상에 도착하자 탈진 상태가 되었다. 여기서부터 14㎞는 내리막길로 페달 한 번 밟지 않아도 내려갈 것 같은데, 문제는 커브 길이 많다는 것이다. 직각으로 꺾이는 곳은 물론 심한 곳은 120도로 꺾이는 곳도 있다. 그래서 절대로 속도를 내서는 안 되는 곳이다. 더운 날씨임에도 불구하고 그늘진 숲속이라 자전거 타기 좋은 곳이어서인지 많은 현지인이 자전거를 타고 있었다. 우리가 외국인이라는 것을 아는지 한 사람이 빠르게 추월해가더니 가장 위험하다고 판단되는 곳에서 천천히 가라고 우

비포장도로 주행

리를 안내해준다. 자전거를 즐기는 분으로 우리를 배려해주는 마음에 감동했다.

가는 도중 철로가 도로 진행 방향과 45도 정도 대각으로 놓인 곳에서 앞바퀴가 빠져 넘어지기도 하고, 길을 잘못 들어 비포장길, 공사장 가는 엉뚱한 길을 주행하기도 했다.

우여곡절 끝에 겨우 포장도로를 만나 한숨을 돌렸다. 비록 최초 계획했던 길은 아니었지만 류 선생이 침착하게 안내해서 더 이상 헤매지 않고 길을 찾은 것이 천만다행이었다. 더운 날씨에 헤매서 그런지 큰길을 만나니 몹시 배가 고파 길가의 작은 식당에 들어가 배고픔부터 해결했다. 맥주부터 한 병씩 마시고 나니 살 것 같았다.

식당에서 나오니 한낮의 불볕더위가 기다리고 있었다. 한참을 가니 대령이라는 고개가 나오는데 이곳 정상은 본계本溪시와 요양遼陽시의 경계 지역으로 표지석이 서 있다. 고개를 내려가니 이곳이 요양시

궁장령구 입구

궁장령弓長嶺구인데 삼성전자 간판이 보였다. 우리나라 국력을 보여주는 것 같아 반갑고 뿌듯한 기분이 들었다.

궁장령구 안평 부근에 이르러 갈증을 해소하기 위해 슈퍼에 들어가 맥주 한 병을 마시고 출발해서 30여 분 지나자 먹구름이 몰려오며 갑자기 비가 내리기 시작한다. 조금 내리는 것이 아니라 세찬 비가 내리기 시작한다. 소나기를 피하기 위해 다리 밑으로 들어가 비가 멈추기를 기다렸다. 이때 이곳에서 자전거를 타던 현지인 부부를 만났는데 이분들의 안내로 외곽 도로를 타니 차량도 적고 한적하여 자전거 타기에 아주 좋았다. 태자하太子河를 건너서 요양시로 들어왔다. 이분들은 우리를 요양 시내의 숙소까지 안내해주었다. 처음 만난 사람이지만 끝까지 친절하게 안내해주고 돌아가는 모습이 아름답다.

연산관連山關

차량은 아침에 다시 연산관으로 들어갔다. 연산관은 남으로는 봉성鳳城, 서쪽으로는 요양遼陽, 북쪽으로는 남분南芬과 인접해 있다. 경내는 산지가 많은데 가장 높은 곳이 우리가 통과해야 할 마천령摩天嶺으로 969m이다.

연산관은 고대 관성關城의 하나로 요동으로 가는 중요 교통 요지였다. 관성이란 전략적 요충지로서 중병重兵을 두어 방어했던 곳을 말하는데 연관관도 그중의 하나이다. 과거에는 이처럼 전략적으로 중요했던 지역이었지만 지금은 초라하기 그지없는 아주 작은 마을이 되었다. 어제 이곳에 도착했을 때에는 거리에 사람들도 별로 보이지 않을

한적하기 그지없는 연산관

장날

정도로 한산했다. 그러나 오늘 도착한 연산관은 사람들로 가득했다. 마침 연산관 장날이기 때문이다. 처음으로 중국의 장날을 연산관에서 보게 되었다. 거리가 온갖 물건을 파는 사람들로 가득했다. 마치 어린 시절 시골에서 보았던 장날의 모습과 조금도 다를 것이 없었다. 무언가 아련한 향수 같은 친근감이 들었다.

마천령摩天嶺

연산관에서 316번 도로를 따라가니 곧이어 마천령으로 올라가는 곳에 있는 마천령촌摩天嶺村까지 왔다. 길가에 아낙네들이 서넛이 있기에 연산관 시장에서 사 가지고 온 과일을 주고 대화를 나누고 함께 사진을 찍었다. 그들은 수줍어하면서도 우리와의 대화에 잘 응해주었다. 그들의 모습에서 어린 시절 보았던 시골 아낙네의 순박한 모습이 떠올랐다. 그곳에서 이가보자촌李家堡子村, 정가보자鄭家堡子村 등의 작은 마을을 거쳐 마천령으로 향했다.

중국에는 마을 이름에 성씨가 들어가는 곳이 매우 많다. 이가촌,

손가장, 유가촌, 왕가구, 동가구, 임가촌 등등 수없이 많다. 쑨 선생에게 물으니 이러한 마을들은 그 성씨를 위주로 이루어진 마을이라고 한다. 그러나 김가촌과 같은 김씨 성을 가진 마을은 보지 못했다. 쑨 선생에게 내가 김씨인데 김가촌이 있는 마을이 없으니 어찌 된 일이냐고 물으니 자기도 지금까지 김가촌은 보지 못했다고 한다. 아마도 중국에는 김씨가 매우 드문 성씨인 것 같다.

청 황실의 성씨는 애신각라愛新覺羅이다. 청이 멸망한 후 청 황실의 후예들은 신분을 숨기고자 그들의 성씨를 중국식으로 바꿨는데 대부분은 김金씨로 바꾸었다고 한다. 그들의 본래 성씨인 애신각라의 애신이 금金이라는 말이기 때문이다. 건륭제가 편찬한 『흠정만주원류고』를 비롯하여 『고려사』와 『금사』 등 많은 자료에 의하면 금나라의 시조는 신라에서 온 김씨였다고 한다. 청은 금을 이어받아 처음에는 후금으로 칭했으니 다시 원래의 김씨로 돌아간 것인가.

마천령촌 아낙네들

마천령은 마운령摩雲嶺이라고도 한다. 하늘에 닿을 듯이, 혹은 구름에 닿을 듯이 높이 솟아있는 고개라는 뜻이다. 연암은 이 고개의 험준함이 우리나라 북관의 마천령 못지 않다고 말할 정도로 당시에는 매우 험준했던 것 같다. 그러나 오늘날에는 도로가 잘 포장되어 있어서 그렇게 험준하지는 않았다. 고갯마루까지 올라가 뒤를 바라보니 연산관이 아득하게 저 멀리 보였다. 정상에는 '요양공로遼陽公路'라는 글씨가 새겨져 있는 큰 돌과 '요양이 당신을 환영한다辽阳欢迎您'는 간판이 보였다. 혹자는 이곳 마천령摩天嶺 정상에 관제묘가 있다고 하는데 아무리 주변을 둘러보고 찾아보아도 관제묘는 보이지 않았다. 이곳부터는 요양 지역이다.

마천령 정상에 있는 요양 공로 표지석

마천령

첨수만족향甜水滿族鄉

마천령을 넘어 요양 경내로 들어갔다. 농촌 지역의 아름다운 집들이 나타나기 시작했다. 마을 입구에 '첨수만족향 이가촌李家村'이라는

첨수만족향

간판이 보였다. 마침내 첨수만족향으로 들어왔다.

마천령을 넘어 11㎞ 정도 가니 작은 하천이 나왔다. 난하蘭河라는 하천인데 물은 거의 없었다. 큰 하천인 난하灤河와는 글자가 다른 하천이다. 난하를 지나 조금 더 가니 삼거

첨수만족향 이가촌

리가 나왔다. 오른쪽 길로 들어가니 첨수만족향이라는 입간판이 보이고 비교적 번화한 거리가 나타났다. 이곳이 연암이 마천령摩天嶺을 넘어 점심을 먹었다는 천수참千水站이란 곳이다. 천수참千水站은 첨수참甜水站의 오자이다.

청석령靑石嶺 가는 길

첨수만족향에서 고가자촌古家子村을 지나 다시 왼쪽으로 청석령 가는 길로 들어섰다. 지금은 요양 가는 도로가 왕복 4차선으로 포장되어 수많은 차량이 오가지만 조선 시대에는 이곳이 바로 요양遼陽으로 가는 가장 가까운 길이었다. 그곳으로 계속 가니 무슨 공사를 하는 공사장이 나타나고 결국 포장도로가 끊기고 거친 비포장의, 길이 아닌 길이 나타났다. 난감했다. 청석령을 가기도 전에 차량이 가기 힘든 길이 나타난 것이다.

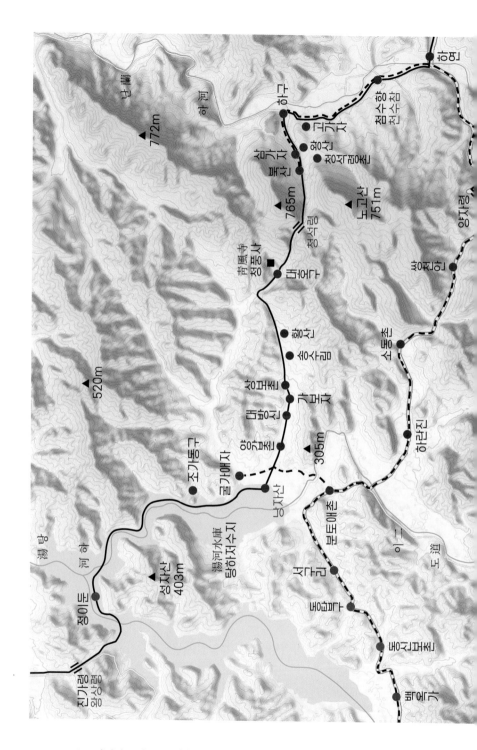

그렇다고 여기서 멈출 수도 없었다. 쑨 선생에게 갈 수 있겠는가 하고 물으니 가보겠다고 한다. 그래서 비포장도로를 따라 계속 올라갔으나 결국에는 그 길조차 끊기고 말았다. 그래서 차에서 내려 차량이 갈 수 없는 좁은 길을 따라 올라가니 오른쪽에 관제묘라는 안내판이 보였다. 열하일기에도 청석령 고갯마루에 관제묘가 있는데 매우 영험해서 사람들이

고가자촌, 쑨 선생은 험한 비포장도로도 기꺼이 가 주었다.

다투어 가서 머리를 조아렸다고 하는 글이 있다. 바로 이곳이다. 조금 더 가니 결국에는 그 길조차 숲속에서 끊기고 말았다. 마침 주위 밭에서 일하는 사람이 있어 청석령이 어디 있느냐고 물으니 바로 앞에 있는 고개인데 길이 끊겨 갈 수 없다고 한다. 이곳이 청석령 자연촌이라고 한다.

길이 끊어진 마지막 숲 앞에서 망연자실했다. 더 이상은 걸어서도 갈 수 없게 되었다. 숲이 시야를 막아 청석령도 보이지 않았다.

그래서 할 수 없이 길을 돌려나오는데 쑨 선생이 폭이 5m 정도되는 작은 도랑의 다리에 있는 홍비교鴻飛橋를 건너 다시 좁은 길을 따라 청석령 방향으로 올라간다. 그곳에 가서 일하는 사람들에게 청석령을 물으니 제방이 있는 고갯마루를 가리키며 저곳이 청석령이라고

청석령 가는 길의 마지막 끊긴 곳

멀리 보이는 곳이 청석령이다.

한다. 그래서 먼 곳에서나마 청석령을 바라보고 발길을 돌려야 했다. 돌아오는 길에 쑨 선생이 이것으로 만족하느냐고 물었다. 아마도 쑨 선생의 말은 우리가 가고자 했던 청석령을 직접 넘어가지 못하고 멀리서 바라만 보고 돌아와야 하는 아쉬움을 이야기했던 것 같다. 백강 선생이 만족滿族이 사는 곳에 왔는데 어찌 만족滿足하지 않을 수 있겠는가?(滿族과 滿足은 발음이 똑같다.)라고 말하니 쑨 선생이 크게 웃는다.

효종의 슬픈 노래, 청석가

청석령은 수많은 사람이 오고 가며 역사의 애환을 간직한 곳이다. 병자호란 후 후일 효종이 된 봉림대군이 청의 인질로 심양沈陽으로 갈 때도 이곳 청석령을 넘어갔다. 그때 봉림대군이 읊은 '청석가靑石歌'라는 애달픈 노래가 전해진다.

청석령 지나것다 초하구草河口 어디메뇨
호풍胡風도 차도찰사 궂은 비는 무슨 일고
뉘라서 내 행색 그려다 임 계신 데 드릴꼬

연암이 열하를 다녀온 후 10년 후에 김정중이라는 사람이 또 북경을 다녀와서 『연행록』이라는 글을 썼는데 그곳에도 청석령을 넘으면서 쓴 다음과 같은 글이 있다.

청석령을 넘다가 효종의 청석가를 생각하니 저절로 마구 눈물이 흐른다. 비록 무심히 여기를 지나는 사람일지라도 매우 시름을 느끼겠

거늘 하물며 우리 조종祖宗이 수백 년을 지켜온 땅을 잃고 궁료宮僚 몇 사람과 깊은 두메 사이에서 기구하게 지나셨음에랴.

(김정중의 『연행록』 임자년 2월 24일)

그리고 그 후 240년이 지나서 우리는 멀리서나마 청석령을 바라보면서 효종의 마음을 조금이나마 느낄 수 있었다. 나라를 오랑캐에게 짓밟히고 심양으로 인질이 되어 끌려가는 효종의 마음이 아프게 전해진다.

길이 끊기다

조선 시대에는 청석령青石嶺을 넘어가면 황산黃山과 상보촌上堡村, 대방신大房身을 거쳐 낭자산狼子山에 이른다. 그런데 청석령에서 황산으로 가는 길이 끊겼다. 그래서 우리는 오던 길을 돌아가 고가자촌를 거쳐 첨수향으로 나와 다시 316번 도로를 따라 하란진河欄鎭 분토애촌粉土崖村이리는 마을까지 갔다. 그곳에서 오른쪽으로 삼도하三道河를 건너 황산과 대방신으로 들어가는 상보촌 삼거리에 도착했다. 이곳이 낭자산 지역이다.

연암은 청석령을 넘어와 낭자산에서 숙박했다고 했다. 낭자산에서 숙박했다는 것은 당시 낭자산에 역참이 있었다는 말이 된다. 그런데 낭자산이라는 곳이 어딘지 알 수가 없었다. 일본군의 1:5만 지도에 의하면 낭자산 마을은 삼거리 서쪽에 있다. 그곳은 아주 넓고 평평한 밭이 탕하 저수지까지 연결되어 있었다. 그곳 노인정에 있는 노인들에게 낭자산이 어디냐고 물어보았으나 아무도 아는 사람이 없었다.

상보촌에서 양갑촌亮甲村을 거쳐 굴가위자촌屈家葳子村으로 들어갔다. 연암은 이 길을 통해 삼류하三流河, 냉정冷井을 거쳐 요양으로 들어갔다. 그러나 굴가위자촌에서 다시 길이 막혔다. 당시에는 없었던 저수지가 생기는 바람에 길이 물속에 잠겨버려 갈 수가 없게 되었다. 탕하湯河 저수지이다. 연암이 건넜다는 삼류하는 현재 탕하 저수지의 물속에 잠겨버렸다. 굴가위자촌에서 탕하 저수지 부근까지 걸어 들어가 탕하 저수지를 바라보며 이 길을 따라갔을 연암 일행의 모습을 상상해 보았다. 갈 길이 얼마나 급했으면 낭자산에서 아침밥도 먹지 않고 출발하여 탕하 저수지 물속에 있을 삼류하를 건너 냉정에 도착하고서야 겨우 아침 식사를 했다니 그 고달픔이 어떠했을까? 탕하 저수지는 여름임에도 불구하고 수량이 적어서 수제선이 아주 멀리 보였다.

탕하 저수지, 물이 말라 수제선이 멀리 보인다.

하달하향下達河鄉의 식당에서 붓글씨 감상

다시 굴가위자촌屈家葳子村에서 양갑촌亮甲村을 거쳐 316번 도로로 나왔다. 이제는 우회할 수밖에 없다. 시간은 이미 오후 1시를 넘어서고 지치고 배가 고팠으나 식당을 찾을 수가 없었다. 도로를 따라 계속 가니 하달하下達河라는 하천이 나오고 다리를 건너니 하달하향이라는 작은 마을이 나타났다. 그곳에서 조그만 식당을 찾아 허기를 때웠다. 그런데 그 식당에 제법 잘 쓴 글씨가 걸려있었다.

백강(김종운) 선생이 보더니 "글씨는 잘 썼으나 서법상 조금 잘못 쓴 글씨가 있구나." 하며 중얼거리자 식당 여주인이 다가와 "이건 서예를 하는 우리 동생이 쓴 글씨인데 어디가 잘못 썼다는 것입니까?" 하고 묻는다.

백강 선생이 "이 시는 당나라 두목杜牧의 산행山行이라는 시입니다. 시작 글자인 원遠 자의 첫 획은 위에 글자가 없음에도 위 글자와 이어 쓸 때처럼 썼고, 경徑과 홍紅의 변을 똑같이 표현하여 어색하고, 민晚의 오른쪽 면免은 서법상 맞지 않은 것 같습니다." 하며 두목의 시를 읊었다. 그러자 여주인은 놀란 눈으로 쳐다보며 "한국 사람이 어찌 이리 당시를 알고 붓글씨를 잘 알 수 있단 말이요? 대단하십니다."라고 치

하달하향 식당에 걸린 서예 작품

켜세운다. 백강 선생이 "한국에서 조금 배웠을 뿐입니다."라고 하자 여주인과,

함께 식사를 하던 중국인 쑨 선생도 백강 선생을 다시 쳐다보았다.

연암은 붓글씨를 잘 썼다고 한다. 그래서 『연암일기』에 보면 중국 사람들에게 글씨를 써주는 장면이 여러 번 나온다. 신민新民과 흑산黑山의 어느 점포에서 많은 구경꾼 앞에서 글씨를 쓸 때 사람들이 그의 글씨를 다투어 청하니 연암이 매우 우쭐하는 모습이 나온다. 그런데 어처구니없는 실수도 있었다. 신민의 점포에서 그가 지나오면서 거리에 많이 보아온 기상새설欺霜賽雪이라는 글을 써주었으나 주인이 별로 좋아하지 않는 것을 보고 그를 무식한 사람으로 여겼다. 연암은 기상새설을 '심지가 희고 깨끗하여 가을 서리와 같고 희디흰 눈빛을 압도한다'는 의미로 생각하고 써 준 것이었다. 그 후 흑산黑山에서도 똑같은 글을 써주었으나 역시 주인이 좋아하지 않았는데 알고 보니 원래 이 글은 밀가루가 서리보다 가늘고 눈보다 희다는 뜻이었다. 밀가루 파는 점포에서 사용하는 글귀인데 여인들 장식품을 파는 점포 주인에게 써 준 것이었다. 연암이 그 사실을 알고 매우 부끄러워하는 장면이 나온다.

통곡하고 싶은 곳 궁장령_{弓長嶺}

사라져버린 옛 땅과 역사

하달하향은 316번 도로와 320번 도로가 갈라지는 곳에 있다. 이곳에서 다시 320번 도로로 접어들어 노야령_{老爺嶺}을 지나 5㎞ 정도 북상하여 오른쪽으로 토문령_{土門嶺}으로 향했다. 그리고 다시 삼류하가 있었던 탕하 저수지의 길과 만나는 소령자_{小嶺子}에서 요양 방향으로 접어들었다. 이곳에서 조금 더 가면 궁장령이 있다. 열하일기에서 연암은 이 고개를 넘으면서 요동의 대평원이 눈앞에 펼쳐지는 것을 보고 크게 통곡하고 싶은 곳이라고 했다. 연암은 왜 만주 벌판이 확 트이는

궁장령

이곳에서 통곡하고 싶었을까? 잃어버린 옛 강토에 대한 감회가 그러한 감정을 갖게 하지는 않았을까?

궁장령 고갯마루에 서서 한참 동안 눈앞에 펼쳐진 요양을 바라보았다. 그 끝없는 대평원을 바라보면서 역사의 환영이 주마등처럼 스치고 지나갔다. 이 평원 위를 말을 타고 활을 쏘며 질풍같이 달려가는 용감무쌍한 고구려인들의 모습, 시베리아로부터 연해주 요동 반도에 이르는 민족 최대의 판도를 넓혔던 광개토대왕, 그리고 수와 당의 침입에 맞서 싸우던 을지문덕, 연개소문, 안시성의 이름 없는 영웅들의 모습이 꿈꾸듯 망막 위에 나타났다가 사라져 갔다. 그리고 다시 바라보는 대평원 위에는 그토록 용맹스럽던 고구려인들의 모습은 보이지 않고 저 멀리 한여름의 태양이 대지를 붉게 물들이고 있었다. 그 고구려인들은 모두 어디로 갔는가? 아득한 시간 속으로 사라져버린 옛 땅과 민족과 역사를 되돌아보며 밀려드는 역사의 허망함에 마음이 아팠다. 연암이 말한 것처럼 통곡하고 싶었다.

역사적으로 본 대륙 진출 의지

발해가 멸망한 이후 우리 민족은 두 번 다시 대륙으로 진출하지 못했다. 만주는 민족의 발상지이며, 민족의 영원한 고향이건만 우리는 고향을 잃어버린 채 반도 내에서 주변의 온갖 수모를 당하면서 이곳저곳의 눈치를 보고 있다. 왜 그랬을까? 그곳에 강력한 세력이 계속 존재해 왔기 때문에 우리가 진출할 기회가 없었던 것일까. 아니다. 물론 만주족이나 거란, 여진족이 강력한 민족국가를 세우기도 했지만 그 지역은 역사에서 대부분 주인 없는 땅으로 버려진 곳이었다. 그곳에는 각종 부족이 흩어져 살다가 때로는 강력한 지도력을 갖춘 영웅이 나타나면 비로소 국가 체제를 갖추고 그 힘을 중원과 반도로 발산한 것이었다.

우리가 대륙으로 진출하지 못한 것은 내부적인 문제, 즉 대륙으로 진출하고자 하는 의지와 기상이 없었기 때문이다. 만주 지역이 대부분 무주공산의 지역이었던데 비하여 우리 민족은 지속적인 국가 체계를 유지해 왔기 때문에 만약 우리가 대륙 진출의 의지를 가지고 있었다면 언제든지 이 지역을 차지할 수 있었을 것이다. 사고의 반도화. 그리하여 북방으로 진출하려던 시도는 우리 역사에서 이단으로 취급되거나 좌절되었다.

묘청의 금국 정벌론

고려 인종 시 승려인 묘청은 민족 자주적 입장에서 칭제건원稱帝建元과 서경천도西京遷都 및 고구려의 옛 강역을 회복하려는 금국정벌金國征伐을 주장하였다. 당시 대외적으로 신흥 세력이었던 금이 고려에 대한 압력을 가중시키고 있었으며, 대내적으로는 이자겸, 척준경 등의 난으로 정치 기강이 어지러워져 민심이 흉흉한 가운데 도참설이 유행하게 되었다. 이러한 상황 속에서 묘청은 김부식을 중심으로 하는 개경의 유교주의, 사대주의 세력에 대항하여 정지상 등과 함께 서경 천도를 주장하였다. 묘청은, 개경은 이미 지덕이 쇠하였으며 서경의 임원역에는 대화세가 있으니 이곳에 대화궁을 세우면 천하를 통일할 수 있으며, 금국도 저절로 항복할 것이라고 하였다. 그리하여 고구려의 옛 땅인 금국을 정벌하여 회복하고 중국과 같이 칭제건원 할 것을 주장하였다. 그러나 김부식을 중심으로 하는 개경파, 사대주의파, 보수파와 묘청을 중심으로 하는 서경파, 민족 자주 세력, 개혁파의 대결에서 결국 묘청의 세력이 패퇴함으로써 고려 중기에 있었던 민족 자주의 새로운 기풍은 좌절되고 말았다. 단재 신채호 선생은 이 묘청의 난을 일컬어 우리 민족 사상 일천 년래 일대쾌사—千年來 —大快事로 높이 평가하였다.

이징옥의 후금국 건설 시도

이징옥은 세종 때의 무신으로 무용이 뛰어나서 여러 번 전공을 세웠으며, 김종서의 뒤를 이어 함길도 도절제사가 되었다. 수양대군에 의해 단종이 폐위되는 계유정난이 일어난 후 김종서의 일파인 이징옥은 반란을 일으켜 남하하다가 생각을 바꾸어 "남아가 어찌 좁은 국토에서 다툴쏘냐."라며 병마를 북으로 돌려 종성에서 대금황제라 칭하고, 두만강을 건너 여진족의 후원을 얻어 대금국을 세우려 하였다. 그러나 부하의 술책에 빠져 사로잡혀 죽음으로써 이징옥의 새로운 제국 건설의 꿈은 좌절되고 말았다. 역사는 그를 반역자라고 기록하고 있다.

최영의 요동 정벌론

원이 망하고 명이 새로 일어나자 명나라에서는 철령 이북의 땅이 본래 원에 속하던 곳임을 들어 이를 요동에 귀속시키려 하였다. 이에 고려는 이곳이 고려의 영토임을 밝히는 한편 최영은 우왕과 비밀리 협의를 하여 요동을 정벌키로 했다. 1388년 명이 요동으로부터 철령에 이르기까지 70참을 두는 철령위를 설치하겠다고 정식으로 통보하자 이에 왕은 요동 정벌을 명하였다. 그러나 이성계의 요동 정벌군은 압록강 중도인 위화도에 이르러 요동 정벌의 불가함을 들어 회군함으로써 최영의 요동 정벌의 큰 꿈은 깨어지고, 이로써 고려가 망하고 조선이 성립하는 계기가 되었다. 이는 불행하게도 고려의 건국 이념이었던 민족의 고토 회복, 다물정신이 사대주의에 패퇴한 것이라고 할 수 있다. 만약 원명 교체기의 혼란한 전환기에 최영의 요동 정벌이 성공했다면 우리의 역사는 어떻게 되었을까?

효종의 북벌 계획

1636년 병자호란 이후 청에 볼모로 잡혀갔다가 귀국하여 인조의 뒤를 이어 왕위에 오른 효종은 남한산성의 치욕을 씻고자 북벌을 계획하게 되었다. 효종은 이완을 훈련대장으로 임명하여 비밀리 군대를 훈련하고 성지를 개수하는 한편 신무기를 만들고 송시열 등을 등용하여 군비를 확장하였다. 그러나 청의 세력이 중국을 석권하고 효종이 재위 10년 만에 죽자 이 계획은 수포로 돌아갔다. 효종은 임종 시에 "해는 저물고 길은 먼데 깊은 슬픔이 가슴에 있다.日暮途遠痛在心"는 말로서 한을 토로하고 있다.

풍천유향風泉遺響

『풍천유향』은 조선 영조 시 동지중추부사를 역임했던 송규빈宋奎斌이 지은 책으로 해이된 당시 국방 정책의 과감한 개선과 방어 체계의 확립 및 군사 훈련의 강화 등에 대한 혁신적인 내용이 담겨있는 책이다. 특히 북벌에 관한 논의에서 저자는 중국에서 변란이 일어나는 기회를 이용하여 요동을 점령하고 고구려의 옛 강역을 회복해야 한다는, 당시로서는 놀랄만한 주장을 하였다.

요동을 회복하는 가장 중요한 지역으로는 봉황성과 안시성이라고 할 수 있다. …만약 중국에 변란이 일어난다면 우리는 이 기회를 틈타 국경을 수복하여야 한다. 정예병 3만 명과 검차 600승을 선발하고 신기한 화기와 병기를 많이 준비한 다음 청나라를 구원한다는 구실을 대고는 안시성으로 달려가 먼저 지형이 좋은 요새지를 점령하고, 군대를 두 부대로 파견하여 한 부대는 요새지 어귀를 차단하여 비상사태에 대비하게 하고, 또 한 부대는 청석령青石嶺, 회령 등지에 고개와 게수참憩水站, 新遼東의 요충지를 점령하게 한다. …그렇게 된다면 금주, 복주, 개주를 우리가 소유하기는 어렵지 않을 것이며, 요동의 옛 강토도 점차 수복되어 국세가 날로 확장되고 변경이 더욱 공고해져서 태산 반석처럼 편안해질 것이다. 우리가 어찌 고개를 숙이고 꼬리를 감추며 소문만 듣고도 패주하여 도망하는 우를 범하겠는가. 아! 이것이 바로 수천 년 동안 만나기 어려운 좋은 기회일 것이다. 물건이 본 주인에게 돌아감은 당연한 이치이다. 또 국토를 계획하고 국토를 확장함은 국가의 급선무이나 우리는 국력이 약해서 비록 남쪽으로 정벌하고 북쪽으로 토벌하여 한 치의 땅도 보탤 수 없더라도 국토를 그대로 버려서야 하겠는가? 그런데 압록강 연변 천여 리에 널려있어 병력과 세금을 거두어들일 수 있는 사군의 땅을 다만 이웃 적들이 소요를 일으킬 우려가 있다는 명목으로 그대로 방치하고 있으니 실로 안타깝고 한스러운 일이다.

임경업의 요동 공격론

임경업은 병자호란 때 의주부윤으로 청의 침입에 대하여 병력 3만을 주면 적도인 심양沈陽을 공격하여 남한산성의 포위를 풀겠다고 조정에 요청했으나 반대파인 김자점의 방해로 채택되지 않았다. 그는 또 평안병사에게 2만의 병력을 요청하였으나 허락되지 않았다. 병자년 8월 명의 도독 심세괴沈世魁가 가도에서 수군 6천을 지휘하여 의주의 우가장牛家莊에 정박하자 임경업은 그를 만나 보았다. 이때 심 도독은 임경업에게 "내가 비록 10만의 병력을 거느리고 있으나 섬에 궁벽하게 있어 병력을 마음대로 쓸 수 있는 처지가 아니오. 만일 당신이 현재 비어있는 의주성을 우리에게 빌려준다면 오랑캐들이 결코 조선 깊숙이 쳐들어가지 못할 것이며, 만약 오랑캐들이 쳐들어간다 해도 우리가 그 후속 부대와 압록강상에서 싸운다면 우리가 승리할 것이며, 비록 패전한다 하더라도 조선에는 아무런 피해가 없을 것이다."라고 하였다.

임경업은 이를 급히 조정에 보고하였으나 조정에서는 의주성을 한 번 빌려주면 이후 청천강 이북 지방도 중국에 넘겨주게 된다고 하여 반대하였다. 조정은 이와 같은 임경업의 의견과 주장을 채택하지 않고 대책도 없이 남한산성에서 농성하다가 결국 삼전도의 치욕을 당하였다. 그 후 임경업은 명나라와 내통하여 청에 대항하려다 탄로되어 심양沈陽으로 압송 중 탈출하였다. 임경업은 명으로 도피하여 명과 함께 청에 대항하려 했으나 청이 남경을 함락시키자 다시 청에 붙잡혀갔다. 청은 임경업의 인물됨을 아깝게 여겨 죽이지 않고 조선으로 돌려보냈으나 조정에서 모반 사건과 연루하여 억울하게 죽임을 당했다. 그는 죽기 전에 "내가 아직 할 일이 많이 남아 있으니 나를 죽여서는 안 된다."라고 탄식했다고 한다.

규원사화의 정한론征漢論

『규원사화』는 숙종 원년(1675년) 북애자에 의해 집필된 역사서로서 환인, 환웅, 단군 등의 고대 민족 국가의 창생과 역사를 기록하고 있으며, 특히 마지막 만설 부분에서 한민족의 민족 사관을 주장하고 있다.

북애자는 우리 민족의 쇠퇴 원인을 사대모화의 폐단에서 기인하였다고 보고, 주자학자들이 우리 고유의 정신을 버리고 중국의 공허한 찌꺼기를 따르며 우리나라의 왕을 중국 황제의 신하로 간주하는 주체성 없음을 통박하였다. 그리고 유가들이 서술한 역사서에 대해서도 통렬히 비판을 가하였는데, 특히 김부식의『삼국사기』에 대해 당시에 충분한 자료로 이용할 수 있던『조대기』,『고조선비기』,『지공기』,『삼성밀기』등이 있었음에도 불구하고 이것들을 이용하지 않고 오직『한서』에만 의존함으로써 민족의 상고사를 부당하게 만드는 과오를 저질렀다고 하였다. 그리하여 소중화에 심취된 자기 비하적 화이관을 극복하고 민족의 본성을 부활시키고자 하였다.

또한 북애자는 역사 인식의 궁극적 목적을 국가의 부강에 두고, 이를 위해서는 첫째 조건이 지리를 얻어야 한다고 하였다. 즉 우리나라는 영토가 좁아 지리를 얻지 못하고 있으며, 더구나 왜란과 호란을 통하여 국력이 말할 수 없이 허약해졌다. 따라서 지리를 얻는 방법은 오직 압록강 이북의 옛 강토인 단군 고강을 수복하는 길뿐이며, 이를 위해서는 같은 단군의 자손인 청 및 동쪽으로 왜와 연합하여 중국을 무찔러야 한다고 주장하였다. 즉 구강수복의 염원을 달성하기 위해서는 조선과 조상을 같이하는 청나라 황제를 회유하여 조선과 청이 연합하여 야인을 앞세워 남만주와 중국 동북부인 요만, 유영 지방을 점거하고, 동으로는 왜와 연결하여 중국의 남쪽을 무찔러 조선의 강함을 다시 회복함으로써 중국의 오만함을 꺾어야 한다고 역설하였다. 이와 같은 주장은 당시로써는 도저히 수용할 수 없는 주장이었지만 당시의 사대주의를 통박하고 민족 정신의 부활과 역사성을 회복하려는 노력이라고 볼 수 있다.

이들이야말로 시대에 도전했던 위대한 패배자들이라고 할 수 있다.

요양遼陽

요양의 여관에서 공안에게 쫓겨나다

궁장령을 넘은 이후는 요양 경내인 굉위구宏偉區 전진촌前進村과 아미촌峨嵋村을 거쳐 요양 시내로 들어왔다. 이곳은 당시에 고려총高麗叢과 아미장阿彌庄이라고 불렸던 곳이다. 늦은 저녁, 요양까지 오면서 여러 가지 우여곡절을 겪으며 힘들게 도착했다. 천일여관天一旅館이라는 작은 여관에 짐을 풀고 샤워를 한 후 저녁 식사를 할 예정이었다.

그런데 우리가 막 샤워를 하고 있을 때 갑자기 공안이 들이닥쳐 곧바로 여관에서 나가라는 것이다. 황당하기 그지없었다. 이 밤에 어디로 나가라는 것인가? 급히 물에 젖은 몸을 닦고 짐을 챙겨 여관을 나왔다. 이유는 알 수 없었다. 나오면서 여관의 여주인에게 왜 갑자기 나가야 하느냐고 물었으나 자기도 모른다는 대답뿐이었다. 어둠이 짙게 깔린 요양의 거리에서 우리는 한동안 난감했다. 어디로 간단 말인가?

다행히 중국인 류 선생과 쑨 선생의 안내하에 백탑白塔구에 있는 요양빈관으로 가서 짐을 풀었다. 그리고 저녁 식사를 하기 위해서도 이곳저곳으로 헤매지 않으면 안 되었다. 9시가 넘으니 손님을 받지 않는 식당이 많기 때문이었다. 겨우 국수와 밥을 파는 중경소면重慶小面

이라는 조그만 식당에서 허기진 배를 채웠다. 요양에 도착한 이 날은 육체적으로나 정신적으로 매우 힘든 하루였다.

이번 여행을 통해 우리는 요양에서뿐만 아니라 승덕承德에서도 공안에 의해 이미 짐을 푼 여관에서 쫓겨나야 했다. 두 번이나 공안에 의해 숙박을 거부당한 것이다. 그리고 하마당下馬塘에서는 한 시간 넘게 공안에게 조사를 받고서야 겨우 숙박할 수 있었다.

중국에서 외국인이 숙박할 때에는 일정한 규모를 갖춘 여관에서만 가능한 것 같다. 그런데 그 판단이 애매모호하다. 외국인 숙박 가능 여관과 불가능한 여관이 확실히 구분되어 있지 않다. 그래서 여관 주인들도 일단은 손님을 받고 보는 것이다. 이러한 외국인의 숙박 통제는 아마도 체제 유지를 위한 조치가 아닐까 하는 생각이 든다.

연의 태자 단의 한이 서린 태자하太子河

요양에 들어오자마자 제일 먼저 눈에 띄는 것은 시내를 관통하는 태사하이다. 태자허의 강폭은 매우 넓다. 태자하는 옛날에는 '연수衍水'라고 불렀으며 한나라 때는 '대량하大梁河', 요나라 때는 '동량하東梁河'라고 불렀다. 금나라 때는 무노호필라사无鲁呼必喇沙라고 불렀는데 이는 만주어로 '갈대의 강'이라는 뜻이다. 명나라에 와서야 태자하太子河로 불렸다. 태자하의 지명은 전국 시대 연나라의 태자 단에서 유래한다.

기원전 228년 진시황은 전국 시기의 6개국을 차례차례 병탄하며 통일을 향해 나가고 있었다. 진의 대장 왕전이 조를 멸망시키고 병력을 중산에 주둔시켰을 때 이제 연燕을 멸망시킬 것이라는 것은 의심

할 여지가 없었다. 연의 태자 단은 진시황을 암살하는 것만이 연을 보전할 수 있는 유일한 길임을 알고 형가刑軻를 자객으로 보냈다. 형가는 역수를 건너서 진의 수도인 함양으로 향했는데 그때 역수를 건너면서 읊은 '역수가'가 전해진다.

바람 소소하게 부니 역수물이 차구나
장부가 한번 가니 다시는 돌아오지 못하리라
風蕭蕭兮 易水寒
丈夫一去兮 不復還

진秦에 도착한 형가는 진에서 연으로 도망쳐온 진의 장수 번오기樊於期의 머리와 연의 전략 요지 독항督元의 지도를 바치겠다고 해서 진시황을 알현하게 되었다. 독항의 두루마리 지도를 펼치며 보는데 지

태자하 ⓒ本溪市人民政府

도의 마지막 끝 부분에 비수가 숨겨져 있었다. 형가는 그 비수로 진시황을 죽이려 하였으나 놀란 진시황이 자리에서 뛰쳐 일어날 때 옷소매가 찢어져 그 손아귀를 빠져나갔다. 형가는 비수를 던졌지만 빗나간 비수가 구리 기둥만 맞혔고 형가는 피살되었다. 화가 난 진시황은 더 많은 병력을 징발해 조趙 땅에 있는 왕전의 병력을 늘린 후 연을 공격하게 했다. 연왕과 태자 단은 이곳 요양의 연수로 도피하였다. 연왕은 태자 단을 죽여 머리를 진왕에게 보내면 진이 군대를 물릴 것으로 생각했으나 진은 군대를 물리지 않고 그대로 공격하여 마침내 연을 멸망시켰다. 태자 단의 비장한 일생은 그 후 사람들에 의해 많은 감명을 주어 그를 기념하기 위해 그가 마지막 활동했던 연수를 태자하太子河로 바꾸었다고 한다.

여수麗隋, 여당麗唐 전쟁의 요충지 요동성

고구려는 요하를 중심으로 하는 방어선에서 수와 당의 공격을 막았는데 그 중심에 요동성이 있다. 고구려의 방어선으로는 세 지역이 있다. 제1 방어선은 요하이고, 제2 방어선은 압록수이며, 제3 방어선은 청천강이다. 요하遼河를 중심으로 하는 1방어선에는 신성, 개모성, 요동성, 백암성, 안시성, 건안성, 비사성, 오골성 등이 있었는데, 그 가운데 핵심은 요동성이었다. 요동성은 전략 지리상 매우 중요했으므로 고구려와 수의 결전 장소였다.

수양제는 요수를 건너 고구려의 여러 성을 지나쳐서 각기 길을 나누어 가다가, 제2 방어선인 압록수 서쪽에 집결한 후 수군과 함께 평양성을 공격하고자 했다.

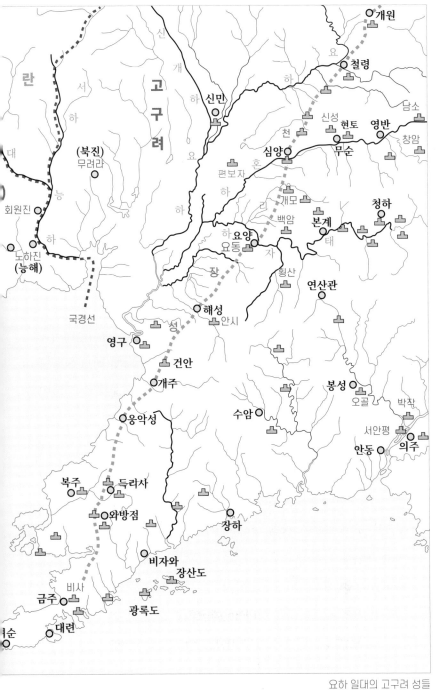

요하 일대의 고구려 성들

압록수 서쪽에 도착하자 고구려는 대신大臣 을지문덕을 수군隋軍 군영에 보내 거짓 항복하게 했는데, 실은 수군의 허실을 탐지하러 온 것이었다. 전군이 진격해 동쪽으로 살수薩水를 건너 평양성 30리 밖에 진영을 세웠다. 우문술은 병력이 지쳐 계속 싸울 수도 없고 평양성이 험고한 것을 보고 결국은 거짓 항복인 줄 알고도 회군했다. 수군이 철수하기 시작하자 을지문덕은 병력을 보내 계속 수군을 공격했고, 수군이 살수에 도착하여 강을 반 정도 건넜을 때, 이를 공격하여 수많은 사상자가 발생했다. 나머지 병력이 요동성에 도착했을 때는 생존자는 2천7백 명에 불과했다. 이때까지 수양제는 요동의 어느 성도 함락시키지 못했다.

당태종은 고구려를 침공하기 위해 요택遼澤(현 북진北鎭 동쪽으로 요중현遼中縣과 해성현海城縣 사이)에 도착했는데, 요택은 진흙 벌이 2백여 리나 되어 인마가 지날 수 없었는데 흙을 깔고 다리를 놓자 비로소 지날 수 있었다. 태종은 요수를 건넌 후, 포석차抛石車, 당차撞車와 함께 12일 동안 주야로 쉬지 않고 요동성을 맹렬히 공격했다. 고구려군은 성곽 위에 통나무를 쌓아 전루戰樓를 만들어서 날아오는 돌을 막았다. 이세적은 포석차를 벌려놓고 돌을 날려 성곽을 부수고, 성곽이 무너지면 다시 당차를 밀고 들어가 누각을 충격하여 성을 무너뜨렸다. 17일 강한 남풍이 불자 태종은 날랜 병사들을 보내 충간衝竿(공성탑攻城塔의 끝)에 올라가 서남쪽 누각에 불을 놓게 하니 불길이 성안으로 번져 집이 모두 타버렸다. 이때 당군이 일제히 성곽을 기어올랐고 고구려군은 열심히 싸웠지만 결국 요동성은 함락되었다. 이때 불에 타죽은 병사가 1만여 명이고, 병사 1만여 명과 남녀 4만 명이 포로가 되었다.

명과 후금의 요양 전투

1621년 3월 13일 누르하치는 심양성을 점령하자마자 바로 이어서 14일부터 18일까지 심양성 남쪽 100리에 있는 요양성으로 이동하여 성을 공격했다. 팔기병 6만이 요양성에 도착했을 때 요양성에는 5만의 명군이 요동경략 원응태와 총병 장전의 지휘하에 성을 방어하고 있었다. 누르하치는 요양성에 도착하자 성 주변 해자의 물을 빼기 위해 물이 들어오는 입구를 막고 물이 빠져나가는 배수구를 열어 해자의 물을 빼서 성을 공격할 수 있게 하였다.

다음날 요양성 밖에서 명과 후금 간 격렬한 전투가 벌어졌다. 명이 화포를 발사하자 후금군은 화포의 과열로 중지된 틈을 이용하여 공격했다. 후금의 기병이 강했지만 명의 기병 역시 물러서지 않고 용감하게 싸웠다. 일시적으로 후금의 사상자가 많이 발생하고 불리한 상황에 놓이게 되자 누르하치는 마음이 조급하여 다음과 같이 말했다고 한다. 이는 조선의 『광해군 일기』에 나오는 말이다.

"너희들이 한 발자국 뒤로 물러서면 나는 죽는다. 너희들이 전진하지 않으면 나 혼자라도 공격하겠다."라고 말하고 단기로 사졸들 앞에서 돌진해 들어갔다. 이에 홍타이지를 비롯한 누르하치의 아들들이 부친이 죽음을 무릅쓰고 혼자 돌진하는 것을 보고 기병을 이끌고 공격하여 저녁때까지 싸웠으나 승부를 가리지 못했다. 그다음 날 낮에 성 밖에서 전투가 벌어졌는데, 명군은 이미 전날 5명의 총병이 모두 전사하여 더 이상 지탱할 수 없는 상황이 되었다. 후금군은 명군이 후퇴하려는 틈을 이용하여 맹렬히 공격해 들어갔고, 명군은 조교를 급하게 건너느라고 서로 짓밟히는 상황이 되어 수많은 사상자가 발생했다. 이렇게 하여 후금군은 동문과 서문에 도착하여 성을 양쪽에서 포위하는 형세가 되었다.

4일째 되던 날 성안에서 화재가 발생하여 화약고에 불이 붙고 군심이 어지러워지자 성안에 있던 관리들이 성에 줄을 내리고 도망하기 시작했다. 이것이 군의 전투의지에 결정적인 타격을 가했다. 이때 누르하치가 미리 보낸 첩자들이(이들 대부분은 몽고인들이었다.) 성문을 열자 후금군이 들이닥쳤다.

요동경략 원응태는 사태가 이미 돌이킬 수 없는 지경에 이르자 인수를 차고 성루로 올라가 불을 놓은 후 칼로 자결했다.

후금의 요양 천도

누르하치는 요양성을 점령하자 매우 기뻐했다. 이것은 만력 11년(1583년) 기병한 이래 후금으로서는 가장 큰 승리이며 요동 지역의 중심인 요양을 얻었기 때문이었다. 그래서 누르하치는 즉시 요양으로 천도할 것을 결정했다. 그러나 패륵과 대신들은 천도에 반대했다. 대신들은 그들의 고향인 건주부, 혁도아랍성으로 돌아갈 것을 주장했다. 그들은 요동 각성의 공격을 노략 정도로 생각하고 이미 재물을 충분히 얻었으니 고향으로 돌아가야 한다고 했다.

그러나 누르하치의 생각은 달랐다. 만약 우리가 점령한 요동에서 철수한다면 요동은 다시 명의 군대와 백성이 차지하게 될 것이므로 그렇게 되면 우리가 지금까지 거둔 성공은 무용지물이 되리라는 것이다. 그리고 요동을 차지하려면 요양으로 천도해야 한다고 했다. 누르하치의 전략적 안목이 대신들과 달리 탁월했음을 알 수 있는 일화이다. 대신들은 요동 공격을 그저 노략을 위한 수단으로 생각한 데 반하여 누르하치는 만주족의 영역을 확장하고 더 나아가 중원까지 차지하겠다는 원대한 전략을 생각하고 있었던 것이다.

후금이 건국 당시의 도성인 혁도아랍성에 있을 때는 여진족이 대부분이었지만 요양은 한인들이 더 많았다. 그래서 누르하치는 여진족과 한인의 잡거를 금하기 위해서 한인이 거주하는 곳과 여진인이 거주하는 곳을 분리했다. 처음에는 남성과 북성으로 분리했다가 나중에는 요양에 신성을 새로 쌓아서 이곳에 여진인을 거주시키고 한인들은 원래의 요양성에 거주하도록 했다. 요양으로 천도한 후 취한 이러한 만한분리거주滿漢分離居住 정책은 이후 청군이 북경을 점령한 후에도 계속되었다. 북경에서 여진족은 현재의 이환二環 도로 안에 있는 내성에서 살았고, 한인들은 이환 도로 밖의 외성에서 거주했다. 북경뿐만 아니라 팔기군이 주둔했던 지역, 즉 서안, 항주, 복주, 성도 등지에서도 모두 만성을 만들어 만한 분리 정책을 계속했다. 그 후 1625년 심양으로 천도할 때까지 요양은 4년간 후금의 수도였다.

백탑白塔 공원

광우사廣佑寺는 동한 시대에 건축된 사찰이며, 불교가 중국에 전파된 이후 가장 일찍 세워진 절 중의 하나이다. 금조에서는 청안사淸安寺라고 했으나 원대에 이르러 광우사로 개칭했다. 1900년에는 광우사는 의화단의 활동 장소가 되었으며, 이 해에 러시아가 의화단을 진압하면서 소실되었다. 2004년 다시 현재의 모습으로 중건되었다.

광우사

백탑

광우사 앞 광장에는 다섯 개의 문으로 된 커다란 패루가 웅장하게 서 있다. 그리고 그 뒤로 광우사의 정문이 있는데 위에는 광우사라고 쓴 편액이 있고 그 밑에 자운연수慈雲衍水라고 쓰인 편액이 있다. 그곳에서 입장권을 사서 들어가면 천왕전이 나온다. 천왕전은 2층으로 된 건물로 앞에는 향을 피우는 곳이 있다.

대웅보전은 3층으로 된 건물로 안에는 대불이 있는데 높이가 21.5m이고, 귀의 길이만 3m이며, 펼쳐진 손바닥 위에는 8명이 서 있을 수 있다고 한다.

백탑白塔은 광우사 서쪽에 위치하고 있다. 전국 6대 고탑 중의 하나이다. 높이는 70m이며 8각형의 13층이다. 사료에 의하면 백탑은 금 세종이 그의 모친을 위해 건축했다고 한다. 『연암일기』에는 세상에 전하는 바에 의하면 당나라 장군 울지경덕尉運敬德이 군사를 이끌고 고구려를 치러갈 때 건축한 것이라고 썼다. 고구려를 치러 가면서 이 큰 탑을 건축한다는 것은 논리적으로 이해하기 어렵다.

안시성安市城, 고구려 대당 항쟁의 현장

요양에서 다시 남서쪽 해성海城으로 향했다. 고구려 대당 항쟁의 현장인 안시성으로 가기 위해서였다. 이곳은 열하일기의 노정에 포함되지도 않고 또 거리도 자전거로 가기에는 멀기 때문에 차량을 이용하기로 했다. 15번 심해沈海 고속도로를 따라 남서쪽으로 1시간을 가서 해성시에 도착했다. 안시성은 해성시 팔리진八里镇 영성자촌营城子村에 있다. 영성자는 당나라 때에는 안시성이다. 고속도로의 팔리진 출구에서 나와 큰길에서 다시 오른쪽의 좁은 길로 들어가 조그만 개울을 건너니 밭에 옥수수가 무성하게 자라는 작은 시골 마을이 나타났다.

영성자촌

영성자촌이다.

마을 사람에게 안시성 터에 대해 탐문을 하니 친절하게 가리켜 준다. 마을을 돌아가니 작은 언덕 밑에 영성자산성의 표지석이 두 개가 세워져 있다. 하나는 요녕성 인민 정부에서 세운 것이고, 또 하나는 안산시 인민 정부에서 세운 것이다.

안시성 표지석

안시성 전투

요양성을 함락시킨 당군은 계속 진군해서 안시성을 공격했지만 고구려군의 완강한 저항에 부딪쳤다. 당군은 성 동남쪽에 토산을 쌓아 토성이 안시성 성곽 높이가 되면 안시성에서도 성곽을 더욱 높이 쌓아 이에 대항했다. 이세적이 서쪽에서 포석차抛石車와 당차撞車로 성벽을 부수면 고구려군은 곧 목책을 쌓아 무너진 성벽을 메우고 병졸들이 교대로 싸웠다. 하루에 6~7회나 교전이 계속되었다. 계속 토산을 쌓아 토산이 성벽보다 몇 장丈 높아졌을 때 토산이 무너져 성벽을 무너뜨리면 고구려 병사 1백 명이 무너진 성벽 사이로 나와서 토산을 점령한 후 참호를 구축하고 불을 놓고 방패를 둘러쳐 토성을 지켰다. 당군은 7월 초부터 안시성을 공격해 9월 중순까지도 함락시키지 못했다. 요동 지역에 일찍 추위가 찾아와 풀이 마르고 물이 얼자 병력이 오래 주둔할 수 없고, 또 식량도 떨어지자 결국 당태종은 회군하게 되

안시성 탐방

고, 당의 공격은 1방어선인 요하에서 멈추었다. 이때 태종은 비단 1백 필을 안시성 성주에게 내리며 성주에 대한 충절을 치하했다고 한다. 태종은 이 원정에 성공할 수 없었던 것을 깊이 후회하며 탄식하기를 "위징魏徵이 살아 있었다면 이 출정을 막았을 것이다."라고 했다.

안시성의 현장에 오니 감회가 새로웠다. 성은 허물어져 아무런 흔적도 남아있지 않았다. 혹시나 하여 언덕 위에 사는 주민을 찾아가 안시성에 대해 물어보았으나 그 사람은 자기가 이곳에서 어렸을 때부터 살았는데 성터에 관해 아무것도 본 것이 없다고 한다. 이미 천 년이 흘렀으니 무엇이 남아 있을 것인가. 무정한 세월은 그렇게 흘러가고 역사도 바뀌어 이제는 한민족의 활동 무대였던 이 요동 벌판도 우리의 강역에서 사라져버린 지 오래되었다. 이곳에서 치열하게 펼쳐졌던 지난날 영웅들의 이야기도 기억 속에서 희미해졌다. 아득한 역사의 허망함에 마음이 아팠다.

양만춘

우리가 흔히 말하는 안시성의 성주 양만춘의 이름은 『구당서』, 『신당서』, 『자치통감』의 어디에도 이름이 나오지 않는다. 다만 안시성의 성주에 관해『자치통감』에 "그 성주는 용맹하여 연개소문이 난을 일으키자 성을 지키며 연개소문에 복종하지 않았다. 연개소문이 그를 공격했으나 이기지 못하여 그냥 두었다.其城主材勇，莫离支之乱，城守不服，莫离支击之不能下，因而与之"고 하며 성주에 대해 높이 평가한 말만 나타난다.

양만춘이라는 이름이 최초로 나오게 된 배경은 이렇다. 선조 때 윤두수가 쓴『월정만필月汀漫筆』중에 다음과 같은 글이 있다. 임진왜란이 일어난 후 명나라 장수 중에 오종도吳宗道라는 사람이 나에게 말하기를 "안시성주의 이름은 양만춘이다. 태종동정기에 나와 있다. 얼마 후에 당서연의唐書衍義를 보니 안시성주는 과연 양만춘이었다."라는 구절이 나온다. 이로 인해 양만춘의 이름이 세상에 나타나게 되었다.

혼하를 건너 몇 리를 가니 토성이 있다. 그다지 높지 않고 성 밖에는 검은 소 수백 마리가 있는데 그 빛깔이 아주 검어서 마치 옻칠을 한 듯하다. 또 1백 경頃이 나 되는 큰 연못이 있는데 붉은 연꽃이 활짝 피어 있고, 그 물속에는 거위와 오리 떼가 수없이 떠다닌다. 연못가에는 백양 천여 마리가 마침 물을 먹다가 사람을 보고 모두 머리를 쳐들고 서 있다. 외곽의 문으로 들어가니 성안 인물의 번화함과 점포의 호화스러움이 요양보다 10배는 더하다.

『열하일기』 7월 10일

《 3부 》

심양 沈陽

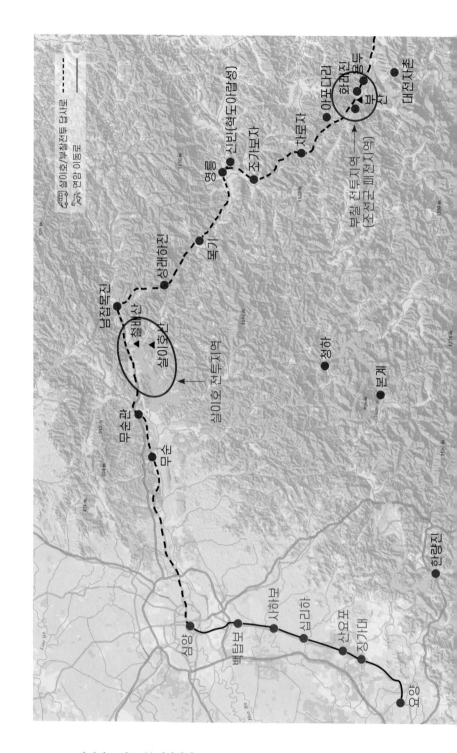

혼하渾河를 건너다

심양에 도착하니 먼저 혼하가 나타났다. 혼하대교를 통해 강을 건넜다. 혼하는 예전에는 심수沈水, 혹은 소요하小遼河라고도 불렸다. 요 녕성 무순시 청원현 곤마령에서 발원하여 무순을 거쳐 심양, 안산, 영 구 등의 도시를 통해 흐르다가 해성 고성자 부근에서 태자하와 합류 한 후에는 대요하大遼河로 불리며 남쪽으로 흘러가 영구에서 요동만으 로 들어간다. 곤마령은 당나라의 설인귀가 이곳을 지나다가 그 경치 에 심취한 나머지 말에서 굴러떨어졌기 때문에 얻은 지명이다.

혼하 ⓒ中关村在线 版权所有

『자치통감』에 의하면 당나라는 영휘 6년(655년) 정명진程名振과 소정방을 보내 고구려를 침공했다. 정명진 등은 여름 5월 14일 요수를 건넜다. 고구려군이 정명진 등의 병력이 적은 것을 보고 성문을 열고 나와 귀단수貴端水를 건너서 그들을 맞아 싸웠다.『구당서』에 의하면 영주 도독 정명진은 귀단수에서 고구려군을 격파하고 신성을 불태웠다. 오늘날 요하 동남쪽에 혼하가 있는데 당나라군이 요수를 건너 신성으로 가기 위해서는 혼하를 건너야 한다. 따라서 귀단수는 오늘날 심양 남쪽을 흐르는 혼하이다. 또 혼하라는 말은 '혼탁한 강'이라는 뜻인데 바닥까지 환히 보이는 맑은 이 강이 혼하라는 이름을 얻게 된 배경에 다음과 같은 이야기가 전해진다.

명조 말년 대장 이성량이 군사를 이끌고 막 자립하여 왕이 된 누르하치를 공격하였다. 어느 날 누르하치의 정찰대가 전선에서 돌아와 보고하기를 "명군 20만이 성경, 요양, 흥성의 삼로로 우리 건주를 향해 공격하고 있다. 현재 이미 합달령 일대까지 도달하였다."고 하였다. 이 소식을 들은 누르하치는 "우리 건주는 겨우 9만의 병마뿐인데 어떻게 20만의 명군을 대항할 수 있겠는가?"라고 생각하고 군사軍師와 장수들을 불러 적을 물리칠 계책을 상의하였다. 이때 정찰대가 "명군의 선봉이 80리에 있어 곧 살이호와 철배산에 도착할 것입니다."라고 보고했다. 이때 앞에 있는 강물을 바라보던 누르하치의 마음에 한 가지 계교가 생각났다. 이에 그는 즉시 영을 내려 수만의 병마에게 전부 물속으로 들어가 강 상하로 뛰어다니도록 했다. 동시에 또 전군에 명하여 강가에 사는 백성들을 동원하여 자기 집에 있는 말똥을 전부 강으로 가져와 강물에 풀도록 했다. 이에 순식간에 맑은 강이 분탕질이 쳐져서 바닥의 모래가 뒤섞여 올라와 흙탕물이 가득하게 되고 게다가 말의 대소변이 떠다니게 되니 그야말로 혼탁한 강이 되었다.

이성량이 살이호에 도착하여 보니 누르하치의 종적은 보이지 않고 오히려 혼탁한 강물만 보였다. 또한 말똥이 떠내려오니 마치 천군만마가 방금 강을 건넌 것과 같았다. 이성량은 너무도 이상하여 말하길 "누르하치의 병마가 적지 않은 것 같다. 만약 그렇지 않다면 이 강물 위에 어떻게 이렇게 두껍게 말똥이 떠다닐 수 있단 말인가?"라고 하였다. 이에 의심이 든 그는 머리를 들어 양안의 망망한 숲을 바라보고 또 고개를 숙여 혼탁한 강물을 보다가 힘없는 소리로 '철수'를 명했다. 누르하치는 이 소식을 듣고 앙천장탄하며 "우리가 강물을 혼탁하게 하여 명군이 놀라 도망가게 할 수 있었으니 이 모든 공은 '혼탁한 강'에 있다."고 하였다. 이로부터 혼하渾河의 이름이 지금까지 전해지고 있다 한다.

심양沈陽

　요양에서 심양을 향해 출발한 후 오후 3시 반 경, 심양 30km 전방에서 심양의 자전거 동호회 4명의 영접을 받았다. 매우 반가웠다. 류 선생이 심양 자전거 동호회의 핵심 간부라고 한다.

　원래는 오늘 30여 명이 나오려고 했으나 갑자기 폭우가 쏟아지는 바람에 많이 나오지 못했다고 한다. 이들과 함께 심양까지 자전거를 타고 갔다. 심양 남역에 도착하여 사진을 찍고 역 광장을 자전거로 한 바퀴 돈 후 돌아갔다. 자전거를 타는 동호회인들은 어느 나라를 막론

요양-심양 간 가도에서 심양 자전거 동호회원들과 함께

하고 이렇듯 친절하다.

소가둔蘇家屯구에 있는 취아각聚雅閣 상무빈관으로 가서 짐을 풀었다. 이날 저녁은 우리끼리 식사를 했다. 심양에 집이 있는 두 사람은 각각 자기 집으로 갔다. 여관 부근에 있는 식당을 찾다가 우연히 한글로 '권씨 아저

심양 식당 '권씨 아저씨'

씨'라고 쓰인 식당 간판을 발견하고 그곳에 가서 식사했다. 한국 식당인데 그곳에서 오랜만에 불고기와 냉면, 된장찌개를 실컷 먹었다.

심양은 당대부터 심주沈州라고 불리다가 원나라부터 심양으로 개칭하였다. 이는 심양이 심수沈水의 북쪽에 있기 때문이다. 산 북쪽을 음陰, 강 북쪽을 양陽으로 부르기 때문에 심수의 북쪽, 즉 심양沈陽으로 바뀐 것이다. 이는 한양이 한수의 북쪽에 있기 때문에 한양이 된 것과 같다.

그 후, 1625년 살이호 전역이 끝난 후, 누르하치가 도성을 요양에서 심양으로 옮기고 심양성 내에 궁전을 건축했는데 그것이 현재 남아있는 심양고궁이다. 청태종 홍타이지가 심양을 높여 천권성경天眷盛京으로 하였으므로 성경盛京으로도 불린다. 1644년 순치 원년에 북경으로 천도한 후 심양은 배도陪都가 되었으며, 1657년 순치 14년에는 봉천승운奉天承運(하늘을 받들고 운을 이어받는다.)의 뜻으로 심양에 봉천부

를 설치하여 심양을 또 봉천奉天으로 부르기도 한다. 1911년 신해혁명 후 심양은 봉계 군벌인 장작림의 수도가 되었다.

심양 시내 일주

다음 날 아침 가랑비가 내리는 가운데 자전거로 심양 시내 일주에 나섰다. 여관을 나와 소가둔蘇家屯구 경내에 있는 만융滿融 조선족촌을 방문했다. 그곳에서 평북 태천 출신이라는 72세의 조선족 한 분을 만나 조선족의 상황을 들었다. 이곳 조선족촌도 학교가 없어지고 젊은 사람들이 다른 곳으로 이주하면서 점점 조선족이 줄어들고 있다고 한다. 아마 5년 후면 이곳에서 조선족이 사라질 것이라는 말을 들었을 때는 왠지 마음이 씁쓸했다. 언젠가는 이곳 조선족촌도 조선족이 살지 않아 그저 이름만 남게 될 것이다. 그리고 오랜 후에는 조선족촌이라는 이름조차도 없어질 것이다. 그리고 조선족이라는 민족 자체도 중국의 대해 속에 흔적도 없이 사라져버리지는 않을까? 100여 년 전만 해도 전 중국을 지배했던 만주족이 오늘날 그 존재감이 사라진 것

심양 시내 자전거 일주

처럼. 옆에서는 50대쯤 되어 보이는 남자가 발을 짜고 있는데 옛날 방식으로 틀을 이용해서 줄에 추를 매달아 손으로 짜고 있다. 1970, 80년대 우리나라 농촌의 모습을 보는 듯하다. 그곳에 있는

만융 조선족촌

조선족 사람들과 함께 대화를 나누고 나왔다.

혼하 강변을 따라 자전거를 달렸다. 강변에는 자전거길이 잘 조성되어 있다. 어제부터 비가 간간이 뿌려서인지 공기도 맑고 먼지도 일지 않았다. 가볍게 불어오는 강바람을 맞으며 달리니 마음이 상쾌하다.

혼하강변 라이딩

강변에 조성된 축구장까지 왔다. 어린아이들이 이곳에서 축구 강습을 받고 있고, 부모들이 밖에서 아이들의 훈련 모습을 지켜보고 있었다. 어느 나라나 자식을 위하는 부모들의 마음은 똑같다는 생각이 들었다. 혼하대교를 건너 시내로 들어갔다. 심양역을 거쳐 한국인이 많이 거주한다는 서탑西塔으로 갔다. 많은 식당과 가게들이 태극기를 걸어놓고 있다.

혼하강변에 있는 축구장

심양역

서탑 중심가에서 잠시 시장을 둘러보기로 했다. 시장은 마치 한국의 전통 시장과 흡사했다. 김치를 비롯하여 각종 한국 음식 재료를 팔고, 많은 가게가 상호를 한글로 표기하고 있다. 만융 조선족촌에서 느꼈던 쓸쓸함과는 달리 이곳에 오니 활기가 느껴졌다. 수많은 태극기, 한국 음식, 한국말, 한글로 쓰인 간판들.

시장을 둘러보고 서탑 거리에 있는 '경회루'라는 한국 식당에서 점심을 먹었다. 여주인은 21년 전 광명시에서 이곳으로 사업하러 온 사람으로 매우 상냥하고 친절했다. 오랜만에 먹어보는 한국 음식은 정말 맛있었다. 실컷 식사를 하고 또 저녁 식사를 위해 동태탕과 반찬, 밥을 포장하여 사 가지고 왔다.

한국인이 많이 있는 서탑 거리

명과 후금의 심양 전투

심양성은 요하 유역의 전략적 중추로서 방어가 매우 견고했다. 성벽이 매우 높고, 성 주위의 해자는 매우 깊었다. 그리고 성 밖에는 세 겹의 방어망이 배치되었다. 안쪽에 포병이 있고 그 밖에는 기병이 있으며 가장 외곽에 보병이 배치되었다. 그리고 각각의 사이에는 세 겹의 참호를 구축하고 그 위에 나뭇가지 등으로 위장하여 흙을 덮어 후금의 기병이 모르고 돌진하면 참호에 빠지도록 하였다. 따라서 심양성은 공격하기에는 어렵고 방어하기에는 용이한 성이었다.

명 천계 원년 1621년 3월 13일, 누르하치의 팔기군 6만이 심양성으로 들이닥쳤다. 당시의 상황을 보면 명군이 유리하다는 것을 알 수 있다. 명군은 견고한 성에 의지하여 전투할 수 있으며, 먼 길을 오느라 지치고 힘든 후금의 군대를 편안히 맞아 싸울 수 있는, 소위 이일대로以逸待勞의 상황이었다. 무엇보다도 명군에게는 강력한 화기가 있었다. 그러나 누르하치는 그가 늘 사용하는 방법을 이 전투에서도 사용했다. 유적출성誘敵出城, 즉 적을 유인하여 성을 나오게 하여 야전에서 기병으로 적을 섬멸하는 방법이었다. 성을 의지하고 싸우는 성전城戰에서는 명군이 유리하지만 일단 성 밖에서 기병 간의 야전野戰은 후금군이 유리했기 때문이다. 이때에도 성의 수장인 하세현은 누르하치의 이러한 전략에 말려들었다.

누르하치가 소수의 허약한 기병을 보내 유인 공격하자 하세현은 성을 나가 적을 추격하다가 결국 중상을 입고 전사했다. 다음 날 아침이 되었을 때 후금군은 성내의 첩자를 이용하여 성내에 방화를 하자 군심이 흩어지고, 이어 첩자들이 성문을 열자 후금군이 성안으로 들이닥쳤다. 7만의 병력과 더할 나위 없이 견고한 심양성이 겨우 하루만에 함락된 것이다.

후금後金에서 대청大淸으로

1636년 4월 11일, 홍타이지는 후금의 국호를 '대청大淸'으로 바꾸었다. 누르하치가 처음 나라를 세울 때에는 자신을 금조의 후예로 선언하고 국호를 후금으로 정했다. 이것은 그들의 기본 병력인 여진족의 단결을 위한 것이었지만 배타적인 의미가 있었다. 그러나 누르하치의 뒤를 이은 홍타이지는 후금이 조선과 몽골, 명을 정벌하게 되면서 날로 강대해지자 이제는 중국으로 들어가 중국의 주인이 되려는 야망을 갖게 되었다.

홍타이지의 말을 빌리면 요, 금, 원의 제국은 변방에서 일어나 후에 중원으로 들어가 제업을 달성했다. 주원장은 당시에 일개 비천한 승려였으나 후에 기병하여 천하를 통일하여 명의 태조가 되었다. 천하는 하나의 성姓만이 계속 이어져 오지 않으며, 천리天理는 순환하는 것이다. 그러니 홍타이지 역시 중국으로 들어가 중원의 주인이 되는 것이 당연하다는 것이다.

그러나 이를 위해서는 여진족의 힘만으로는 불가능한 일로 몽골인과 한인의 힘을 빌려야 했으며, 그러려면 새로운 조직과 구호가 필요했다. 후금의 국호로는 한인들에 대한 호소력이 부족하다고 여기고 국호를 대청으로 바꾸었다. 이후 청은 자신들이 여진족의 후예임을 부인하고 온갖 방법을 동원하여 후금이라는 글자를 숨기고, 자신들이 중원의 후예이며 중원에서 성씨만 바꾸어 나라를 세운 것으로 만들었다. 그래서 후금이라는 글자는 외딴곳의 편액 등에만 겨우 남아 있다. 요양의 나마분喇嘛墳 편액, 영구营口 서쪽 대석교大石橋의 낭낭묘비娘娘廟碑, 심양 무근문撫近門의 석액石額 등에 후금後金이란 국호의 흔적이 남아있다. 청 실록에는 이를 모두 고쳤지만 후금이 조선 국왕에게 보낸 국서는 고칠 수가 없었다.

홍타이지가 후금의 국호를 바꾸게 된 중요한 이유 중의 하나는 특히 조선이 자신들을 이적夷狄으로 보았기 때문이다. 조선인들이 홍타이지를 얼마나 자극했는지 다음 몇 가지 일에 잘 나타나 있다. 홍타이지가 청태종의 존호尊號를 올리려 할 때 조선에서 표문을 올려주기를 요구했지만 조선은 이를 단호히 거부했다. 홍타이지가 칭제전례稱帝典禮를 거행할 때 마침 조선 사신 ㅣ나법헌羅法憲과 이곽李廓이 심양에 와 있자 후금은 2인에게 전례에 참석하여 홍타이지에게 삼배구고두를 할 것을 요구했지만 2인은 결사적으로 거부했다. 당시 이들이 얼마나 결사적으로 거부했는지 홍타이지가 사람을 시켜 이들을 강제로 무릎을 꿇게 하고 머리를 조아리도록 여러 차례 위에서 찍어 눌렀지만 이들은 다시 일어나 머리를 숙이지 않아 사신의 옷이 모두 찢어질 정도였다고 한다. 또 이들에게 청의 국서를 가지고 귀국하게 하자 2인은 이 국서를 통원보에 내버리고 갔다. 조선에서 신하들이 왕에게 표를 올릴 때는 후금 사신들을 호차胡差, 후금국을 적노賊奴, 후금 국서를 노서虜書, 후금주後金主를 적추賊酋라고 불렀다. 모두 되놈, 혹은 오랑캐란 뜻이 담겨있다. 이 해에 청태종 홍타이지는 조선을 침략하여 삼전도에서 군신의 맹약을 맺고 돌아갔다.

조선의 한이 서린 심양

심양은 조선인들이 병자호란의 상흔과 치욕을 상기하며 비분감을 토로했던 곳이다. 당시 심양에는 조선관이 있었는데 소현세자와 봉림대군이 볼모로 잡혀 와 있었던 곳이다. 또 당시 남변문(심양 외성의 남문) 밖, 지금의 남탑 공원 지역에는 노예 시장이 있었다고 한다. 기록에 의하면 병자호란 때 잡혀간 조선인 포로들이 이곳에서 노예로 거래되고 있었다. 청은 조선인 포로들을 성 밖에 모아놓고 몸값을 치르게 하였으며 속환 가격은 수백 수천 냥이었다. 조선에서 이들을 속환하기 위해 머나먼 길을 힘들게 왔으나 희망을 잃고 울부짖는 조선인들이 거리에 가득했다고 한다. 다행히 속환이 되어 다시 조선으로 돌아간 부녀자들은 몸을 더럽혔다는 이유로 멸시를 받아 사회적 문제가 되기도 했다. 이들을 조선에서는 환향녀還鄕女, 즉 고향으로 다시 돌아온 여자로 불렀는데, 이것이 후일 화냥년이라는 좋지 않은 말이 생겨나게 된 이유라고 한다. 위정자들이 나라를 제대로 다스리지 못해 오랑캐에게 나라를 짓밟히고 백성들이 포로가 되어 갖은 시련을 당했는데 그 백성에게 사죄는 못할망정 어찌 돌을 던질 수 있단 말인가!

심양고궁沈陽故宮

심양고궁은 심양 중심에 위치해 있다. 심양고궁은 누르하치가 심양을 도성으로 정한 1625년 짓기 시작하여 1626년 누르하치가 죽자 홍타이지가 1636년에 완공함과 동시에 국호를 대청으로 바꿨다. 즉

청 왕조가 산해관 이내로 들어오기 전 청 태조 누르하치, 청태종 홍타이지가 만든 황궁이다. 청이 북경으로 들어온 이후에는 심양이 배도가 됨에 따라 '배도궁전', 혹은 '유도궁전'이라고 불리었으며 후일 '심양고궁'으로 부르게 되었다. 후에 건륭과 강희제가 이를 다시 증축하여 오늘날의 궁전의 모습을 갖추게 되었다. 건축물이 100여 동, 500여 칸이 되며 점유 면적은 6만㎡가 된다.

심양고궁은 동로, 중로, 서로의 3개 부분으로 나누어 볼 수 있다. 동로에는 누르하치 시기에 건축된 대정정과 십왕정이 있는데 이것은 황제가 의식을 거행하거나 팔기의 대신들이 업무를 보던 곳이다. 중로는 청태종 시기인 1627년부터 1635년에 건축된 대청전, 숭정전, 봉

심양고궁

황루, 청녕궁이 있는 지역으로 황제가 정치하거나 후비들이 거주하던 장소이다. 서로는 북경으로 수도를 옮긴 후 청조의 황제들이 심양으로 동순할 때 독서하거나 사고전서를 보관하던 장소이다.

누르하치

청 태조 누르하치는, 성씨는 애신각라愛新覺羅로 금金 유부遺部 소속이며 부친은 타크시塔克世, 모친은 희탑라씨喜塔喇氏였으며, 다섯 형제 중 장남으로 명 가정嘉靖 38년(서기 1559)에 태어났다. 건장한 외모에 포부가 크고 도량이 넓어 사람들이 잘 따랐다.

누르하치는 전쟁터에서는 용맹하고 인재를 아꼈으며 25세부터 군대를 이끌고 정복전을 벌였다. 용병할 때는 적정 탐지에 능하고, 계모가 풍부하고 병

누르하치 ⓒwikipedia

사들 사기를 독려해 늘 적은 병력으로 큰 병력을 격파했다. 또 누르하치는 병력이 적을 때에도 "오합지졸들은 마음이 단결되지 않기 때문에 선봉만 격파하면 모두 도주할 것이다. 이때 우리가 맹공을 가하면 반드시 이길 수 있다."고 병사들을 분발시켜 대승을 거두곤 했다. 천명天命 3년(서기 1618) 명을 공격하기에 앞서 태조는 칠대한七大恨을 하늘

에 고해 민심과 사기를 격동시킨 후 명군을 격파했다.

누르하치는 미개한 곳에서 태어났지만 군대를 지휘하고 정사를 주관한 후에는 교령敎令을 반포하고 법제를 세워 폭란과 절도를 금했고, 백성에게 경작지를 개간케 하고 양잠과 방직을 권장했다. 또 팔기군을 만들어 주변 지역을 점차 정복해갔다. 나중에 제위에 올라 연호를 천명天命, 국호를 '금金'으로 하고 심양을 도읍으로 정하니 청의 기업이 이로써 세워졌다. 천명 11년 68세의 나이로 죽었다.

장씨수부張氏帥府

장씨수부는 심양고궁 남쪽에 있으며 동북 군벌인 장작림과 그의 아들 장학량의 관저이다. 1914년 건축하기 시작하여 1916년 완공하여 입주했다. 그 후에도 계속 확충하여 동원, 중원, 서원과 원외 건축 등 네 부분으로 조성했다. 각 부분의 건축 양식은 모두 달라서 중국 전통 양식, 중서 혼합식, 로마식, 북구식, 일본식 등 다양한 건축 양식을 보여주고 있다.

주요 건축물로는 대청루, 소청루, 삼진원, 조사소저루 등이 있다. 대청루는 장씨수부의 대표적인 건축물로 로마식 건축 양식을 보여준다. 푸른 벽돌로 지었기 때문에 '대청루'라고 부른다. 이곳은 장작림과 장학량이 업무를 보던 장소이며, 두 차례의 봉직대전과 동북역치 등 중대한 역사적 사건이 결정되었던 역사적 장소이다.

소청루는 장씨수부의 동원에 위치해 있으며 동서양의 혼합식 2층 건물로 벽돌과 목재로 만들어진 작은 누각이다. 푸른 벽돌과 푸른 기와로 만들어졌기 때문에 소청루라고 부른다. 이 건물은 장작림이 가

장씨수부   장씨수부 대청루

장 사랑했던 다섯째 부인인 수 씨를 위해 건축한 것이다. 1928년 6월 4일 황고둔皇姑屯 사건 후 장작림은 이곳에서 마지막 숨을 거두었다.

조사소저루는 조일적고거라고도 하며, 장씨수부의 대원의 동쪽 담장 밖에 있다. 2층의 동서양 혼합식 건축 양식으로 지어져 있다. 장학량이 가장 사랑했던 조일적(일명 조사소저)이 이곳에서 살았기 때문에 이 이름이 붙여졌다. 이 건물은 아름다운 장식을 하고 있는데 중국 전통 양식의 채색 그림과 서양 건축 양식으로 조각된 기둥이 있으며, 내부 가구는 불란서식 가구가 배치되어 있다.

황고둔皇姑屯 사건

서탑西塔의 한국 식당 경회루에서 식사한 후 부근에 있는 황고둔을 탐방하기로 했다. 황고둔은 서탑에서 600m의 가까운 거리에 있기 때문에 걸어가기로 했다. 쑨 선생이 그곳을 잘 알기 때문에 쑨 선생을

황고둔 사건 표시판

따라갔다.

황고둔 사건이 발생했던 지역에 갔으나 철로 변에는 높은 담장이 쳐져 있어서 아무것도 볼 수가 없었다. 쑨 선생이 조금 당황해 하는 것 같았다. 그러더니 부근의 조금 높은 곳으로 올라가 주변을 살피더니 "찾았다!"고 한다. 우리도 쑨 선생을 따라 높은 언덕으로 올라갔다. 과연 철로 변의 높은 담장 너머로 황고둔 사건 발생지가 보였다. '1928. 6. 4. 皇姑屯事件發生地'라는 주황색 표시판이 세워져 있었다.

우리가 높은 곳에 올라가 담장 안에 있는 철로를 사진 찍으며 소란을 피우니 주변에 있던 철도 공안이 놀라 달려왔다. 공안이 우리를 에워싸 신분을 확인하고 사진을 찍지 못하도록 하여 험악한 상황이 되었다. 겨우 쑨 선생의 설득으로 풀려나올 수가 있었다.

이곳은 북경에서 심양으로 오는 철도와 하얼빈에서 대련으로 가는, 소위 당시 일본이 건설한 남만주 철도와의 교차점이 되는 곳이다.

만주사변이 발발하기 이전 동북 지역을 통치했던 군벌은 장작림이었다. 장작림은 가난한 농가에서 태어나 19살 때 갑오전쟁에 참가했다가 전쟁 후에 마적단에 들어갔다. 1900년 의화단 운동이 일어나 러시아가 만주 지역을 점령하고 동북 지역이 혼란에 빠지게 되자 그는 마적 조직원으로 이 지역 치안 책임자가 되었다. 세력이 점점 커져서 청 정부에서 이를 토벌할 힘이 없게 되자 그를 관리로 임명하여 토비들의 세력을 토벌하도록 했다.

장작림 ⓒ京ICP备00060030

그 후 점차 승진하여 봉천 독군, 동삼성순역사 등에 임명됨으로써 북양군의 봉계수령이 되어 손중산, 단기서 등과 동맹을 맺었다. 2차례의 봉직전쟁에서 승리한 후 북경으로 들어가 육해군 대원수가 되어 중국의 통치권을 행사함으로써 국가 최고 통치자가 되었다. 1928년 장개석의 북벌군이 북상하자 할 수 없이 북경을 떠나 동북으로 돌아오게 되었다.

1928년 6월 4일 아침 5시경, 북경을 떠나 봉천으로 오는 열차가 황고둔 부근에 도착했을 때, 일본 관동군이 사전에 설치한 폭약에 의해 열차가 폭파되었는데 이것이 황고둔 사건이다. 후일 만주를 중국에서 분리하여 만주국을 세우려는 일본으로서는 장작림의 동북으로의 복귀는 새로운 장애물이 될 수밖에 없었을 것이다. 장작림은 당일 심양의 관저로 돌아온 후 곧바로 사망했다. 이때 그의 나이 53세였다.

동북역치東北易幟, 만주군벌이 국민정부군으로 깃발을 바꾸다

장작림이 사망한 후 1928년 12월 29일, 장작림의 장자인 장학량은 일본 제국주의의 방해를 물리치고 연명으로 전국에 전통하기를 "대원수의 유지를 받들어 힘써 통일을 도모하고 평화를 관철한다. 오늘부터 삼민주의를 준수할 것을 선포하고 국민 정부에 복종하여 기치를 바꾼다."고 하였다. 이로부터 동삼성은 남경 국민정부의 청천백일기靑天白日旗로 기치를 바꾸어 걸었는데 이것을 동북역치라고 한다. 이에 이르러 북양 군벌의 중국 통치 역사는 종말을 고하고 국민당 정부가 형식상 전국을 통일했다.

장학량 ⓒwikipedia

후일 장학량은 서안사변을 통해 공산군을 토벌하려는 상관인 장개석을 체포하게 된다. 이를 병간兵諫이라고 한다. 상관에 대해 말로 간하는 것이 불가하니 어쩔 수 없이 군사적 행동을 통해 자신의 충심을 간한다는 것이다. 먼저 공산군을 평정한 후 일본에 대항하고자 했던 장개석의 입장과 공산군과 연합하여 먼저 일본을 물리치자는 장학량의 입장이 충돌을 빚은 결과이다. 이는 당시 국민당군에 의해 괴멸의 위기에 처해있던 공산군의 입장이기도 했다. 이로써 2차 국공합작이 이루어져 절체절명의 위기에 빠졌던 공산군이 회생하여 국민당군의 일원으로 대일 항전에 나서게 되고, 결국 이것이 전환점이 되어 후일 공산군이 중국을 석권하는 계기가 된다. 그 후 장학량은 장개석에 의해 연금되었으며 대만으로 건너갔다가 미국에서 101세로 죽었다. 중국은 장학량의 의거를 높이 평가하고 있다.

만주사변의 출발점 유조구柳條溝

유조구까지 가는 길은 소가둔에서 택시를 타고 30분 정도 북쪽으로 가면 금방 찾아갈 수 있는 곳이다. 유조구에 도착했을 때는 오후 3시경이었다. 유조구에는 역사박물관도 건립되어 있다.

1931년 9월 18일 밤, 일본 관동군의 계획하에 철도 수비대는 심양 유조구 부근의 남만 철로를 폭파하고 이를 중국 군대에 전가했다. 일본군은 이를 구실로 심양 북대영을 포격하니 이것이 중국에서는 9·18사변으로, 한국과 일본에서는 만주사변으로 부르는 사건이다. 이 사건을 시작으로 일본의 중국 침략이 본격화되었다.

918역사박물관 ©宁波共青団

다음날 일본군은 심양을 침공하고 이어 계속 동북삼성을 침략했으며, 1932년 2월에는 동북 전 지역이 함락되었다. 이후 일본군은 이곳에 청의 마지막 황제인 부의를 데려와 황제로 즉위시킴으로써 만주국을 세우고 만주 지역을 중국에서 분리해 일본의 통치하에 두었다.

가끔은 이런 생각을 하기도 한다. 역사에서 연고권이란 중요하다. 전혀 만주에 대한 역사적 연고가 없는 일본이 만주를 차지하겠다고 하니 그것이 오래갈 리 없었을 것이다. 만약 당시 우리 조선이 강한 나라여서 허약하기 그지없는 청조 말기에 당당히 만주에 대한 역사적 연고권을 주장하고 이를 차지하였더라면 그 결과는 어떠했을까? 독일의 산둥반도 점령이나 러시아와 일본의 만주 점령, 일본의 대만 점령과는 다른 결과가 되지 않았을까? 그리고 원나라가 망할 때 몽고족이 중국에서 북쪽으로 철수하여 오늘날 몽골을 유지하고 있듯이, 만약 청이 멸망할 때 만주족이 고향인 만주로 돌아와 옛 강역만이라도 유지했더라면, 그리고 조선과 연합했다면 어떠했을까? 그러나 당시 조선도 청나라와 마찬가지로 다 죽어가는 병자와 같은 나라였으니 그저 한낱 백일몽일 뿐이다.

부의溥儀

부의는 청의 마지막 황제이자 중국 역사상 최후의 황제이기도 하다. 청 폐제, 또는 '선통제'라고도 불린다. 섭정왕 재풍載灃의 장자로

1909年 3살의 나이로 제위에 올랐으나 나이가 어려서 부친인 재풍이 섭정했으며, 1911년 신해혁명이 발발하여 청조가 멸망하자 이듬해에 폐위되었다. 만주사변 후 일본에 의해 만주국이 성립되자 다시 황제가 되었으나 1945년 8월 15일 일본이 항복하자 심양에서 소련군에게 체포되

부의 ⓒwikipedia

어 소련으로 압송되었다. 그 후 1950년 8월 중국으로 돌아와 무순전
범관리소撫順战犯管理所에 수감되었다. 1959년 12월 특사를 받아 석방되
었다가 후에 전국정치협상위원이 되기도 했다. 1967년 61세로 사망
했다.

명망청흥明亡淸興의 서막, 살이호薩爾滸 전투

살이호는 심양 동쪽에 있는 무순無順시에 있다. 이곳은 명말 흥기한 후금의 누르하치가 명과의 전투에서 대승을 거둔 곳이다. 살이호 전투는 전쟁사적, 역사적으로도 중요한 전투이다. 전쟁사적으로 볼 때 소수의 병력으로 다수의 병력을 각개격파한 전형적인 전투이다. 또한 분진합격으로 후금의 중심인 혁도아랍성을 공격해오는 명군을 내선에서 차례로 섬멸한 내선작전의 모범적 사례에 해당한다. 역사적으로 볼 때 살이호 전투는 명과 후금 간의 전략적 균형이 깨져 완전히 후금으로 기울기 시작하게 되는 전환점이 된 전투이다. 이 전투 후 명은 점차 멸망의 길로 들어서게 되고, 후금은 명에 공세적으로 전환하여 결국은 중국을 차지하게 된다.

물속에 잠긴 역사의 현장, 대화방大伙房 저수지

살이호 풍경구에 있는 대화방 저수지에 도착했다. 그러나 당시의 전투 흔적은 아무것도 찾아볼 수 없었다. 이곳에서 살이호 전투의 흔적을 조금이나마 더듬어볼 수 있는 것은 오직 서사비정書事碑亭뿐이다. 이 살이호전 서사비정을 찾으니 조그만 정자 안에 커다란 석비가 세워져 있다. 비는 1776년 건륭제에 의해 세워졌는데 앞면은 한문 해서

로, 뒷면은 만주어로 쓰
여 있다. 살이호 전투의
경과와 누르하치의 공덕
을 찬양하는 내용으로
되어 있다고 한다. 현재
이곳에 있는 서사비정은
1998년에 중건한 것으
로 원래의 서사비는 현
재 심양고궁박물관에 보

살이호 비정

관되어 있다. 당시 살이호 전투가 일어났던 전장은 대화방大伙房 저수
지가 만들어지면서 물속에 수장되어 있다.

비정 부근 길가에 한왕석罕王石이라고 붉은 페인트로 어설프게 쓰
인 돌이 있는데, 이 돌이 바로 누르하치가 전투 중 이곳에서 휴식을
취했다는 바로 그 돌이었다. 하도 조잡하여 부근 식당에 있는 사람에

대화방 저수지

게 이것이 한왕석이 맞느냐고 확인을 하니 맞는다고 한다.

　비정에서 조금 떨어진 곳에 이 부근에서 제일 높은 왕고산이라는 조그만 언덕이 있는데 정상 바로 밑에 누각이 하나 세워져 있다. 누각에 오르니 안에는 온통 살이호 전투에 관한 그림들과 글씨가 온 벽면을 가득 메우고 있다. 왕고산에 오르니 주위의 경관이 모두 보였다. 대화방 저수지와 그 건너의 산봉우리들이 눈에 들어왔다. 내려오는 길가에는 왕고정이라는 우물이 보였는데 이는 왕고가 뚫은 우물이라고 한다. 왕고는 명말 건주여진의 지휘사로 누르하치의 외조부이며 명에 대항하다가 이성량에게 패하여 북경에서 능지처참을 당했던 인물이다. 살이호 풍경구 안 조그만 광장에 그의 동상이 세워져 있다.

살이호에 있는 누루하치상

살이호 전투

서기 1618년 봄, 누르하치는 명의 요동진遼東鎭 변새邊塞의 요지를
공격하려고 했다. 그러나 출병 명분이 없어 전투의지를 격동시키기가
어렵게 되자 명에 대한 일곱 가지의 원한(이를 칠대한七大恨이라고 한다.)을
선포하여 이를 출병의 구실로 했다.

1. 명이 무고한 누르하치의 조부와 부친을 죽였다.

2. 인접 9개 부가 우리(건주)를 공격했는데 명이 수수방관하며 편
   파적으로 우리를 대했다.

3. 변경의 한인들이 우리 경내로 들어와 임산물을 채취하여 상사
   (명의 관리)에게 보고했으나 상사는 분쟁을 일으키는 한인을 단
   속하지 않고 오히려 우리가 보낸 사절을 체포했다. 이런 기만
   과 핍박을 참을 수 없다.

4. 북관과 건주는 같은 속으로 명은 공정하게 대하지 않고, 북관
   을 도와주고 우리를 막으니 이러한 차별을 참을 수 없다.

5. 북관의 노녀를 누르하치가 아내로 맞이했는데 북관이 맹약을
   어겼지만 다른 사람에게 시집보내지는 않았다. 그런데 명이 거
   들어 서로(몽골)에게 개가하게 하여 우리에게 치욕을 주었다.

6. 명이 북관의 무고만 믿고 우리 부에 대해 변경에서 30리를 물
   러나도록 강요했다.

7. 명의 비어 소백지는 우리에게 기만과 모욕을 일삼았는데 그 언
   사가 독해 도저히 참을 수 없다.

살이호 전투

    명은 병력을 사로四路로 나누어 건주에 대한 포위 섬멸을 목표로 약정된 시일에 동시에 변경으로 나가 분진합격 태세로 바로 누르하치의 소굴인 혁도아랍성을 향해 공격하고자 했다. 동쪽에서는 북로군(총병 마림), 중로좌익군(총병 두송), 중로우익군(총병 이여백)이 공격하고, 남쪽에서는 남로군(총병 유정)이 강홍립의 조선군과 함께 관전寬甸(현 요녕성 단동 부근 압록강 연안) 부근에 집결, 북진하여 혁도아랍성 동남쪽으로 진격하는 것이었다.

    명은 우세한 장비를 갖춘 10만 병력을 전국에서 징발 후 요심 방면으로 집결시키며 조선과 엽혁葉赫 병력까지 끌어들인 후 병력을 사로四路로 나누어 동진하여 일거에 혁도아랍성을 격멸해서 여진족을 복속시키려 했다. 그러나 뜻밖에 양측의 접전이 이루어지자 먼저 두송의 중로좌익군이 살이호산과 길림애에서 섬멸당하고, 이어 마림의 북로군이 상간애에서 궤멸되었으며 유정의 남로군은 아포달리강에서 전멸했다. 단지 이여백의 병력만 호란에서 퇴각했다. 단 5일 만에 전군이 무너진 것이다.

이 전역은 명과 청의 국운이 교체되는 중요한 전환점이 되었다. 원래 누르하치는 명에 순복하여 명의 변경을 지키는 위치였지만 이 전역을 통해 근본적인 변화가 발생했다. 명은 공세에서 방어로 전환되었으며, 후금은 방어에서 공세적인 위치로 바뀌었다. 그리고 이 살이호 전역 이후 청은 끊임없이 개원開原, 철령鐵嶺, 심양沈陽, 요양遼陽을 함락시키고, 더 나아가 요동 전체에 대한 지배권을 확보하였다. 그리고 마침내는 산해관을 넘어 중원을 차지하는 계기가 되었다. 그 출발점이 된 전역이 바로 살이호 전역이었다.

누르하치의 고향, 혁도아랍성赫圖阿拉城

무순撫順에서 100㎞ 정도 동남쪽으로 가면 신빈新賓 만족 자치현에 혁도아랍성이 있다. 허투아라(赫圖阿拉의 만주어)라는 말은 만주어로 횡강橫崗이라는 뜻이다. 이곳에서 누르하치를 비롯한 홍타이지, 도르곤 등이 태어났다. 혁도아랍성은 청의 발상지로 1603년 건설되었으며, 1616년 누르하치가 이곳에서 칸에 올라 국호를 대금으로 하고 건국했다. 이곳에서 누르하치는 여진족을 통일하고 그 힘을 다시 서쪽으로 뻗쳐 명과 대결하게 된다.

신빈에 도착하니 시내로 들어가는 길 입구에 '역사명성歷史名城'이

혁도아랍성

라는 글씨가 쓰여 있는 패루가 눈에 들어온다. 그곳에서 혁도아랍성
이 있는 곳으로 가니 입구에 누르하치의 동상이 세워져 있다.

혁도아랍성의 내성은 의외로 협소했다. 이곳에는 누르하치의 탄
생지로부터 한궁대아문汗宮大衙門, 한왕침궁汗王寢宮, 한왕정汗王井, 정백기
아문正白旗衙門, 관제묘關帝廟 등의 건축물이 있다.

강홍립의 조선군이 패전한 부찰富察

혁도아랍성에서 다시 남쪽으로 차를 달렸다. 이곳으로 계속 가면
환인相因이 나오고 그곳에서 더 남쪽은 북한과 압록강을 사이에 두고
있는 관전寬甸에 이른다. 혁도아랍성에서 30여 km 환인 방향으로 가면
유정이 패한 아포달리강이 있고, 그보다 조금 남쪽에 강홍립의 조선

군이 패하여 항복한 부찰이라는 곳이 있다. 부찰은 당시의 지명이고 현재는 화래진華來鎮 이호래촌二戶來村과 부산촌釜山村 부근에 있다.

화래진 부산촌에 도착하여 탐방한 후 다시 큰길을 건너 그곳에 있는 노인에게 물으니 이호래촌이라고 한다. 부산釜山이라는 산이 어디 있는가 하고 물으니 바로 마을 뒤에 있다고 한다. 기록에 의하면 부산은 산의 모양이 절벽으로 되어 있고 그 앞에 부찰 평야가 있으며 바로 옆에 육도하六道河가 있다고 한다.

마을을 돌아가니 기록과 너무나도 똑같은 모습의 부산이 나타났다. 산은 앞면과 측면이 모두 절벽으로 이루어져 있었으며, 그 앞은 옥수수가 자라는 부찰 평야가 있고 그 옆으로 육도하가 흐르고 있었다. 240년 전, 강홍립의 조선군 좌군과 우군 8천 명은 이곳 부찰 평야에서 후금군에게 전멸당했으며, 강홍립의 중군은 부산 위에서 조선군이 전멸당하는 모습을 보고도 구원하지 못하고 곧바로 후금군에게 항복했다. 『열하일기』에도 당시 후금군이 조선의 좌군을 공격하여 한 명도 살아나오지 못하자 산 위의 병사들이 멀리 바라보고 오금이 저려 벌벌 떨었으며, 강홍립은 싸워보지도 못하고 항복을 했다고 했다. 또 후금군이 강홍립의 군을 몇 겹으로 포위하고는 조선 군사들 속으로 숨어든 명나라 군사를 수색했는데, 발각된 사람은 모두 칼로 쳐 죽였다고 했다.

당시 약소국이었던 조선은 명과 후금의 틈바구니에서 원하지 않는 전쟁에 참전하게 되었다. 참전해야 할 이유도 모른 채 고향을 떠나 이역만리 이곳 타향의 낯선 곳에서 생을 마감해야 했던 조선군의 슬

부산과 부찰 평야

픈 운명. 우리는 그들의 혼을 위로해 주고 싶었다. 부찰 평야 앞에서 우리는 부산촌에서 사온 술을 따르고 간단한 노제를 했다. 백강 선생이 즉석에서 제문을 읊었다.

"유세차 기해년 7월 16일 한국에서 7명의 후손들이 이곳 부찰 평야 앞에서 제사를 지내니 그동안 고향으로 돌아가지 못하고 이곳에서 떠돌던 혼령들이시어 이제 편히 잠드소서."

강홍립은 후에 청에 머물다가 정묘호란 때 후금군의 향도가 되어 조선에 출병하였다가 그대로 조선에 머물렀다. 이때는 인조반정으로 이미 광해군이 폐위되고 인조가 왕이었던 시기이므로 조정 신하들이 그를 죽여야 한다는 목소리가 높았으나 후금의 눈치를 보아야 하는 상황이라 죽이지는 못하고 삭탈관직했다. 강홍립은 그 후 병사했다.

요동遼東 벌판을 새벽에 지
나며

만주 벌판 어느 제나 끝이
날는지 遼野何時盡
열흘 내내 산이라곤 보지
못했네 一旬不見山
새벽 별은 말 머리 위로 솟
아오르고 曉星飛馬首
아침 해가 논밭에서 솟아
나누나 朝日出田間

『연암집』4권映帶亭雜咏

대릉하

《 4부 》

만주 벌판과
요서회랑 遼西回廊

요하遼河를 건너

　심양의 취아각聚雅閣 빈관에서 신민新民으로 출발할 때는 여러 명의 심양 자전거 동호회원들이 여관 앞에까지 와서 우리들의 장도를 축하해주고 함께 자전거로 동행해 주었다.

　심양에서 신민으로 가기 위해서는 요하를 건너야 한다. 요하를 건너면 곧바로 신민이다. 심양의 자전거 동호회원 서너 명이 요하까지 우리와 동행해 주었다. 그리고 요하를 건너 부근에 있는 식당에서 함께 점심을 먹고 돌아갔다.

　연암은 거류하巨流河를 건넜다고 했는데 거류하는 요하의 별칭이다. 지금은 거류하라는 이름은 요하에 있는 거류하교에만 남아 있다.

심양 자전거 동호회원들과 함께

거류하교

우리가 건넌 요하는 연암이 건넌 거류하교가 있는 곳이다.

요하는 만주 벌판 한복판을 흐르는 강이다. 요하의 동쪽을 요동이라고 부르며 서쪽을 요서라고 부른다. 요하는 하북성에서 발원하여 하북, 내몽고, 길림, 요녕의 4개 성을 거쳐 발해만으로 들어간다. 전장 1,300㎞가 넘는 큰 강이다.

요하의 강변에 섰다. 넓은 강물이 넘실거리고 만주 벌판의 시원한 바람이 불어왔다. 감회가 밀려왔다. 한민족이 말달리며 호령하던 곳. 고구려가 당과 치열한 투쟁을 벌이던 현장이다. 그러나 이제는 너무나 오랫동안 남의 나라 땅이 되어 기억에서조차 잊힌 요하.

요하는 고구려를 방어하는 중요한 자연 장애물이었다. 북쪽으로부터 요동성, 백암성, 안시성, 비사성 등의 고구려 성이 배치되어 있었다. 수나라군이 고구려 전역에서 패하여 철수할 때 수양제는 원정군 총 113만 3,800명 가운데 30만 5천 명을 잃고 나머지 80여만 명을 장구한 행군 대열로 펼쳐서 퇴각하였다. 수양제는 행군 기간과 인명과 자산 손실을 최대한으로 줄이기 위해 퇴각로상에 방어진을 설치하고 이곳에서 고구려의 추격을 최대한 지연시키고자 했을 것이다. 요

동성－요하－대릉하 간의 철수로상에서 고구려군의 추격을 가장 효율적으로 차단할 수 있는 자연 장애물은 요하였다. 『자치통감』에 의하면 수나라는 대업 8년(612년) 퇴각하면서 요수 서쪽의 고구려 전진기지인 무려라를 점령하고 이곳에 요동군과 통정진을 설치하여 고구려군의 추격을 최대한 저지하려고 했다. 무려라는 오늘날 북진北鎭시에 있다.

거류하巨流河 고성 옛터

거류하 고성의 유적지는 신민시 이동 10㎞ 지점에 있는 거류하촌에 있다. 거류하교를 건너 오른쪽으로 길을 접어들면 남루한 촌락이 나오는데 이곳이 바로 거류하촌이다. 예전에 거류하성이 있던 곳이다. 지역 주민들에게 물어 겨우 거류하성의 성터를 찾았다. 성은 이미 다 허물어져 모습을 찾을 수는 없었고 겨우 토성의 일부분과 거류

거류하고성 표지석

하 고성이라고 새겨져 있는 표지석만이 남아 있을 뿐이다.

관련 자료에 의하면 거류하성은 처음 1641년에 건설되어 원래는 수군 도독부였다. 1681년 순검사를 이곳에 두었다. 성 서쪽의 작은 산에 전에 조양사_{朝陽寺}라는 절이 있었는데 절 안에 원래는 고비가 있어 성을 수축한 임옥주_{林玉柱}의 공적을 기록했고, 성 북쪽 산 위에는 원래 건륭황제가 동순할 때 황제의 명으로 세운 거류히신묘_{巨流河神廟}가 있었다. 민국 조년까지도 유적과 건륭어서비_{乾隆御書碑}가 있었으며 성 동쪽 산 위에 원래는 고구려성이 있었다. 그러나 이 모든 것이 보전되어 전해지지 못하고, 비문조차도 남아있지 않다.

신민新民

　요하 부근에서 점심을 먹고 요하 강변에서 사진을 찍으며 시간을 보낸 후 곧바로 신민으로 들어왔다. 신우新宇반점이라는 작은 여관에 들어갔는데, 가격도 저렴하고 깨끗한 여관이었다.

　신민는 요녕성 심양시에 속한다. 신민의 명칭은 청초의 신민둔에 기원을 두고 있다. 만주 지명고滿洲地名考에 의하면 이 지역의 원주민은 매우 적었으며, 청 건륭 초년 모집한 많은 새로운 이민자들이 이 지역에서 개간을 하여 마침내 촌락을 이루었으므로 속칭 신민둔이라고 불렸다. 당시에는 한족 사람을 민인民人이라고 부르고 그들이 사는 곳을 민둔民屯이라고 불렀다. 요동 지역에는 크

신우반점

고 작은 많은 민둔이 있었다. 숭정 14년(1641년)과 순치 8년(1651년) 산동, 하북에서 두 차례 많은 이재민이 현 신민 지역으로 이주하여 황무지를 개간하였다. 그래서 이전의 민둔과 구별하기 위해 신민둔新民屯이라고 하였다고 한다.

연암이 신민둔에 왔을 때 신민둔의 시장 점포나 여염집들이 요동에 못지 않게 번화하다고 했다. 그러나 신민 시내는 비교적 한적하여 차량과 사람들이 그리 많지 않은 조용한 도시 같다.

신민은 은殷의 유민이 살던 곳이다. 은은 동이족이 세운 국가이다.

신민의 밤

오늘 드디어 우리는 요하遼河를 건넜다. 이제부터는 요서遼西 지역이다. 신민의 밤, 잠자리에 들었으나 이 생각 저 생각에 잠을 이루지 못했다. 고구려의 혼령들이 나를 일깨워 잠을 못 자게 하는 것인지도 모를 일이다. 수와 당과 당당히 맞서던 고구려의 영웅들이 활약하던 이 만주 벌판 한복판에 와서 아무 생각 없이 잠만 잔다는 것 또한 선조들에게 미안하기 그지없는 일이다. 잠을 재촉하다가 결국 옷을 입고 밖으로 나왔다. 거리엔 가로등이 희미하게 졸고 가끔씩 지나가는 차량들만 거리를 밝히며 지나간다. 늦은 밤, 오고 가는 행인도 보이지 않는 텅 빈 거리에서 나그네의 외로운 그림자만이 이리저리 배회한다. 하늘엔 어느덧 둥근 보름달이 떴다. 보름달을 바라보니 집 생각이 절로 난다. 집사람도 잘 있겠지. 고국을 떠나온 지 어느덧 9일이

되었다. 앞으로 가야 할 길이 아득한데 벌써 집 생각에 마음이 울적하다.(백강)

요하_{遼河}를 건너 신민_{新民}의 밤은 쓸쓸한데 過河新民夜凄凄
굳이 이는 고향 생각에 외로운 그림자만 낮구나 强起思鄕獨影低
보름 달빛 아래 나그네는 객수에 젖어 있는데 望月游子客愁悽
집사람도 이 밤에 요서 꿈을 꾸겠지 家人今夜夢遼西

흑산黑山

　아침 일찍 신민을 출발하여 흑산으로 향했다. 유하를 건너 102 국도를 따라갔는데 길 양쪽에는 버드나무가 잘 심어져 있고 도로도 아주 잘 정비되어 있는 것이 인상적이었다. 중국의 도로에는 버드나무가 많이 심어져 있는 것 같다. 연암이 이 길을 갈 당시에도 길가에는 모두 버드나무가 울창했다고 한다.

흑산가는 102번 국도

무엇보다도 인상적인 것은 산하가 없는 일망무제의 대평원이 끝도 없이 펼쳐져 있는 것이었다. 그 평원에는 옥수수가 자라고 있었다. 연암도 끝없는 새벽의 요동 벌판을 바라보며 우리와 같은 느낌을 가졌을 것이다. 그래서 다음과 같은 시를 읊었다.

요동遼東 벌판을 새벽에 지나며

만주 벌판 어느 제나 끝이 날는지 遼野何時盡

열흘 내내 산이라곤 보지 못했네 一旬不見山

새벽 별은 말 머리 위로 솟아오르고 曉星飛馬首

아침 해가 논밭에서 솟아나누나 朝日出田間

반랍문진半拉門鎭을 지났다. 반랍문진은 연암이 지날 때는 일반랍문一半拉門이라고 불렀다. 그리고 얼마를 가니 이도경자촌二道鏡子村이 나

반랍문진

이도경자촌

왔다. 이도경자촌은 연암이 지날 때는 이도정二道井이라고 불렸던 곳이다. 이 반랍문진과 이도경자촌 사이는 예전에는 진흙 벌로 되어 있어서 사람들이 다니기 곤란했던 저지대였다.

당서에 의하면 당태종이 고구려를 치려다가 뜻을 이루지 못한 채 돌아오는 길에 발착수에 이르러 80리 진펄에 수레가 갈 수 없게 되었다. 장손무기와 양사도 등이 만여 명을 거느리고 나무를 베어 길을 쌓고 수레를 잇달아 다리를 만들었는데 황제도 말 위에서 손수 나무를 날라서 일을 도왔고, 때마침 눈보라가 심해서 횃불을 밝히고 건넜다고 한다.

연암의 『열하일기』에도 "요동 벌판 천여 리는 흙이 떡가루처럼 보드라워서 비를 맞으면 반죽이 되어 마치 엿 녹은 것처럼 된다. 자칫하면 사람의 허리와 무릎까지 빠지고 겨우 한 다리를 빼면 또 한 다리가

더 깊이 빠지게 된다. 이에 만일 발을 빼려고 애쓰지 않으면 땅속에서
마치 무언가가 빨아들이는 듯이 온몸이 묻혀서 흔적도 없이 사라지게
된다."고 했다. 그러나 지금은 길이 잘 뚫려 있어서 옛날의 흔적을 찾
을 수 없다. 다만 다른 곳과 달리 이곳의 도로는 갈라진 곳이 많아 이
곳저곳 보수한 것은 혹 지반이 약한 탓이 아닐까 하는 생각도 들었다.

　　오는 중에 흑산조격전 기념관黑山阻擊戰紀念館에 잠깐 들렸다. 이 기념
관은 국공 내전 시 요심 전역의 일환으로 이곳 흑산에서 발생했던 전
투를 기념하기 위한 것이다. 요심 전역의 관건은 금주錦州 전역에 달려
있었는데 흑산黑山에서 국민당군의 요심 작전 병단을 차단함으로써 요
심 전역에 결정적인 역할을 했다. 101고지 전투를 기념하는 돌 표지
판이 세워져 있는데 도대체 그곳이 어떻게 고지인지 우리가 보기에는
그저 평지와 다름이 없었다.

101고지　　　　　　　　　　　　　　　　흑산조격 기념관

북진 北鎮

　　흑산을 거쳐 북진으로 향했다. 원래는 흑산에서 일박하기로 계획되어 있었으나 너무 일찍 흑산에 도착했기 때문에 그대로 북진까지 가기로 했다. 그러다 보니 무더위 속에서 110㎞가 넘는 장거리를 달려야 했다. 한 사람이 결국 무릎 통증을 호소하며 뒤처지기도 했고, 류 선생의 자전거가 펑크가 나기도 하며 시간이 지체되었다. 게다가 습도도 높고 맞바람이 불어 더욱 힘들었다.

양치는 사람

오는 길에 길가에서 참외 장수에게 참외를 사서 먹기도 했다. 또 수많은 양 떼를 몰고 가는 사람을 보았다. 연암이 이곳을 지날 때에도 참외 장수에게 속아서 비싼 값을 지불하고 참외를 사 먹었으며, 푸른 숲에는 말, 나귀, 소, 양 수천 마리가 무리를 이루었다고 했다. 역시 인간의 삶이란 예나 지금이나 똑같다는 생각이 들었다.

점심 식사를 하기 위해 비교적 깨끗해 보이는 식당으로 들어갔으나 내부가 너무나도 지저분해서 그냥 나왔다. 5㎞를 더 가서 겨우 식사를 했는데 15원 하는 뷔페식 식당으로 비교적 저렴하고 괜찮았다.

북진에 도착하여 북려각北周閣 상무빈관에 짐을 풀었다. 그러나 공안이 온다기에 모두 긴장하여 샤워도 하지 않고 대기하고 있었다. 혹시 공안에 의해 다른 곳으로 쫓겨 가지는 않을까 하는 우려 때문이었다. 공안이 오면 표정 관리도 잘해야 한다며 우리끼리 웃으며 농담을 했다.

북진은 옛 광녕廣寧을 말한다. 금나라 때부터 광녕이라고 불러서 청 말까지 광녕이라는 이름으로 불렸으나 1913년 전국의 현명을 통일하면서 호남의 광녕현과 이름이 중복되기 때문에 북진北鎭으로 이름을 바꿨다. 북진은 의무려산이 북방의 진산이기 때문에 얻은 이름이다. 『주례周禮』의 기록에 의하면 동쪽의 진산은 청주靑州의 기산沂山, 서쪽의 진산은 옹주雍州의 오산吳山, 중앙의 진산은 기주冀州의 곽산霍山, 남쪽의 진산은 양주揚州의 회계산會稽山, 북쪽의 진산은 의무려산醫巫閭山이다. 광녕현 향토지의 기록에 의하면 순임금이 12개 산을 봉했는데 의무려산을 유주의 진산幽州之鎭山으로 삼았기 때문에 이름이 북진北鎭이 되었다고 한다.

수양제가 대업 8년 612년 고구려를 정벌할 때 요하 서쪽에서 무려라를 점령하고 이곳에 요동군과 통정진을 설치하였는데, 무려라의 위치가 바로 북진 지역이다. 무려라는 대릉하大凌河 동쪽에 위치해 있었던 고구려의 전진기지였다. 명대에는 광녕이 요동 지역에서 가장 중요한 군사기지일 뿐만 아니라 정치, 경제의 중심지였다. 명 말에 후금이 흥기하자 광녕은 필쟁지지必爭之地가 되었다.

북진묘北鎭庙

먼저 북진묘를 찾아갔다. 북진묘는 의무려산의 산신묘라고 할 수 있다. 수 개황 14년(594년)에 처음으로 세워졌으며 처음에는 의무려산 신사로 불리었으나 금 대정 4년(1164년) 중수한 후에 광녕신사로 불렸다. 원 대덕 2년에 의무려산이 광녕왕으로 봉해지자 신사를 확충하고 광녕신사로 불렸다. 그러나 원 말에 허물어졌다가 명 홍무 3년 중건되어 북진묘로 개칭했다. 그러다가 문화혁명 기간 중에 홍위병들의 "네 가지 옛것을 파괴하라.破四舊"는 구호에 따라 모든 석비들이 다 쓰러지고 파괴되었다. 네 가지 옛것이란 구사상, 구문화, 구풍속, 구습관을 말한다.

북진묘 앞에는 문이 다섯 개인 커다란 석패루가 우뚝 세워져 있고, 안으로 들어가면 북진묘에 관한 글을 새긴 커다란 돌비석들이 늘어서 있다.

20원 하는 입장권을 사 가지고 안으로 들어갔다. 어향전御香殿, 대전大殿, 갱의전更衣殿, 내향전內香殿, 침궁寢宮 등의 다섯 개의 전각이 있는데 자세히 보지는 못했다.

북진묘 어향전과 비림

의무려산

의무려산醫巫閭山

북진묘에서 나와 서북쪽으로 5㎞ 정도를 가니 하얀 돌산이 나타
났다. 의무려산이다. 의무려산은 여진어로 '푸른 산'이라는 뜻이다. 입
구에 도착하니 양쪽에 이 층의 커다란 누각이 있고 지붕 위에는 짐승
의 상이 있다. 그리고 전면의 담장에 의무려산이라는 글씨가 쓰여 있
다. 의무려산에는 성수교聖水橋, 어지魚池, 관음각觀音閣, 사각정四角亭, 망
해사聖海寺 등의 관광지가 있다는데 시간상 산으로 들어가지는 못하고
멀리서 바라보기만 하고 나왔다.

광녕성

북진 시내에는 광녕성이 있는데 지금 남아있는 것은 성문이 있는 고루뿐이다. 전면에는 유주중진幽州重鎭이라는 글씨가 쓰여 있고 성문 양쪽에 사자상 두 개와 석비 네 개가 있다. 뒷면에는 기북엄강冀北嚴疆이라고 해서체의 글씨로 쓰여 있다.

이성량李成梁 패루

광녕성 고루로 들어가는 거리에 영원백 이성량 패루가 세워져 있다. 이는 만력 8년(1580년) 명 신종이 이성량의 공훈을 기리기 위해 세웠다. 폭이 13m이고 높이가 9m로 매우 웅장하며 겉에는 인물과 꽃이 새겨져 있다.

이성량은 임진왜란 때 명의 구원병 장군으로 왔던 이여송의 아버지로 조선 출신이다. 이성량은 명 목종과 신종 연간에 누르하치의 조

이성량 패루

부와 부친을 죽여 건주여진의 세력을 약화시켜 요동을 안정시켰다. 또 여러 차례 여진족과 몽고족의 침략을 격퇴하여 30년간 명의 북방 변경을 공고히 한 공을 세웠다. 그러나 후일 사치와 오만으로 탄핵을 받아 해임되었으며, 그가 누르하치의 선조를 죽임으로써 후일 누르하 치가 명을 공격하는 명분인 7대한의 빌미를 제공했다는 점에서 역사 적 비판을 받고 있기도 하다.

광녕 전투

누르하치가 요양과 심양을 함락시키자 명 조정이 크게 진동하였 다. 그제야 명 희종은 이전에 요동 지역을 굳게 지켰으나 조정 대신 들의 시기를 받아 낙향했던 웅정필熊廷弼을 해임한 것을 크게 후회하고 다시 웅정필을 요동 경략에 임명했다. 그러나 병부상서 장학명을 비 롯한 조정 권신들의 지지를 받는 순무 왕화정과 사사건건 불화하게 되었다. 조정에서는 왕화정에게 대부분의 병력을 지휘할 수 있는 실권을 주고 상급자인 경략 웅정필의 지휘를 받지 않도록 함으로써 경략인 웅정필을 허수아비로 만들었다. 이에 웅정필은 자신을 파직시켜 달라고 했으나 허락되지 않았다. 이러한 명군 내부의 모순 속에서 광녕전이 발생했다.

왕화정은 웅정필의 명을 무시하고 광녕에 9만의 병력을 집결시킨 후 중군을 그가 신임하던 손득공에게 지휘를 맡겼다. 그러나 이때 후금은 이미 손득공을 매수하여 왕화정을 생포하고 광녕성을 들어 바치도록 했다. 왕화정은 손득공이 자신의 심복으로만 생각하고 그가 적과 내통하리라고는 전혀 생각하지 못하다가 손득공이 왕화정을 생포하려는 순간 겨우 몸을 피해 웅정필의 공서로 도주했다. 손득공은 9만의 광녕 수비군과 함께 성문을 열고 적을 맞아들였다. 왕화정이 가지고 있던 14만의 병력이 이 전투에서 모두 사라졌다.

후일 이 광녕 전투의 패배로 웅정필은 4년 동안 감옥에 갇혀 혹형을 받다가 천계 5년 8월 거리에서 참형을 받았다. 조정에서 웅정필의 죄를 논할 때 조정의 신하들은 그의 억울함을 알고 있으면서도 입을 다물었으며, 웅정필을 죽여 자신들의 책임을 면하려고 구실을 조작해서 웅정필에게 전수구변傳首九邊과 적산추장籍産追贓의 가혹한 죄를 씌웠다. 그의 나이 57세였다. 그 후 숭정 2년 1629년에 와서야 그가 죄가 없음이 다시 밝혀져서 머리와 시체를 다시 찾아 결합하여 장사 지냈다. 전수구변傳首九邊이란 죄인 수급을 9곳의 변방으로 보내 보이고 시체는 군중에게 전시하여 사람들로 하여금 경각심을 불러일으키게 하는, 죄인에게는 가장 수치스러운 형벌이며, 적산추장籍産追贓이란 죄인의 가산을 모두 몰수하여 관청으로 거두어들이는 형벌을 말한다. 이 형벌을 받은 죄인은 명 200여 년 동안 웅정필이 유일하다.

연암의 실용주의

연암은 조선 후기에 홍대용, 박제가 등이 중심이 된 북학파의 한 사람이다. 이들은 그동안 청나라를 야만시하고 적대하던 이전의 태도에서 벗어나 청나라의 선진 문명을 적극 수용하여 조선을 바꿔야 한다는 생각을 가지고 있었다. 당시 조선의 선비들은 청나라의 발전된 문명을 알고 있으면서도 오랑캐의 나라라는 이유 하나만으로 이를 모른 척하거나 거부했다. 청나라를 인정하고 싶지 않은 심리 상태가 저변에 깔려 있었을 것이다.

그러나 『열하일기』에서 연암은 말한다. 천하를 다스리는 사람은 진실로 백성들에게 이롭고 국가를 부강하게 할 수 있는 것이라면 비록 그 법이 오랑캐에게서 나왔다 하더라도 이를 본받아야 한다. 따라서 오늘날 사람들이 진정으로 오랑캐를 물리치려 한다면 중국의 법제를 전부 배워서 우리의 어리석고 낡은 풍속부터 바꾸는 것이 급선무라고. 그래서 조선이 중국으로부터 배워야 할 것들을 살펴보고 일일이 이를 기록했다. 벽돌과 기와를 사용하는 법부터 가마 제도, 온돌, 수레 제도, 말을 기르고 타는 것에 이르기까지 중국의 제도와 조선의 제도를 비교했다. 이러한 실용주의적 생각은 결코 당시의 조선에만 해당하는 것이 아니다. 오늘날 우리에게도 이러한 실용주의적인 태도가 절실히 요구되고 있다. 명분에 매달려, 혹 국가 이익을 잃고 있지는 않은지 생각해봐야 할 것이다.

대릉하大凌河를 건너

　북진北鎭에서 금주錦州로 출발했다. 그러나 우리를 앞에서 선도하는 류 선생이 어찌 된 일인지 자꾸 길을 잃어 갔다가 다시 되돌아 나오는 것을 여러 번 반복했다. 날씨는 무덥고 몸은 점점 지쳐갔으며 길을 잃고 되돌아 나올 때마다 우리의 정신적 인내도 점점 한계를 드러냈다. 그렇다고 류 선생에게 화를 낼 수도 없는 상황이었다. 류 선생도 나름대로 최선을 다했을 것이다. 미안해하며 진땀을 흘리는 류 선생에게 괜찮다고 격려를 했지만 힘들기는 마찬가지였다. 그렇게 힘든 과정을 통해 늦은 오후에 겨우 대릉하에 도착할 수 있었다. 그러나 아직 금주까지 가려면 30여 ㎞를 더 가야 한다. 날씨는 너무나도 무더웠고, 바람조차 서풍으로 앞바람을 맞으며 가야 했다. 몸은 완전히 지칠 대로 지쳐 움직일 수 없을 지경이 되었다. 결국 우리는 금주까지 가는 것을 단념하고 대릉하 건너에 있는 능해凌海에서 숙박하기로 했다.

　자전거 여행은 대략 10일 정도 지나면서 체력이 저하되는 것 같다. 엉덩이와 무릎, 손목이 아프기 시작했다. 온도와 습도, 그리고 풍향이 체력을 소모시키는 가장 중요한 요인이다. 그런 의미에서 우리들의 이번 자전거 여행 환경은 최악의 조건이라고 할 수 있다. 온도는

35도를 오르내렸으며 습도는 높았고, 바람은 서풍으로 맞바람을 맞으며 가야 했다. 언덕을 내려갈 때도 맞바람으로 인해 마치 언덕을 올라가는 듯한 느낌이 들 정도였다.

오는 중에 군부대 앞을 지날 때 사진을 찍었는데 공안이 차를 타고 쫓아왔다. 그리고 신분증을 제시할 것을 요구하고 우리의 핸드폰 사진을 일일이 검색하여 방금 찍은 사진을 삭제한 후 우리를 보내주었다. 그 공안이라는 사람은 정복이 아닌 사복을 입고 차량도 일반 차량을 타고 왔기 때문에 우리가 오히려 그 공안이라는 사람의 신분증을 먼저 요구했어야 하는 게 아닌가 하는 생각이 들기도 했지만 자칫 공안의 비위를 거슬리게 하여 다른 곳으로 끌려가서 조사를 받을 수도 있다는 생각으로 그냥 참을 수밖에 없었다.

대릉하에 도착하여 강가에서 잠시 사진을 찍으며 휴식했다. 대릉

대릉하

하_{大凌河}는 랴오닝성과 허베이성의 접경지대에서 발원하여 전장 447㎞
이며 대소 지류가 종횡으로 얽혀있고, 주류는 요서를 가로로 횡단하
여 동남으로 흘러 발해_{渤海}로 들어간다.

　대릉하는 또 고대에 동북과 중원의 교통 중심축에 속한다. 제_齊가
산융_{山戎}을 북벌할 때, 조조_{曹操}가 오환_{烏桓}을 정벌할 때, 전연_{前燕}이 중원
으로 들어갈 때, 북제_{北齊}가 거란을 공격할 때, 수당이 고구려를 평정
하러 갈 때 모두 대릉하_{大凌河} 계곡을 행군 주도로로 삼았다.

　구화산_{九華山} 상무빈관에 숙박했다. 방값은 99원으로 매우 저렴했
는데 보증금은 그 네 배가 넘는 401원을 받았다. 방은 최고였다. 15
층에 숙박했는데 엘리베이터는 13층까지밖에 없었다. 그래서 방값이
싼 것 같았다. 15층의 객실에서 바라보는 주변 아파트의 모습은 어떻
게 이렇게 단조로울 수가 있을까 할 정도로 똑같은 색과 모양이었다.

고구려와 수의 국경선은 대릉하?

고구려는 영양왕 9년(598년) 음력 2월에 수나라 요서를 침공하였다. 이에 수문제는 개황 18년(598년) 음력 9월에 고구려 정벌을 위해 한왕 양을 출병시켰다. 수문제의 1차 출병이 있은 후 수양제에 의해 2차, 3차, 4차의 고구려 출병이 있었는데, 이때 수나라군의 이동로는 계성 - 임유관 - 백랑수(현 대릉하) - 요수 - 요동 - 압록수 - 살수 - 평양성이었다. 고대 국가들이 일반적으로 타국과 강역을 설정함에 있어서 강이나 산맥과 같은 자연 장애물에 의존하는 경우가 많았기 때문에 백랑수 또는 요수가 고구려와 수나라와의 국경선이었을 가능성이 많다.

고구려가 영양왕 9년에 요서를 공격했을 때 첫 번째 전투지역은 요서군의 치소가 있었던 여라고성 일대였다. 여라고성은 백랑수로부터 서쪽으로 18㎞ 떨어져 있었기 때문에 이를 고려할 때 고구려와 수나라와의 국경선은 백랑수, 즉 대릉하였을 것으로 짐작된다.

명과 청의 대릉하 전투

1631년 청태종 홍타이지는 대릉하성에 도착하여 성을 공격하지 않고 굳게 포위하기만 하였다. 그리고 수차례 항복을 권했으나 성의 수장인 조대수祖大壽는 이를 거절하고 포위를 풀기 위한 갖가지 노력을 했지만 모두 실패했다. 이때 금주에는 손승종이 독사로 있으면서 대릉하성의 고립을 여러 차례 증원하려고 하였으나 모두 홍타이지에 의해 격파되었다. 그래서 대릉하성은 완전히 고립된 가운데 식량이 떨어져 인육을 먹는 상황에 이르렀다. 명의 기록에 의하면 양식이 떨어지자 병자와 움직일 수 없는 사람들을 제일 먼저 잡아먹었다고 한다.

구화산

청태종 실록의 기록에 의하면 먼저 성을 쌓았던 역부 및 상인, 평민을 잡아먹고 그 뼈를 땔감으로 사용했다고 한다. 이렇게 3개월 동안 지탱하면서도 조대수는 전후 7차례의 홍타이지의 권유에도 항복하지 않았다. 그러나 원병도 오지 않고 먹을 것이 바닥나자 결국 항복하고 성을 나와 태종을 알현했다. 태종은 그와 이야기를 나눈 후 큰 상을 내렸다. 그 후 조대수는 홍타이지와 도주로 위장해서 금주성錦州城으로 가서 내응하기로 약속했지만 성에 도착하자 다시 청에 대항했다.

이튿날 아침 쑨 선생과 함께 우리는 구화산 풍경구를 산책했다. 구화산 풍경구는 각종 성벽과 건축물로 규모가 꽤 큰 곳인 것 같았다. 그러나 유적을 중수한 것을 보니 어설프기 그지없었다. 성벽이라고 만들어 놓은 것도 벽돌이 아니라 콘크리트에 벽돌 모양으로 페인트로 선을 그어 놓았고, 어떤 곳은 벽돌 무늬 모양의 종이를 붙여 놓은 곳도 있다. 성벽 밖에 있는 어마어마한 괴석과 암벽도 속이 텅 빈 플라스틱 모조품이었다. 중국 특유의 문화재 확대 재생산이 이곳에서도 이루어지고 있는 것 같다.

구화산이 조대수가 항거했던 대릉하성大凌河城인 것으로 짐작된다. 그곳 설명서에 조대수가 저항했다는 설명은 없지만 후금과 명 간에 전투가 있었다는 설명이 있었다. 조대수가 대릉하성에서 거짓으로 항복하고 금주성으로 가서 다시 청에 대항하자 홍타이지는 대릉하성을 완전히 파괴했다고 한다. 지금 복원한 성이 아마도 당시의 대릉하성이 아닐까?

구화산 아침 시장

구화산에서 내려와 호텔 앞에 있는 구화산 조시朝市(아침 시장)로 갔다. 이곳은 매일 아침에만 시장이 열리는 곳이다. 그래서 이름도 조시라고 한다. 이른 아침이 되자 수많은 상인이 각종 채소, 과일, 두부, 고기 등을 용달차에 실어 오고, 한쪽에서는 만두와 빵 등을 만들어 파는 허름한 포장마차에서 사람들이 아침 식사 거리를 사 가거나 식사를 한다. 거리는 온통 이러한 상인들과 손님들로 북적이고 있다. 류 선생도 우리가 구화산에 산책 나간 사이에 조시에 와서 식사하다가 우리와 마주쳤다. 우리도 조그만 포장마차에서 호떡 한 개와 죽 한 그릇, 계란 한 개로 아침 식사를 했다.

금주 錦州

소릉하 小凌河

능해에서 금주를 거쳐 홍성으로 향했다. 능해에서 102번 도로를 따라가다가 소릉하를 건넜다. 능해 앞에 있는 것이 대릉하이고 금주 부근에 있는 것이 소릉하이다. 소릉하는 금주 시내 한가운데를 흐른다. 금주시에 있는 소릉하의 경치는 매우 아름다워 금주 팔경에서 이를 능하연우凌霞煙雨라고 한다. 즉 소릉하에 안개 자욱한 모습이 그림처럼 아름답다는 말이다.

금주 시내를 흐르는 소릉하

고탑 공원

소릉하를 따라 금주 시내로 들어갔다. 제일 먼저 고탑이 있는 고탑 공원으로 갔다. 많은 사람이 모여서 스피커를 틀어놓고 노래를 부르고 있었다. 중국에 와서 느끼는 것 중의 하나가 공공장소에서 스피커를 크게 틀어놓고 노래를 부르거나 시끄럽게 홍보하는 모습을 종종 볼 수 있다는 것이다. 북진묘에 갔을 때에도 음악을 크게 틀어놓고 많은 사람이 춤을 추고 있는 모습을 보았는데, 길거리 등 어느 곳에서나 볼륨을 크게 하여 호객하는 모습이 많이 보였다.

고탑은 요대에 지어진 것이라고 하는데 자세한 내용은 알 수가 없다. 고탑 주위에 관음각이 있는데 설명을 보니 명대에 지어진 것이라고 한다.

금주 팔경에 고탑혼아古塔昏鴉가 있다. 여름날 저녁 해가 서산에 넘어가고 황혼이 질 때 까마귀들이 무리를 지어 고탑 주위를 날아다니는 모습의 정취를 나타낸 것이다.

고탑공원

혼동된 노선

아침에 금주에서 출발할 때 자전거팀과 차량팀으로 나누어 출발했다. 그리고 중국인 류 선생은 차량팀에게 필가산筆架山에 꼭 가볼 것을 권유했다. 백강(김종운) 선생은 그의 제의를 '차량은 빨리 갈 수 있으니 차량팀만 가보라는 것'으로 알아들었다. 왜냐하면 아침에 당일의 자전거 노선은 이미 102번 국도를 따라가는 것으로 류 선생과 상의했기 때문이다. 자전거가 필가산筆架山으로 간다면 상당히 먼 길을 돌아가야 하기 때문에 이는 생각조차 할 수 없는 일이었다.

그런데 금주에서 출발한 차량팀이 송산松山과 행산杏山을 거쳐 필가산筆架山으로 가는 도로에서 뜻하지 않게 자전거팀을 만났다. 자전거가 이쪽으로 오면 안 되는데 무언가 잘못되었다는 것을 직감했다. 알고 보니 류 선생이 자전거팀을 이끌고 필가산으로 가고 있었다. 필가산으로 간다면 자전거는 남쪽 해안까지 갔다가 다시 북쪽의 102번 도로로 돌아와야 한다. 그래야 열하일기의 노선으로 갈 수 있기 때문이다. 그러나 이미 때는 늦었다. 그래서 모두 일단 필가산으로 가기로 했다. 필가산에 도착하여 점심을 먹고 류 선생과 다시 노선을 상의했다. 류 선생은 필가산에서 해안 도로를 따라 흥성으로 간다는 것이었다. 이는 전혀 우리의 여행 노선과도 맞지 않을뿐더러 우리와 상의한 적이 없는 노선이었다. 백강 선생은 행군 노선을 표시한 지도를 보여주며 강력히 반대 의사를 표시했다. 그리고 우리의 이번 여행이 열하일기의 노선을 따라가야 한다는 것을 다시 주지시켰다. 행군 노선에 관한 백강 선생과 류 선생 간에 이견과 혼선이 있었다. 결국 류 선생은 백강 선생의 의견에 따라 필가산에서 다시 탑산塔山으로 가기로 했다. 이런 혼선은 상호 간의 소통이 잘되지 않은 결과이다. 앞으로는 다음날의 노선에 대해 서로 긴밀히 협조하여 모든 것을 정확히 해야겠다는 교훈을 얻었다.

차량은 금주에서 송산松山, 행산杏山을 거쳐 필가산筆架山으로 간 후 다시 102번 도로로 와서 고교보를 지나 탑산을 거쳐 흥성으로 들어왔다. 연암의 길을 간 것이다. 그리고 자전거는 필가산에서 해안 도로를 따라 서진한 후 다시 북상하여 102번 도로로 올라와 탑산의 탑산저격기념관에서 차량과 서로 만났다. 그리고 흥성으로 들어왔다.

송산松山 행산杏山

송산과 행산은 금주시에 속한다. 금주 시내에서 102번 도로를 따라 내려가면 송산이 나오고 다시 필가산으로 가는 발해대도로 가면 행산이 나온다. 송산은 낮은 구릉 지대로 되어있다. 송산촌을 지났는데, 이곳은 송산진의 소재지로 아주 작은 마을이다. 거리도 한산했다.

행산

송산

그리고 이어 행산을 지났는데 이곳도 송산과 크게 다를 바가 없었다. 거의 평지와 다름없는 낮은 구릉 지대였다. 들판에는 옥수수가 자라고 있었다. 오른쪽으로는 멀리 산들이 가끔 보이기도 한다. 이곳이 바로 산해관山海關까지 이어지는 요서회랑이다.

송금 전투

1640년 숭정 13년 홍타이지는 여러 차례의 산해관山海關을 우회한 관내 침입에도 불구하고 산해관을 개통시켜야만 북경으로 들어갈 수 있음을 절감하고, 산해관-영원-금주를 잇는 요서회랑의 맨 앞에 있는 금주를 포위했다. 이때 명의 병부상서 겸 계요총독은 전투 경험이 많고 노련한 홍승주洪承疇였는데, 금주가 포위되자 홍승주는 13만 대군을 이끌고 금주를 구원하러 와 송산성에 주둔하였다. 이때 홍타이지는 심양성에 있었는데 사태가 급박해지자 급히 송산으로 달려왔다. 그리하여 명의 홍승주와 청의 홍타이지 간에 송산 결전이 시작되었다.

홍타이지는 영원과 송산 사이에 있는 명군의 군량이 5, 6일분에 불과해 결국 서쪽으로 도주할 것으로 알고 군을 탑산, 행산, 소릉하의 길목에 매복시켜 명군의 귀로를 차단했다. 그렇게 되자 홍승주의 13만 군의 군량이 부족하게 되어 혼란에 빠졌다. 그리하여 금주의 포위를 방치하고 영원으로 철수하여 군량을 보충한 후 다시 금주의 포위를 풀기로 결정했다. 그러나 한번 철수를 시작하자 좁은 철수로상에 13만의 대군이 한꺼번에 몰리게 되자 서로 짓밟히는 무질서한 상황이 되었다. 이 기회를 이용하여 홍타이지의 청군이 공격하자 명군은 홍승주와 일부 장령들이 송산성으로 철수하고 나머지 대부분의 명군은 청군에 의해 전멸당했다. 이 전쟁에서 죽은 명나라 군사가 5만 3,700명이고 빼앗긴 말이 7,400필, 낙타 60마리, 갑옷과 투구가 9,300벌이었다. 행산에서 남쪽으로 탑산까지 쫓겨 바다에 뛰어들어 죽은 자가 매우 많았는데, 시체가 둥둥 떠다니는 것이 마치 기러기와 물오리가 떠 있는 것 같았다고 한다.

이때 정묘호란 후 심양에 볼모로 잡혀 와 있던 소현세자와 봉림대군도 홍타이지와 함께 송금 전장으로 간 것으로 보인다. 당시 조선 측 사료인 『심관록』에 의하면 청의 관리가 "황제가 친히 대군을 이끌고 금주로 갈 것이니 세자와 대군도 동행해야 합니다."라고 하자 세자가 "명이니 마땅히 따라야 할 것인데 의주의 인마가 멀리 있어 오지 못할 것이고 모든 것이 미비한데 어찌해야겠소?"라고 했다. 그러자 청의 관리가 "황제의 명이니 어길 수가 없습니다. 인마가 미비한 것을 황제도 알고 계시므로 타고 가실 말은 지급될 것입니다."라는 구절이 보인다. 『열하일기』에도 인평대군이 지은 『송계집松溪集』에 "청나라 군사가 송산을 포위했을 때 마침 효종대왕께옵서 세자의 몸으로 인질이 되어 청의 진중에 계시더니 잠깐 다른 곳으로 막사를 옮긴 사이에 영원총병 오삼계가 거느린 만 명의 기병이 포위를 뚫고 나오니, 그곳이 전에 막사를 설치했던 바로 그 길목이었다."라고 했다. 이것으로 보면 소현세자와 봉림대군이 송산 전투에 참가했던 것으로 보인다. 이듬해인 1641년 송산성은 부장인 하성덕이 청군과 결탁하여 내응함으로써 함락되고 홍승주는 생포되어 심양으로 압송되었다.

송산성을 함락시킨 후 청군은 다시 금주성으로 병력을 집중하였는데, 이때 금주성의 수장은 전에 홍타이지에게 거짓으로 항복한 적이 있었던 조대수_{祖大壽}였다. 금주성은 대릉하전 때와 같이 식량이 없어 사람을 서로 잡아먹는 상황이었다. 결국 조대수_{祖大壽}는 이곳에서 두 번째로 청에 항복하게 된다. 태종은 그에게 큰 상을 내리고 총병_{總兵}에 임명해 정황기_{正黃旗}에 편입시켰다. 태종이 조대수를 지나치게 우대하자 "조대수는 맹세를 저버리고 배신했다가 세_勢가 궁해지자 살아보려고 귀순한 자로 그를 죽이지 않은 것만 해도 과분하니 그에게 병력을 지휘하게 하면 안 됩니다."라고 상주하는 자가 있었다. 사실 태종이 조대수를 총애한 것은 명의 변장_{邊將}들을 감읍시켜 귀순케 하기 위한 조치였다. 세조가 북경으로 들어가자 조대수도 따라 들어가면서 공을 세웠다.

홍승주洪承疇

홍타이지는 명 의종의 총신으로 명장이자 문장가인 홍승주를 항복시키면 명 조정의 전투 의지에 타격을 가하고 명 사대부들의 마음도 얻을 수 있을 것으로 보고 온갖 방법을 동원해 항복을 권했다. 그러나 홍승주는 끝내 거절했고, 홍타이지는 항복한 명인_{明人}에게 물어 그가 색_色을 밝힘을 알아내어 미녀들을 보내 시중들게 했지만 그마저 효과가 없었다. 이때 그의 비_妃 박이제길특_{博爾濟吉特, Borjigit}이 홍승주 문제로 황제가 매일 수심에 가득 찬 것을 보고 자신이 홍승주를 설득해보겠다고 청했다. 이에 홍타이지가 웃으며 그녀를 보내자, 그녀는 인삼즙을 병에 담아 하녀로 위장해 홍승주에게 시중을 들러 갔다. 홍승주가 눈을 감고 벽을 향해 눈물만 흘리면서 돌아보지도 않자, 그녀는 "장군께서는 곡기를 끊어서는 바로 죽기가 어렵습니다. 이것은 짐약鴆藥(짐새의 깃털로 만든 극약)입니다. 이것을 조금 마시고 의義의 길로 나가시지 않겠습니까?"라고 권하자, 홍승주는 조금 누그러지면서 매우 슬퍼했다. 이에 그녀가 병을 홍승주의 입술에 대주자 홍승주는 이를 조금 마셨지만, 시간이 지나도 죽지는 않았다. 홍승주는 그녀가 다시 권하는 대로 계속

홍승주 ⓒwikipedia

마셨지만 정신이 더 맑아졌다. 이에 눈을 뜨고 그녀를 보고는 더 이상 음식을 거절할 수 없었고, 이렇게 며칠간 그녀가 위로하며 맛있는 음식을 권하자 홍승주는 점차 음식을 먹기 시작하여 결국 평상시 같이 식사하게 되었다. 이후 그녀가 매일 이해득실을 들어 항복을 권했지만, 홍승주는 여전히 거부하다가 그녀가 홍타이지의 비妃임을 알자 결국 머리를 조아리며 항복을 청했다. 이에 홍타이지가 홍승주의 방으로 와서 입고 있던 담비 털옷을 벗어 입혀주며 "선생은 춥지 않습니까?"라고 묻자, 홍승주는 한참 그를 바라보다 탄식하면서 "진실로 세상을 구할 군주십니다."라면서 머리를 조아리고 항복을 청했다.

청 대신들이 홍승주를 과도히 대우하는 것을 보고 비판하자 홍타

이지는 웃으면서 "우리가 긴 세월 이리저리 떠돌며 고생하는 이유가
무엇이오?" 하고 물었다. 모두 "중원을 얻으려는 것입니다."라고 답했
다. 이에 홍타이지는 정색을 하면서 "길을 가는 것에 비유하자면 그대
들은 모두 장님이오. 오늘날 길을 안내할 사람을 얻었으니 내가 어찌
즐겁지 않겠소?"라고 하자 모두 심복했다.

필가산筆架山

사실 필가산은 우리들의 여행 노선에는 원래 없었던 곳이었다.
필가산은 연암의 길인 102번 도로에서 남쪽으로 20㎞ 가까이 떨어진
해변에 있는 산인데 그곳으로 갈 이유가 없었다. 그런데 중국인 류 선
생이 이곳에 오면 반드시 필가산을 가봐야 한다고 강력히 추천하는
바람에 오게 되었다. 금주 세계박람원을 지나 필가산이 있는 해안에
도착하여 보니 필가산은 바다에 있는 산으로 해안에서 걸어갈 수 있
게 되어있다.

필가산

필가산으로 가보려면 입장료를 내고 바닷길을 걸어가야 하는데 시간 관계상 우리는 해안에서 멀리 바라보기만 했다.

필가산에는 봉우리가 세 개가 있는데 두 개는 높고 한 개는 낮아 형태가 마치 붓걸이筆架와 비슷하다고 해서 필가산이라는 명칭이 생겼다고 한다. 그런데 실제로 본 산 모양은 붓걸이와는 전혀 비슷하지도 않았다. 필가산은 만조가 되었을 때에는 바닷길이 바닷물 속에 잠기지만 간조 시에는 길이 드러나 필가산으로 걸어 들어갈 수 있다. 마치 진도의 모세의 기적과 같은 곳이다. 이때 드러난 길을 '천교天橋'라고 부른다. 하늘의 다리라는 뜻이다. 우리가 필가산에 도착했을 때는 마침 간조여서 많은 사람이 필가산으로 걸어 들어가고 있었다.

필가산 해변에 있는 식당에서 점심을 먹었다.

고교진高橋鎭

필가산에서 다시 102번 도로로 돌아왔다. 날씨가 32도를 넘고 습도도 높았으며 바람도 서풍이 많이 불어 힘들게 맞바람을 맞으며 달렸다. 이곳은 원래 바람이 많은 곳인가 보다. 곳곳에 풍력 발전기가 돌아가고 있는 모습이 보였다.

금주대교를 건넜는데 강물은 말라서 바닥을 드러내고 있었다. 멀리 산이 보이는 낮은 구릉 지대를 지났다. 송산, 행산과 비슷한 지형이었다. 고교진 고풍촌高豊村에 도착했다.

고교진은 옛날에는 고교보라고 불렀던 지역이다. 『열하일기』에는 고교보에 대해 다음과 같이 기록하고 있다.

이곳은 지난해 조선의 사신단이 은자를 잃어버린 곳이다. 그로 인해
이곳 지방관은 파직을 당하고 근처 점포에 억울하게 죽은 사람들이
있었다. 그래서 갑군이 밤새도록 야경을 돌면서 조선 사람을 도적과
같이 엄하게 방비하고, 이곳 사람들은 조선 사람을 원수같이 대하고
가는 곳마다 문을 닫고 상종을 하지 않으려 한다. 이곳 사람들은 병
신년(1776년) 영조 임금의 승하를 알리러 가는 사행이 돌아올 때 이
곳 고교보 숙소에서 공금인 은자 천 냥을 분실했다. 문서로 지방관에
게 보고하고 중후소에서 금주위에게, 금주위에서 산해관 수비처, 다
시 조정의 예부로 보고했는데, 황제의 비답이 하루가 안 되어 내려와
지방관의 공금으로 은자를 배상했다. 이 때문에 지방관은 파직되고
숙소 주인과 가까운 이웃 사람 중 의심 가는 자를 잡아다가 취조해서
죽은 자가 네다섯이나 되었으므로 조선인을 원수같이 여긴다.

고교진 고풍촌

고교보에 도착했을 때 사신단을 따라온 말몰이꾼들의 행색을 기록한 글이 있다.

의주의 말몰이꾼들은 태반이 거의 불량한 사람들로 오로지 연경에 드나드는 것으로 생계를 삼아서 해마다 연경 다니기를 제집 앞뜰처럼 여긴다. 그러나 의주부에서 그들에게 지급하는 것은 일 인당 백지 60권에 지나지 않으므로 길가에서 도둑질하지 않으면 다녀올 수 없는 것이다.

그들은 압록강을 건넌 뒤로는 낯도 씻지 않고 벙거지도 쓰지 않아 머리털이 더부룩하고 먼지와 땀이 엉기고 비바람에 시달리어 그 남루한 옷과 벙거지 차림이 마치 귀신과 도깨비 같다. 햇볕에 그을리고 검은 먼지가 살에 배어 단지 두 눈만 빼꼼하고, 바지는 낡아서 엉덩이가 다 드러났다.

흥성興城

능해에서 흥성으로 오는 날도 무더운 날씨와 역풍에다 예정된 노선이 아닌 필가산을 가면서 100㎞가 넘는 길을 힘들게 주행했다.

호로도시를 지났다. 호로도시는 인구 300만에 가까운 꽤 큰 도시이다. 우리의 오늘 목적지인 흥성뿐만 아니라 수중현도 호로도시에 속한다. 시가지이며 건물들이 큰 도시임을 말해준다.

영원성永遠城 지형

흥성에 도착했다. 흥성으로 들어가는 입구에 있는 지형을 자세히 살펴보았다. 오른쪽에는 하얗게 까진 산이 눈에 들어오고 왼쪽으로는 봉화대가 있는 산이 보였다. 그리고 흥성으로 들어가는 입구의 길은 애구隘口가 아닌 넓은 평지에 있었다. 그리고 흥성의 고성, 즉 영원성 역시 평지에 있는 성이었다.

아무리 해도 이해할 수가 없었다. 많은 기록에 의하면 이곳 지형은 두 개의 산 중간에 호리병 모양의 좁은 애구로 되어 있다고 했다. 북쪽으로는 산에 둘러싸여 있고, 동쪽으로는 바다에 막혀 있어서 지형적으로 볼 때 후금의 기병이 산해관山海關으로 들어가는 요서회랑에 위치하여 반드시 영원을 거치지 않으면 안 되는, 군사적으로 필쟁의 요충지라고 했다. 이 애구를 막고 있는 것이 영원성이라고 기록되어 있다. 그러나 막상 현지에서 본 영원성은 이러한 지리적 조건과는 전혀 달랐다. 영원성 좌우에는 아무런 산도 장애물도 없는 평야 지역이었다. 그렇다면 누르하치는 왜 굳이 견고한 영원성을 공격했을까 하는 의구심이 들었다. 그냥 영원성을 놔두고 더 깊숙이 요서회랑으로 내려와 영원성을 고립시키거나 포위만 했다면 영원성은 대릉하성과 같은 상황이 되어 그냥 저절로 무력화되지 않았을까? 이러한 의문은 결국 풀리지 않았다.

남문 앞 야시장

흥성에 도착하여 금종자金種子 상무빈관에 짐을 풀었다. 중국인 류 선생과 쑨 선생은 흥성에 있는 친척 집에 머물겠다고 해서 흥성에서는 우리끼리 지내기로 했다. 저녁 식사를 하기 위해서 고성 남문으로 갔다. 남문 밖은 야시가 형성되어 있어서 고기 굽는 냄새와 연기로 가득했다. 그리고 남문에서는 무슨 공연을 하고 있었는데 많은 사람이

남문 앞

가득 공연을 보아서 그들이 내는 소음과 악기 소리로 시끌벅적했다.

어느 식당으로 갈까 고민하다가 간판을 보니 '조선 냉면'이라는 글씨가 눈에 띄었다. 그래도 조선 냉면이면 우리 입맛에 맞지 않을까 하여 그 음식점에 가서 냉면을 시켜 먹었는데 달기만 하고 맛이 너무 없었다.

서문 앞 아침
다음 날 아침 일찍 일어나 홍성 시내를 산책했다. 여관이 있는 사거리에서 북쪽으로 올라가 서문이 있을 것이라고 예상되는 곳으로 가 보았다. 서문 앞에 수많은 사람이 구름처럼 모여 있어서 보니 아침 시장인 조시가 열리고 있었다.

서문 앞

영원성永遠城

엄청나게 더운 날씨이다. 오전에 호텔에서 휴식을 취하다가 12시 30분에 호텔을 나와 남문 밖 식당가에서 점심을 먹었다. 계퇴반鷄腿飯이라는 음식을 먹었는데 전혀 거부감이 없이 맛있게 먹었다. 식사 후 밖으로 나와 25원 하는 입장권을 사 들고 남문으로 들어갔다. 조대수 패루와과 성 중앙 사거리에 있는 고루를 거쳐 반대편인 북문으로 갔다. 북문에서 성 위에 올라 전방을 바라보았다. 북문은 지리적으로 당시 후금군과 처음으로 전투를 시작했던 곳이었을 것이다.

북문에서 바라본 지형은 어제 흥성으로 들어올 때와 같이 애구 같은 것은 없었다. 영원성은 평지에 있는 성이었다. 어떻게 이렇게 기록과 다른 모습인지 의아한 생각이 들었다. 북문의 성벽 위에서 다시 동문을 가는 모서리에 홍이포가 설치되어 있었는데 돌 위에 얹혀져 있어서 원숭환이 홍이포를 운용했다는 사실과 전혀 부합되지 않았다. 영원은 요서회랑 중에서 매우 중요한 전략적 위치를 차지하고 있다. 지리적으로는 산해관 밖 200리에 위치하고 또 영원에서 다시 200리 지역에 광녕이 있다. 전체 요서회랑에서 금주錦州 이남부터 산해관까지의 요서회랑 정중앙에 위치해 있다. 이곳은 지키기는 쉬워도 공격하기에는 어려운 성이다.

영원성에서 15리 떨어진 바다에 각화도覺花島라는 섬이 있는데 양식과 무기, 장비 등을 비축한 곳이다. 후금의 기병이 바다를 건너오지 못하기 때문에 바다에 병참기지를 설치한 것이다. 따라서 영원성은 이 각화도와 서로 기각지세를 이루어 보급을 받기에 용이하다. 원래 영원성은 명 선덕 3년 1428년에 성을 쌓았는데 이때에 이르러서는 이미 다 무너지고 파괴되어 성의 기초만 남아있는 상태였다. 따라서 원숭환은 조대수로 하여금 영원성을 다시 수축하도록 하였다. 1년 후 성이 완공되자 원숭환은 홍이포를 성 위에 거치하여 이를 효과적으로 운용했다.

영원성은 정방형의 성으로 동서남북의 문이 있다. 성내에는 사람들이 거주하고 있는데 남문은 시내와 접해 있기 때문에 남문 쪽에는 비교적 번화하나 북문 쪽은 시내와 이격되어 사람들도 많지 않고 집들도 낡았다. 성 중심에 고루가 있으며 고루를 중심으로 사거리가 형성되어 각각 동서남북으로 통한다. 남문으로 가면 두 개의 패루가 서 있는데 그중 하나가 조대수祖大壽 패루이다.

영원성 시내

영원성

영원 대첩

명 천계 6년, 후금 천명 11년(1626년) 1월 14일, 누르하치는 친히 팔기군 6만을 이끌고 심양을 출발하여 17일 요하를 건너 곧바로 영원성으로 접근했다. 이때 영원성의 군사는 2만이 되지 않았고, 구원병조차 없어 매우 위험한 상황이었다. 그러나 영원성 수장인 원숭환은 위기에 처하여 두려워하지 않고, 제장을 소집하여 방어책을 논의하고, 견벽청야堅壁淸野의 전략을 취할 것을 결정했다. 원숭환은 이어 총병 만계, 부장 좌보左輔, 참장 조대수祖大壽, 부장 주매朱梅로 하여금 성의 동서남북을 지키도록 하고 스스로는 만계와 더불어 전 성을 감독하였다. 성 저자의 상인들을 성으로 들이고 성 밖의 가옥과 양초를 모두 태움으로써 후금군이 추운 야외에서 거할 곳이 없게 만들었다. 원숭환은 또 누르하치가 간첩을 잘 운용한다는 것을 알고 간첩을 색출하도록 하였다. 또 군민들로 하여금 성벽 밖에 물을 뿌려 얼음을 얼게 하여 후금군이 성벽을 타고 오르지 못하도록 하였다. 일체의 방어 준비는 1월 22일에 완료되니 군심과 민심이 안정되었다.

원숭환은 장사들을 집합시켜 성을 사수할 것을 맹서했다. 원숭환이 장사들 앞에서 혈서를 써서 충의를 격동시킨 후 장사들을 내려다보며 절을 하고, 국가와 백성을 위해 목숨을 바치자고 하자 장사들이 감읍해 목숨을 바칠 것을 맹서했다. 성내 군민이 이 소식을 듣고 모두 원숭환의 공서公署를 향해 절을 올리고 눈물을 뿌리면서 원숭환과 함께 죽을 것을 맹서했다.

조선 사신이 이 전투 때 마침 영원성에 와 있었는데, 그의 귀국 보고문이 수록된 조선 측 사료는 내용이 훨씬 상세하다.

우리나라 역관 한원韓瑗이 명에 따라 명에 입조할 당시 원숭환을 만났는데, 원숭환은 반색하면서 진鎭으로 함께 들어가길 청했다. 원숭환의 전투 지휘를 알 수는 없었지만 군중은 매우 평온했다. 원숭환은 서너 명의 막료들과 한담을 하다가 적이 온다는 보고를 받자 가마를 타고 전루戰樓에 올라 다시 한원 등과 고금의 일들에 대해 대화를 나누었고, 걱정하는 기색은 전혀 없었다. 조금 있다가 포성이 천지를 진동하자 한원이 두려워 고개를 들지 못하는 것을 본 원숭환은 웃으며 '적이 왔다'고 하면서 창을 열고 적병이 들을 가득 메우며 공격하는 것을 바라보았다. 이때 성내에 사람 소리가 전혀 없더니, 이날 밤 적이 외성으로 들어왔다. 원숭환이 미리 외성을 비워놓고 적을 유인

한 것이다. 적이 전력을 다해 성을 공격하자, 또 포성이 울리며 성벽 위에 일시에 햇불이 켜지면서 천지가 밝아지고 시석이 쏟아졌다. 전투가 격렬해지자 모든 성가퀴 사이에서 매우 길고 큰 목궤木櫃를 절반은 안쪽에 남긴 채 절반만 밖으로 내밀었는데, 이 목궤에는 갑사가 엎드려서 성벽 밑에 접근한 적을 굽어보며 활을 쏘고 돌덩이를 던졌다. 또 성벽 위에서 불붙인 마른 풀 더미와 기름과 면화를 수없이 던지더니 잠시 후 또 지포地礮를 일제히 쏘자 토석이 흩날리고 불빛 중에 적의 인마가 수없이 공중으로 솟았다가 어지럽게 떨어지는 것이 보였다. 크게 패한 적은 물러났다. 이튿날 아침 적 병력이 멀리 들판 한구석에 옹기종기 모여 있는 것이 한 조각 나뭇잎처럼 보였다. 이때 원숭환은 누르하치에게 예물을 보내면서 "오래 천하를 누빈 노장께서 오늘 이 젊은이에게 패하셨으니 운명이 아니겠습니까?"라는 말을 전했다. 이미 중상을 입은 누르하치는 역시 예물과 명마를 원숭환에게 답례로 보냈고, 다시 싸울 것을 제의했지만 화를 참지 못해 죽었다.

이때 누르하치는 "짐이 25살 때부터 정벌에 나서 싸워 이기지 못할 때가 없었고, 공격해 함락시키지 못할 때가 없었는데, 어째 이 영원성 하나를 함락시키지 못하는가?"라고 했고, 이후 부상으로 심양 40리 밖 애계보璦鷄堡에서 68세 나이로 죽었다.

누르하치의 죽음과 홍타이지
중상을 입은 누르하치의 정신이 맑지 못해 이후 모든 일은 대패륵大貝勒 대선代善(46세), 이패륵二貝勒 아민阿敏(42세, 누르하치의 아우 수르가 치舒爾哈齊의 아들), 삼패륵三貝勒 망고이태莽古爾泰(40세), 사패륵四貝勒 홍타이지(30세) 4인의 합의하에 결정되었다.

후금군은 철수할 때 세 형이 좌우 및 후방을 엄호하고, 나이가 적은 사패륵 홍타이지가 휘하 병력으로 부친 병거를 호위하며 중군이 되었다. 이후 누르하치를 돌보는 것이 홍타이지의 일이 되어 처음에는 부친의 병세, 음식, 기거 등만 관장했다. 그러나 누르하치가 정신을 조금 회복한 다음, 열네 째 아들 도르곤多爾袞(당시 15세)을 황제로 세워 형제들이 합심해서 그를 보좌하게 하려 하자, 홍타이지는 부친 병을 간호하는 효자로 돌변해 부친의 대변인으로 부친의 명을 집행하기 시작했다. 누르하치의 세자 책봉 조서 중 "내가 죽은 후 십사패륵+四貝勒에게 보위를 전한다."는 구절에서 '十'을 '于'로 고쳐 "내가 죽은 후 사패륵四貝勒에게 보위를 전한다."로 바꾸었다.* 이때 조명詔命에 따라 소집된 대복진大福晉(도르곤의 모친) 및 여타 패륵貝勒들이 청하淸河 온천에서 오는 도중이었는데 이들이 애계보靉鷄堡까지 왔을 때 누르하치는 이미 죽은 후였다. 누르하치의 유명遺命은 "사패륵에게 보위를 전한다."는 것과 "대복진을 순장하라."는 2가지였다. 이 유명에 대해 대패륵, 이패륵, 삼패륵이 모두 의심했지만, 홍타이지는 이 세 형을 형제 항렬

* 중국 역대 전쟁사의 내용이나 다른 견해도 있다. 즉 대패륵인 다이산(代善)은 여러 가지 문제로 경쟁에서 제외되었으며, 이패륵인 아민(阿敏)은 누르하치의 아들이 아닌 조카이므로 후계에서 제외되었고, 삼패륵인 망고이태(莽古介泰)는 자기의 모친을 죽였다는 도덕적 결함으로 인해 제외되었다. 따라서 사패륵인 홍타이지가 후계자가 되었다고 한다. 가장 유력했던 후계자는 14자인 도르곤이었으나 후계자 투쟁에 끼어들기에는 나이가 너무 어렸고 그의 후견인이 되어야 할 모친인 대복진은 누르하치와 함께 순장되었다.

에 따라 조당에서 황좌 좌우에 앉힌 후 대신들의 조배朝拜를 받았다.

원숭환袁崇煥

원숭환이란 인물은 명말 꺼져가
는 명의 운명을 온몸으로 막으려다가
조정의 신하들과 황제의 시기와 의심
을 받고 결국에는 청의 반간계에 의해
적과 내통했다는 죄명으로 당시로서는
가장 가혹한 형벌인 책형磔刑을 받고 저
잣거리에서 죽음을 맞이한 비운의 장
군이다.

원숭환 ⓒwikipedia

웅정필과 왕화정이 광녕을 잃은 이후 전 요서 지역이 심각한 혼
란 상황에 빠지자 명 조정이 놀란 나머지 어찌할 바를 모르고 허둥대
고 누구도 이 난국을 수습하려는 자가 없을 때, 당시 병부의 직방주사
라는 정육품의 낮은 직책을 가지고 있었던 원숭환은 직접 단기로 산
해관山海關으로 나가 적정을 탐지한 후 돌아와서 "제게 군마와 전곡을
주면 혼자서 얼마든지 산해관을 지킬 수 있습니다."라고 했다.

조정에서는 그의 말을 가상히 여겨 원숭환을 영전도寧前道(현 영원寧
遠과 전둔위前屯衛) 도윤道尹으로 발탁하여 관외 병력을 감독케 하고, 금 20
만 냥을 주면서 흩어진 병력을 불러 모아 요서 지역을 수복하게 했다.

임지인 영원에 도착하자마자 원숭환은 그의 직속상관인 요동경
략 왕재진과 요동 방어에 관한 전략 문제로 충돌을 빚기 시작했다. 왕

재진은 요동과 요서의 모든 지역은 방어가 불가하니 산해관으로 전면 철수하라고 하였지만, 원숭환은 요동 지역을 지켜야 하고 또 지킬 수 있으니 철수를 하면 안 된다고 반대했다. 이에 원숭환은 왕재진을 설득하지 못하자 요동경략과 병부상서의 지휘 계통을 뛰어넘어 직접 당시의 재상 섭향고에게 자신의 의견을 편지로 써서 보냈다. 원숭환의 서신을 받은 섭향고는 누구의 말이 옳은지 알 수가 없어 당시 대학사인 손승종에게 의견을 물었다. 이에 손승종이 자신이 직접 전방으로 가서 상황을 보고 온 후 결정하자고 하여 천계제의 승인을 얻어 변방으로 가서 두 사람의 의견을 청취하고 전방의 상황을 시찰하고 돌아왔다. 그리고 원숭환의 의견이 옳다고 황제에게 보고하였다. 이에 황제는 왕재진을 파면하고 손승종을 요동경략에 임명하였다. 손승종의 적극적인 지지하에 원숭환은 다시 요동 지역을 방어하고 그 방어의 핵심에 있는 영원성을 다시 수축히기 시작했다. 이후 원숭환은 영원과 금주에서 후금의 공격을 막아냈으나 조정 대신들의 시기를 받아 파직되었다가 다시 재기용되었다. 청태종이 산해관을 우회하여 북경을 침입하자 북경으로 들어와 북경 보위전을 수행하다가 청의 반간계와 정신들의 시기, 숭정제의 의심을 받아 결국 비참한 최후를 맞았다.

홍이포紅夷砲

홍이포는 홍이인紅夷人(네덜란드인)으로부터 구매해야만 하는 것은 아니었다. 국내에서 모방 제조된 것도 있었고, 외국인 기술자를 초빙해 만든 것도 있었다. 명 희종 천계 원년 9월과 천계 6년 2월, 손원화孫元化에게 명해 서양 포를 만들게 했고, 천계 7년 3월, 영원성으로 이

포를 보낼 때 희종은 이 포를 '안국전군평요정로장군安國全軍平遼靜虜將軍'에 봉한 후 관리를 보내 제사를 올린 다음에 경사에서 운반하게 했다.

원숭환은 영원성 전투 시 이 포를 효과적으로 사용했다. 성을 수축할 때 네 귀퉁이에 돈대를 만들어 포를 돌출 배치하여 포를 움직이며 사격함으로써 사격 범위를 대폭 넓혔다. 또한 성벽 하단 내부에 구멍을 내고 이 구멍 앞에 포구를 위치시켜 놓고 발사 직전 포구를 성벽 밖으로 내밀어 직사 방식으로 발사하기도 했다.

후금 홍타이지도 홍이대포紅夷大礮를 주조케 했는데, 그 포신에는 '천우조위대장군天祐助威大將軍'이라는 큰 글자 7개와 함께 '천총 5년 1월 1일. 독조관督造官 액부총병額附總兵 동양성佟養性. 감조監造 유격游擊 정계명丁啓明, 비어備禦 축세음祝世蔭. 주공鑄工 왕천상王天相, 두수위竇守位, 철장鐵匠 유계평劉計平'이라는 글을 새겨 넣었다.

조대수祖大壽 패루

　영원성 남문으로 들어가면 두 개의 패루가 있다. 이를 '조가패루'라고 한다. 『열하일기』에 의하면 하나는 조대악 패루이고 또 하나는 조대수 패루이다. 안쪽에 있는 것이 조대악 패루로 조대악의 3대 조상의 증직 내용이 있는데, 아버지가 조승교이며 증조부와 조부는 조대수와 같다. 그러니 조대악과 조대수는 사촌 형제이다. 조대악 패루 위에는 '큰 공훈을 처음 하사받았다'는 뜻의 원훈초석元勳初錫과 후면에 '장수가 되어 준엄하고 열렬한 공을 세웠다'는 뜻의 등단준렬登壇駿烈의 글씨가 있다. 바깥쪽에 있는 것이 조대수 패루이다. 패루 위에는 '영토를 넓히고 깨끗하게 한 공렬'이라는 뜻의 곽청지렬廓清之烈과 '사대에 걸친 장수 집안'이라는 뜻의 사대원융四代元戎이라는 글씨가 있다.

　조대수의 집안은 요시의 명문 거족으로 장수 집안이다. 조대수의

조대수 패루

부친은 조승훈으로 임진년 왜구가 조선을 침입했을 때 요동 부총병으로 3천 기병을 이끌고 가장 먼저 구원하러 달려온 장수이다. 조대수의 동생들인 조대필, 조대악, 조대성, 조대명 등도 모두 용맹무쌍한 장수들로서 송산 전투에서 조대필은 결사대를 조직하여 야간에 적진으로 들어가 홍타이지의 막사를 기습하여 홍타이지가 이를 피해 하룻밤에도 여러 차례 침소를 옮겨 다닐 정도였다고 한다. 그래서 홍타이지는 이들을 '미치광이 조씨 형제祖二瘋子'라고 부르기도 했다.

　원숭환이 하옥된 후 한때 반변叛變하여 도주하기도 했지만 손승종의 설득으로 다시 돌아와 대릉하大凌河를 굳게 지켰다. 그러나 홍타이지가 대릉하성을 포위하자 3개월 동안 인육을 먹으면서 견디었으나 결국 홍타이지에 거짓 항복했다. 다시 금주로 돌아와 홍타이지에 대항하다가 결국 두 번째로 항복했다. 홍타이지는 청 장수들의 반대에도 불구하고 조대수의 인물을 아껴 그를 다시 중용하였다. 조대수는 청에 항복한 후 북경으로 들어왔다. 북경에 조가가祖家街라는 거리가 있었다고 하는데 현재 북경시 제3중학교가 있는 곳이다. 그가 죽은 후 그곳은 조가 사당으로 바뀌었는데 곧 조가가 자리이다.

천하제일관, 산해관山海關

산해관 오는 길

아침에 오늘의 노정에 대해 중국인 류 선생과 상의했다. 『열하일기』의 노선은 102번 도로이지만 류 선생은 자전거는 해안 도로로 가겠다고 한다. 그래서 자전거는 발해만의 해안 도로를 따라 산해관으로 가고, 차량은 열하일기의 노선을 따라 102번 도로를 따라가기로 했다.

102번 도로는 예나 지금이나 요서회랑의 교통 중심이다. 102번 도로와 나란히 102번 고속도로가 평행으로 달리는데 이를 경하京哈 고속도로라고 한다. 경하란 북경과 하얼빈 간 고속도로라는 뜻이다. 수·당나라가 고구려를 침공할 때도 이 길을 갔고, 조조가 오환을 정벌하러 갈 때도 이 길로 갔다. 물론 연암도 이 길을 갔다. 이 요서회랑은 좌측으로는 바다를 끼고 우측으로는 산을 끼고 있는 동북과 서남으로 뻗은 긴 회랑지대이다. 안개로 인해 우측의 산들이 있는 지형은 잘 보이지 않았다.

도로에는 수많은 대형 화물 차량들이 빈번히 왕래한다. 이에 따라 도로는 온통 먼지와 매연으로 가득하다. 중국의 도로에 있는 자전거가 달리기 좋은 넓은 갓길도 이곳에는 없는 곳이 많다. 그러고 보니 자전거가 주행하기에는 매우 위험한 도로이다. 자전거가 이 길로 오지 않고 해안 도로를 따라가기를 잘했다는 생각이 들었다. 쑨 선생에게 물으니 해안 도로는 관광 도로이기 때문에 길도 넓고, 왕래하는 차량도 많지 않다고 한다.

안개가 조금 걷히고 나니 좌우측의 낮은 산과 구릉들이 보이기 시작했다.

수중綏中

수중에 도착했다. 수중은 비교적 큰 도시이다. 연암은 중후소(수중)에 왔을 때 이곳 시장의 점포와 여염집들이 심양에 버금갈 정도였으며, 관운장 사당은 장대하고 화려함이 요동보다 더 나았다고 했다. 또 조선에서 사용하는 털모자는 모두 이곳 중후소에서 생산한다고 했다. 연암이 이곳을 지날 때에도 의주의 만상들이 모자를 구입하려고 점포 안에서 북적댔다고 기록하고 있다. 그리고 모자를 구입하기 위

수중

수중 버스터미널

해 중국으로 들어가는 은자가 일 년에 10만 냥이 될 것이라면서 국부
가 빠져나가는 것을 한탄하고 있다.

현재 수중은 호로도시에 속하며 동쪽으로는 흥성, 서쪽으로는 산
해관과 접한다. 남쪽에는 발해만이 있고 북쪽에는 연산이 있다. 아
주 오랜 옛날에는 이곳에는 여러 민족이 잡거하던 곳으로 주대 이전
에는 고죽국이 있던 곳이다. 유주, 창려현 등 수많은 지명이 있었으나
청 말에 와서 수중으로 바뀌었다. 수綏는 안무하고 안정하게 한다按撫綏
靖는 뜻이고, 중中은 중후소中後所를 의미한다. 즉 평화로운 중후소란 의
미가 있다.

수중 버스 터미널에 잠깐 들렀다. 이전의 경험에 의하면 중국에
서 사람들을 가장 많이 볼 수 있는 곳이 버스 터미널과 기차역이다.
이곳에 가면 너무나도 많은 사람이 꽉 들어차고 그들이 떠드는 소음
으로 거의 공황 상태에 빠졌던 경험이 있다. 그런데 수중 버스 터미널
은 조용하기 그지없었다. 표 파는 곳도 한산하고 승강장에도 사람이
많지 않았다.

구하대교

구하狗河

수중에서 20㎞를 가서 구하대교를 건넜다. 연암 당시에는 어하교魚河橋라고 불렀다. 당시에는 대부분의 강에 다리가 없을 때 이곳에 어하교가 있었으니 아마도 당시 어하의 강물이 많았을 것으로 짐작된다. 그러나 지금의 구하에는 물이 없어 바닥을 드러내고 있다.

전위진前衛鎭

구하를 건너 조금 가니 전위진이 나왔다. 전위진은 이전에 전둔위前屯衛라고 불렸던 곳이다. 명대에 동북 지역을 통치하기 위해 여러 개의 위衛를 설치했다. 위는 군정합일의 군사 기구로 지휘사가 이를 관리했으며 예하에 천호소千戶所를 두었다. 전둔위는 산해관 밖 제일의 위로 그 밑에 중전소(현 수중현 전소진)와 중후소(현 수중진)의 두 개의 천호소를 두었다.

중전소성

연암이 이곳 전둔위를 지날 때는 이곳이 제법 번화한 곳이었나 보다. 화장한 수백 명의 여자가 연희를 보고 나오는 광경이 열하일기에 묘사되어 있다. 또 배우들의 옷차림새도 자세하게 적었는데, 배우들의 복장에서 조선의 풍속과 같은 복장이 있고, 도포는 당나라 때의 제도가 있는 것 같다고 하며 다음과 같이 탄식했다.

"슬프다! 중원이 오랑캐의 손에 함락된 지 100여 년이 지났건만 의관 제도는 오히려 광대들의 연극에서나 비슷한 것이 남아 있으니 하늘의 뜻이 여기에 있는 것인가!"

당시 전둔위는 산해관 밖 제일의 요새이며 병가필쟁의 요해였다. 그러나 지금은 작고 낡은 고성前衛古城만이 푸른 이끼를 간직한 채 쓸쓸히 서 있고, 번화했던 거리에는 사람들이 살고 있는지도 모를 정도로 낡은 집들이 침묵을 지키고 있었다.

맹강녀묘孟姜女廟

산해관에 도착하기 바로 전에 있는 맹강녀묘에 잠깐 들렀다. 맹강녀묘는 또 정녀사貞女祠라고도 칭하며 산해관 동쪽 6㎞ 지점의 망부석촌望夫石村 뒷산에 위치해 있다.

맹강녀가 장성을 바라보며 남편을 찾아갔다는 조망장성眺望長城이라는 곳을 거쳐 맹강녀원孟姜女苑으로 갔다. 그곳에서 정녀사까지 긴 계단이 있는데 계단 수가 108개라고 한다. 이는 맹강녀가 남편을 찾아 험난한 곡절을 겪은 것을 상징하는 것이라 한다. 묘 안에는 전후 양전이 있는데 전전에는 맹강녀상이 있고, 좌우에 동남동녀가 시위하고 있다.

맹강녀 묘

양측 벽에는 비각이 새겨져 있는데 그중에는 건륭, 가경, 도광이 쓴 사가 있다. 전 뒤에는 망부석이 있고 그 뒤에는 진의정振衣亭이 있다.

맹강녀의 이야기는 중국 민간 4대 전설 가운데 하나이다. 맹강녀의 남편이 장성의 축성장에 끌려가 소식이 없자 부인인 맹강녀가 노역장을 찾아가 통곡을 하니 장성이 무너졌다는 이야기이다.

후인이 맹강녀의 충절을 경모하고 그의 충절을 감탄하여 이 묘를 세웠다. 정녀사 앞에는 전국적으로 소문난 신기한 대련구가 있다. 상련은 "海水朝朝朝朝朝朝朝落", 하련은 "浮云长长长长长长长长消"이라는 대련이다. 이는 남송의 왕십붕王十朋이라는 사람이 지은 것인데 朝와 長이 두 가지 발음과 다른 뜻이 있음을 교묘히 이용하여 지은 대련구이다. 해석하는 것도 십여 가지가 된다고 한다.

산해관

산해관으로 들어왔다. 산해관 입구에서 공안의 불심 검문을 받았다. 산해관으로 들어오는 모든 차량에 대해 검문하는데 차량 뒤 트렁크를 열어보기도 하고 탑승자의 신분증을 제시받아 일일이 조회했다. 과연 공안의 나라이다.

산해관으로 들어와 여관을 정하는 데 애를 먹었다. 대부분이 외국인을 받지 않는다고 해서 겨우 외국인을 받는 여관을 찾았다. 박일 博逸 상무빈관인데 1박에 386원이었다. 지금까지 여관 중 가장 비싼 여관이었지만 서비스는 엉망이었다. 에어컨도 약하게 나오고 온수도 나오지 않았다. 전기도 수시로 단전되어 에어컨과 엘리베이터의 작동이 중지되기도 했다. 방에 전화도 없고, 침대는 나무판자로 대충 만든 것

산해관 입구

이어서 삐걱거리기 일쑤였다. 어떻게 이런 호텔이 이렇게 비쌀 수가 있고 외국인을 받을 수 있는지 알 수가 없다. 아마도 공안과 결탁한 것이 아닐까 하는 의심이 들었다.

홍성에서 발해만의 해안 도로를 따라온 자전거팀은 오늘이 이번 여행 중 가장 힘든 하루였다. 오늘 주행한 거리는 130㎞로 하루 주행 거리로서는 극한적인 거리였다. 더구나 37도를 넘는 무더운 날씨에 바람조차 맞바람이 심하게 불었다. 오는 도중에 많은 풍력 발전기가 보이는 것으로 봐서 이곳은 바람이 많은 곳이라는 것을 알 수 있었다. 피로가 극에 달하여 머리에 쓴 헬멧조차도 무겁게 느껴질 정도였다. 무릎이 심하게 아파 오기 시작하여 한쪽 발만으로 페달링할 정도로 힘든 하루였다.

통상 다음 목적지에 5시 정도면 도착했으나 오늘은 오후 7시가 되어서야 산해관에 도착했다. 해안 도로를 따라오면서 보이는 것은 오로지 바다뿐인 지루한 길이었다. 그나마 왕래하는 차량이 많지 않

발해만에 중국 국기를 단 어선들

사근고육 식당

아 다행이었다. 해변에는 중국 국기를 단 중국 어선들이 많이 보였다. 이들이 바로 한국의 서해안에 출몰하여 불법 조업하는 중국 어선들이 아닐까 하는 생각이 들었다.

저녁에 호텔 옆에 있는 사근고육四斤烤肉이라는 고깃집에서 고기를 구워 먹으며 맥주를 8병이나 마시면서 고된 하루의 피로를 풀었다. 고깃집의 젊은 아가씨는 한국에서 온 우리가 신기한지 연방 웃으면서 열심히 고기를 구워주기도 하고 사진을 찍어주기도 했다. 친절한 아가씨였다. 우리는 최고의 서비스라는 의미로 엄지를 척 올려주었고 식당을 나올 때 아가씨와 사진을 함께 찍었다.

다음 날은 종일 산해관을 보기로 했다. 그러나 아침부터 비가 내렸다.

계획을 변경했다. 산해관을 오전에 보고 자전거로 진황도秦皇島로 가기로 했는데 비로 인해 오후에 차량을 타고 진황도에 잠깐 다녀와 산해관에서 하루 더 머물기로 했다. 계획이란 이렇게 상황에 따라 바뀌기 마련이다.

아침부터 여러 명의 경찰이 호텔 안에서 왔다 갔다 한다. 공안 노이로제에 걸린 우리는 또 무슨 문제가 있는 것이 아닌가 하고 걱정부터 하기 시작했다. 왼쪽 팔에 당직민경執勤民警이라는 완장을 찬 경찰이었다. 프런트에 가서 왜 경찰이 아침부터 보이며 이 호텔을 감시하는 경찰이냐고 물어보니 그게 아니라 부근의 산해관 기차역의 보안을 책임지고 있는 경찰인데 이 호텔에서 숙박한다는 것이었다.

천하제일관天下第一關

호텔에서 걸어서 산해관성의 남문으로 들어가 마침내 '천하제일관'이라고 쓰여 있는 성루에 올랐다.

산해관은 '변군의 인후, 경사의 보장边郡之咽喉 京师之保障'의 호칭이 있다. 즉 변방에서 들어오는 외적을 막는 인후에 해당하는 지역이며, 수도인 북경을 방어하는 울타리라는 뜻이다. 산해관과 연결된 성이 있어 이를 '산해관성'이라고 한다. 산해관성의 주위는 약 4㎞이며, 성 높이는 14m, 두께는 7m이다. 동서남북으로 4개의 주요 성문이 있고 다양한 방어 시설이 있다. 동문은 진동문鎭東門으로 주 관문인 천하제일관이고, 서문은 영은문迎恩門, 남문은 망양문望洋門, 북문은 위원문威遠門이며, 네 문의 성루 위에는 문루가 있다. 북으로는 연산에 의지하고 남으로는 발해만과 연결된다. 산해관을 쌓기 전에는 무녕현 동쪽 20리에 유관이 있었다. 유관은 수 개황 3년(583년)에 쌓은 것으로, 당태종이 고구려를 정벌하러 갔다가 이 유관으로 돌아왔다. 산해관은 명 홍무 14년(1381년), 서달이 명을 받고 영평, 계령 등에 관을 수축할 때, 군사를 이끌고 이곳에 이르러 유관이 핵심 요지가 아니라고 여기고 유관 동쪽 60리 지점으로 옮겨 산해관을 축성했다. 연산에 의지하고 바다에 연했기 때문에 산해관山海關이라는 이름이 붙었다.

산해관은 그 위치의 중요성 때문에 많은 전투가 이곳에서 벌어졌다. 명 말에는 오삼계吳三桂와 이자성이 이곳에서 전투를 벌였고, 청 광서 26년(1900년)에는 8개국 연합군이 산해관을 침입했다. 1922년과 1924년 두 차례에 걸쳐 직예 군벌과 봉계 군벌 간의 전쟁이 산해관 부근에서 발생했다. 1933년에는 일본군이 산해관을 점령했다. 1945년에는 팔로군이 소련군과 함께 이곳을 점령했고, 이듬해인 1946년에는 국민당군과 산해관 보위전을 치렀다.

천하제일관

비는 더욱 거세게 내리기 시작했다. 성루에서 해자와 옹성을 내려다보고, 그리고 천하제일관 앞의 넓게 펼쳐진 대지를 바라보았다. 17세기 이곳을 중심으로 명나라와 청나라 간에 치열하게 전개되었던 역사의 장면들이 떠올랐다. 이곳은 쓰러져가는 명나

산해관에서 통과증을 써주는 사람

라와 막 흥기하는 청나라 간의 천하를 차지하기 위한 건곤일척의 대결이 전개된 곳이다. 그러나 청나라의 팔기군을 이끌고 온 도르곤이 이곳에 도착했을 때는 명나라는 이미 농민군인 이자성에게 멸망했고, 나라를 잃은 명의 장수 오삼계吳三桂는 이곳 산해관을 지키면서 관내의 이자성과 관외의 도르곤 사이에서 선택을 강요받았다. 그리고는 결국 진원원이라는 한 여자로 인해 산해관을 활짝 열어 이민족인 청의 팔기군을 받아들임으로써 역사가 바뀌었다.

성 문루를 내려와 성문 앞에서 사진을 찍었다. 산해관 성문은 당시에 상인들이 이곳을 통과할 때 엄격한 심사를 해서 통과하던 곳이었다. 대부분은 상인들로서 통과세를 내고 적과 내통한 사람이 아닌지를 심사받고 통과했다. 지금은 이러한 과거의 모습을 관광 상품화하여 15원을 내면 통과증을 써주는 사람이 있었다.

구룡두 九龍頭

산해관을 보고 다시 산해관이 바다와 만나는 구룡두로 갔다. 만리장성 중에서 바다와 접하는 유일한 지역이다. 산해관으로부터 4㎞ 거리에 있는데 만리장성이 이곳에서 시작되어 거대한 용처럼 꿈틀거리며 고산준령을 이어가다가 서쪽으로 가욕관에 이른다. 그러므로 이곳은 용의 머리에 해당하므로 아홉 마리의 용의 머리라는 뜻의 '구룡두'라고 한다. 바다에 접한 석성은 명대의 척계광이 쌓은 것이다.

구룡두에는 성루인 징해루 澄海樓가 바다를 바라보고 있다. 징해란 바다가 풍파가 일지 않아 맑다는 뜻이다. 천하가 태평하기를 기원하는 뜻을 담고 있는데 글씨는 건륭제가 직접 쓴 글씨라고 한다.

비는 더욱 거세게 내렸다. 구룡두에서 바라보는 바다는 비가 뿌

구룡두

리는 가운데 파도가 넘실거렸다. 구룡두를 보고 나오니 일대가 온통 물바다가 되었다. 배수 시설이 잘 안 되어 비가 조금만 와도 이렇게 온 길바닥이 물바다가 되는 것이다. 이곳뿐만 아니라 여행 중 여러 곳에서 이러한 현상을 목격했다. 북경에서도 많은 비를 만났는데 그때 유리창은 온통 물바다가 되었고, 노구교에 갔을 때에도 완평성의 거리가 물로 가득했다.

산해관 전투

산해관 전투가 발발하기 전, 이자성의 농민군은 명의 수도인 북경을 점령하였고, 명의 마지막 황제인 숭정제는 매산에 올라 자결함으로써 명은 이미 멸망한 상태였다. 이자성은 이어 명의 마지막 군인 오삼계吳三桂를 격멸하려고 산해관으로 향했다. 또한 청의 도르곤 역시 북경으로 가기 위하여 산해관으로 향하고 있었다. 따라서 이때 산해관에는 이자성의 농민군, 오삼계의 명군, 도르곤의 청군의 세 개의 세력이 서로 집결 중인 상태였다. 천하를 차지하기 위한 세력은 이자성의 농민군과 도르곤의 청군이었고, 오삼계의 명군은 이 양자 세력 속에서 선택을 강요받는 상황이었다.

이 선택의 기로에서 오삼계는 처음에는 이자성에게 투항하려고 했다. 왜냐하면 오랑캐인 청군보다는 같은 민족인 이자성에게 투항하는 것이 자연적인 순리였기 때문이었다. 더구나 오삼계의 부친과 가족들이 이자성에게 인질로 잡혀있는 상황이었다. 부친인 오상으로부터 이자성에게 투항을 권하는 서신이 오삼계에게 도착하고 오삼계도 이에 이자성에게 투항한다는 서신을 보내기도 했다. 그러나 이때 북경에서 소식이 왔다. 그가 사랑하는 여인 진원원이 이자성의 농민군에 납치되었다는 것이다. 이것이 오삼계의 선택에 결정적인 영향을 미쳤다. 결국 오삼계는 생각을 바꿔 청군을 선택했다. 그는 도르곤의 청군으로 가서 변발한 후 청에 항복하고 자신의 군도 모두 변발을 시켰다. 그리고 산해관을 활짝 열어 청군을 맞아들이고 청과 함께 이자성의 농민군을 산해관에서 격퇴했다. 그리고 자신의 군을 청군으로 개편했다. 역사란 이토록 아주 사소한 일로 인하여 뒤바뀌는 일이 허다하다.

오삼계吳三桂

청이 산해관을 통해 중국으로 들어올 수 있게 된 결정적인 계기는 오삼계가 청에 항복했기 때문이다. 그 후 오삼계는 청에 의해 평서왕으로 봉해져서 운남 지역을 통치하는 번왕이 되었다. 그리고 당시 버마에 망명 중이던 남명 황제 영력제를 잡아서 곤명에서 죽였다. 같은 해 평서친왕으로 승진하여 복건의 정남왕靖南王인 경정충耿精忠, 광동

오삼계 ©wikipedia

의 평남왕平南王인 상가희尚可喜와 함께 삼번으로 불렸다. 그러나 강희 12년(1673년) 번이 철폐되자 반란을 일으켜 소위 삼번의 난이 발생하게 된다. 오삼계는 형주衡州에서 황제에 올라 국호를 대주大周로 하고 형양에 도읍을 정하였으나 5년 후 병사했다.

오삼계가 반란을 일으킬 때 내세웠

던 명분이 청을 멸하고 명을 계승하겠다는 것이었지만 명의 명맥을 지키려 했다면 청이 북경으로 들어오지 못하도록 산해관을 굳게 지켜야 했을 것이다. 그뿐만 아니라 그가 명을 계승한 남명의 영력제를 죽인 것은 그의 명분을 무색하게 하는 것이었다. 결국 그의 모든 행동은 뚜렷한 신념이 없이 상황에 따라 자신의 이익을 위한 행동이었다고밖에 생각할 수가 없다.

진원원陳圓圓, 오삼계가 사랑했던 여인

진원원은 조실부모하여 어렸을 때부터 친척의 집에서 양육되었다. 총명하고 재색을 겸비하여 강남 일대에서 이름을 날렸다. 그 후 북경으로 들어와서 오삼계와 만나게 되었는데 오삼계는 그녀를 보자마자 그녀의 미색에 빠지게 되었다. 이때 오삼계는 산해관을 방어하는 수장으로 이자성의 농민군이 북경을 점령하자 진퇴를 결정하지 못하고 있었다. 이자성이 오삼계의 부친을 잡아 오삼계에게 투항하라는 편지를 쓰게 하자 오삼계는 이자성의 농민군에게 투항할 생각을 가지고 있었다. 그러나 애첩 진원원이 이자성군에게 납치되었다는 소식을 듣자 화가 치밀어 산해관을 열고 청에 항복하였다. 아무리 해도 뚫지 못했던 난공불락의 요새인 천하제일관인 산해관이 이렇게 하여 쉽사리 열리게 되었으며, 이로써 청군은 북경으로 진입하여 천하를 얻을 수 있게 되었다. 진원원이라는 한 여인으로 인해 역사가 바뀐 것이다.

그 후 오삼계는 청군과 함께 북경에 진입하여 이자성군을 격파하고 그 전란 속에서 진원원을 찾아 다시 해후하였다. 이후 진원원은 오삼계를 따라 전장을 전전하다가 오삼계가 운남을 평정한 후 평서왕부에 들어가 살았다.

고려보에 이르니 집들이 모두 띠 이엉을 이었는데 몹시 쓸쓸하고 검소해 보여 한눈에 고려보임을 알 수 있었다. 병자호란 다음 해인 정축년(1637년) 포로로 잡혀 온 조선 사람들이 저절로 한 마을을 이루고 사는 곳이다. 산해관 천여 리에 논이라고는 볼 수가 없었는데 오직 이곳에서만 벼를 심고 있으며, 떡이나 엿 같은 물건이 본국 조선의 풍속을 많이 지니고 있었다. 옛날에는 사신이 오면 하인들이 사 먹는 음식의 값을 받지 않는 일도 있었고, 그 여인들도 내외하지 않으며, 고국의 이야기가 나오면 눈물을 흘리는 사람들이 많았다.

『열하일기』 7월 28일

갈석산

5부

산해관에서
북경으로

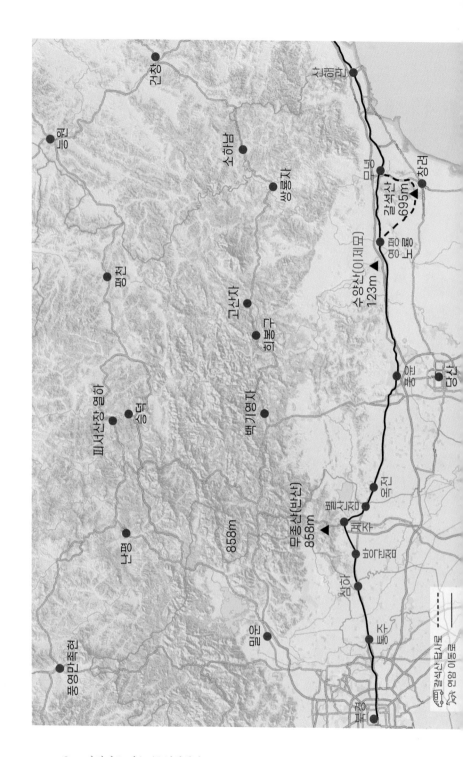

진시황의 섬, 진황도秦皇島

비가 부슬부슬 내리는 가운데 구룡두에서 나와 진황도로 향했다. 진황도까지는 30㎞밖에 떨어져 있지 않기 때문에 산해관에서 진황도 까지 쑨 선생의 차량을 타고 가기로 했다.

진황도는 하북성의 직할시이며 유명한 휴양 도시이자 관광 도시 이다. 남쪽으로 발해만에 접하고 있으며 북쪽으로는 연산과 연결된 다. 진황도는 진시황의 섬이라는 뜻이며 진시황에 관한 이야기가 있 는 구선입해처求仙入海處가 있다. 또 북대하北戴河는 유명 휴양지로 매년 중국 공산당의 북대하 회의가 열리는 곳으로 유명하다.

진황도에 도착하여 받은 인상은 지금까지 보아온 중국과는 다르 다는 것이다. 무엇보다도 도시가 숲속에 싸여있고 깨끗하다는 인상을 받았다. 아무래도 중국 공산당 간부들의 휴양지이기 때문일지도 모르 겠다.

구선입해처求仙入海處

천하를 통일한 진시황은 만년에 신선 사상에 심취되어 영생불사 의 선약을 얻으려고 하였다. 이 신선설을 처음으로 진시황에게 소개 한 방사가 서복徐福이라는 사람이었다. 그는 진시황에게 바다로 나가

선약을 구해오겠다고 하며 진시황으로부터 수많은 재물을 얻어 바다로 사라졌다. 9년 후 선약을 구하러 갔던 서복이 돌아와 진시황에게 선약을 찾긴 찾았지만 큰 물고기가 막고 있어서 돌아왔다면서 다시 궁수를 비롯하여 삼천 동남동녀와 수많은 재물을 요구하여 바다로 사라진 후 돌아오지 않았다.

서복이 사라진 후 두 번째의 방사는 노생盧生과 후생侯生이었는데 이들은 선약을 찾지 못하자 서복과 같이 진시황의 재물을 얻은 다음 도주하였다. 이렇게 방사들에게 여러 차례 속임을 당한 진시황은 화가 나서 방사들 460명을 산 채로 매장하였다. 이것이 소위 분서갱유焚書坑儒의 갱유 사건인데, 실은 유자儒者를 매장坑儒한 게 아니라 방사, 술사들을 매장坑術士한 것이다. 『사기史記』를 비롯한 왕충王充의 『논형論衡』, 반고班固의 『한서漢書』에도 갱술사坑術士라고 되어 있지 갱유坑儒라는 말은

구선입해처

없다.(여기에는 약간의 이론이 있다.) 불로장수를 꿈꾸었던 진시황은 결국 BC 210년 비교적 이른 나이인 49세로 사망하게 된다.

구선입해처求仙入海處는 서복이 선약을 구하러 바다로 들어갔다는 곳이다. 이곳에는 서복의 조상을 비롯하여 진시황과 관련된 많은 조각물이 있다. 진시황은 과거에는 독재적인 인물로 평가되었으나 오늘날에는 중국의 통일을 이룩한 인물로 긍정적인 평가를 받고 있다. 이는 오늘날 중국이 추구하는 국가주의 및 대만과의 통일과 무관하지 않다. 진시황 갈석행이라는 엄청난 규모의 조각상이 있는데 이는 진시황이 중국을 통일한 지 2,200주년을 기념하기 위해 2000년에 만든 것이라는 설명이 있다. 조각상의 측면에는 '통일하화統一夏華', 즉 '중국을 통일하다'라는 글씨가 씌어 있다.

북대하北戴河

북대하는 북경에서 두 시간 거리에 있는 해변 휴양지로, 중국 국민당 시절부터 권력층과 외교관들의 별장이 들어서기 시작했다. 지금도 공산당 지도부의 별장 수백 개가 들어서 있다. 1971년 9월 쿠데타 계획이 발각돼 소련 망명을 시도했던 임표林彪도 중국을 떠나기 전에 북대하에 있던 자신의 별장에 머물렀다.

북대하 회의는 중국 공산당 지도자들이 매년 여름 하북성 북동쪽에 있는 휴양 도시 북대하에 모여 피서 겸 국내외 주요 현안을 논의하는 자리를 말한다. 1958년 8월 대만 금문도金門島 포격과 인민공사 설립 등을 결의했고, 1987년부터 비공식 회의로 연례화하여 '북대하 공작 회의'로 불린다. 북대하 회의는 국가 법률이 정한 공식 회의는 아

진황도 거리

니지만, 모택동 시절부터 고위 지도자들이 피서를 즐기며 매년 가을 열리는 공산당 중앙위원회 전체 회의이 주요 의제를 사전 조율하고 치기 지도부 구성 등 주요 인사 문제를 논의해왔다. 논의 내용이 공식 발표되지는 않지만, 중국의 권력 향배를 점칠 수 있는 자리인 만큼 국내외 언론의 시선이 집중된다.

동쪽으로 갈석산碣石山에 올라
푸른 바다를 바라본다

아침에 산해관의 호텔 앞에서 한국의 여행객 2명을 만났다. 한국에서 퇴직 후 한 달간 중국을 자유 여행하는 중이며, 중국 최북단까지 갔다가 북경을 거쳐 산해관으로 왔다고 한다. 외국에서 만나는 한국인은 언제나 반갑다.

102번 국도를 따라 노룡盧龍으로 향했다. 산해관에서 노룡으로 가

산해관에서 만난 한국인 관광객

는 도로는 최악의 상황이었다. 도로의 폭도 편도 1차선밖에 되지 않은 데다가 자전거가 다닐 수 있는 갓길도 없었다. 그리고 무엇보다도 엄청나게 큰 대형 트럭이 끊임없이 왕래하면서 거리엔 먼지와 매연, 소음으로 가득했다. 자전거가 다니기에는 매우 위험한 상황이었다. 그런 상황하에서도 중국의 차량들은 아무렇지도 않게 끼어들기와 역주행을 서슴지 않았다. 오래전 중국에 왔을 때의 교통 상황과 전혀 달라진 게 없어 보였다. 한국은 서울 올림픽을 계기로 모든 게 선진화되었지만 중국은 북경 올림픽을 치렀음에도 변한 것이 없었다. 도로 위에서 신호등은 별로 기능을 발휘하지 않는다. 차량이나 사람이나 먼저 가는 사람이 도로를 차지한다. 먼저 가기 위해서는 목숨을 걸어야한다.

유관

유관榆關을 지났다. 유관은 명 홍무년간에 서달이 이곳에 장성을 수축하려고 왔다가 이곳이 요충지가 아님을 알고 동쪽으로 옮겨 장성을 쌓으니 이것이 오늘날의 산해관이다. 그러니 산해관 이전에는 이곳 유관에 중요 방어 시설이 있었다.

유관을 지나 무녕撫寧이라는 곳을 거쳤다. 무녕은 진황도시에 속하는 지역으로 진황도처럼 아주 깨끗하고 정돈된 도시이다. 무녕에서 5km 되는 지점에서 여행 이래 마침내 1,000km를 돌파했다.

갈석산

무녕에서 남쪽으로 20여 km 떨어진 창려현에 있는 갈석산을 찾았다. 열하일기에서 연암은 갈석산을 언급하기는 했지만 갈석산을 직접 가지는 않은 것 같다. 열하일기의 노정에도 갈석산은 나와 있지 않고, 또 그곳을 가려면 사신단이 가는 길을 벗어나 길을 돌아가기 때문이다. 창려현에는 한유의 사당이 있어 연암은 매우 가고 싶어 했지만 함께 가고자 하는 사람이 없어 혼자 가기도 어려워 매우 안타까워했다고 하는 것을 보아서도 창려현에 있는 갈석산을 가지는 않은 것 같다.

갈석산이 있는 곳에 도착하니 커다란 호수 너머 하얗게 보이는 돌산인 갈석산이 보였다. 호수에 물안개가 낀 것인지 선명하게 보이

갈석산

지는 않았다.

갈석산은 예로부터 수많은 제왕이 오른 곳으로 유명하다. 진시황은 친히 갈석산에 가서 돌에 공을 새기고 장생불로와 진 왕조가 영원하기를 희구했다. 진시황이 갈석산에 올라 신선을 구한 후 대대적으로 갈석산의 지명도가 높아지고 신비함이 높아졌다. 기원전 110년 한 무제는 "태산에서 동쪽으로 해상을 순시하여 갈석에 이르렀다"고 했다. 그리고 산 위에 한무대漢武臺를 세우고 역시 신선을 구했다. 동한 건안 12년(207년) 조조曹操는 군사를 거느리고 동정하여 오환을 정벌하고 개선하면서 요서회랑을 통해 돌아오다가 도중에 갈석산에 올라 시를 지었다. 이것이 유명한 보출하문행步出夏門行이며 그중 다음의 일부를 관창해觀滄海라고 한다. 열하일기에도 조조의 이 시가 소개되고 있다.

동쪽으로 갈석산에 올라 푸른 바다를 바라본다 東臨碣石 以觀滄海
물결은 흉용하고 산과 섬들은 물 가운데 높이 솟아있다 水何澹澹 山島竦峙
나무들은 울창하고 기화요초가 무성하다 樹木叢生 百草豊茂木
가을바람 소슬하고 거친 파도 솟구친다 秋風蕭瑟 洪波涌起
태양과 빛나는 별과 교교한 달이 마치 대해에서 떠오르니 日月之行 若出其中 星漢燦爛 若出其里
말할 수 없는 기쁨을 노래하여 내 마음을 표현한다 幸甚至哉 歌以咏志

그 후 수양제도 고구려를 침공할 때 갈석산에 올랐으며, 당태종도 고구려를 침공할 때 갈석산에 올라 '봄날 바다를 바라본다春日望海'는 시 한 수를 남겼다.

갈석산 행수촌의 과일 장수

갈석산에 있는 호수 주변에는 붉은 지붕을 한 작은 마을들이 옹기종기 아름답게 자리 잡고 있었다. 마을에 들어가니 길가에서 복숭아를 파는 노인이 있어 5원에 7개를 샀다. 마을 이름이 행수촌杏樹村이라고 하는데 매우 깨끗한 마을이었다.

계속 갈석산 가까이 가니 수암사水巖寺라는 커다란 고찰이 나타났

수암사

다. 표지석을 보니 진과 당대에 중수한 고찰이라고 하니 창건한 것은 더 오래되었을 것이다.

사호석射虎石의 전설, 호두석촌虎頭石村

사호석에 관한 이야기는 『사기』 「이광 장군전」에 나온다. 어느 날 이광 장군은 달빛이 어스름한 밤에 사냥을 나갔다가 풀 속에 호랑이가 웅크리고 있는 것을 발견하고 활을 당겨 쏘았다. 그러나 전혀 움직임이 없어 다가가서 보니 호랑이같이 생긴 바위였는데 방금 쏜 화살이 놀랍게도 바위 속에 박혀 있었다. 그래서 다시 쏘아 보았으나 이때는 화살이 돌 속에 박히지 않았다. 같은 곳에 쏘더라도 호랑이인 줄 알고 쏜 것과 돌임을 알고 쏘는 것은 이렇게 차이가 있다. 이 고사는 사람이 정성을 다하면 불가능한 일도 해낼 수 있다는 것을 의미하는 고사가 되나.

연암도 사호석이 있는 곳으로 갔다고 기록하고 있다. 열하일기에는 "영평부 남쪽으로 10여 리를 가면 끊어진 언덕에 바위 하나가 마치 노려보듯이 서 있다. 바위의 색깔은 희고, 그 아래에 '한비장군사호처漢飛將軍射虎處'라는 비석이 있다. 나는 그 비석에 청나라 건륭 45년 7월 26일 조선인 박지원이 구경하다라고 적었다."라는 사호석기가 있다.

사호석이 있는 곳은 오늘날 호두석촌이다. 마을 이름이 사호석과 관련되어 있다는 것을 알 수 있다. 갈석산에서 나와 호두석촌虎頭石村으로 향했다. 도중에 양류하촌을 지났는데 마침 그곳의 장날이었다.

장날은 한국의 장날과 조금도 다른 것이 없었다. 옛날 시골에서

장날은 모든 시골 사람이 장이 서는 읍내로 나오고, 모든 물건을 장에 가면 살 수 있는, 그날만큼은 온 마을이 축제와 같이 들뜬 분위기가 된다. 이곳의 장날도 그런 분위기이다. 가로에는 마을 이름처럼 버드 나무가 가득 심어져 있어 가늘고 긴 가지가 바람에 흔들리고 있었다.

호두석촌虎頭石村은 아주 허름한 시골 동네이다. 포장된 길에서 거의 비포장된 흙길을 10리 정도 가니 아주 허름한 동네가 나왔다. 길가에 서 있는 '중국 공산당 호두석촌 지부위원회'라는 팻말을 보고서야 호두석촌에 도착했다는 것을 알았다.

마을에는 사람들도 보이지 않고 조용하기 그지없었다. 부근에 있는 집에 들어가 사람을 찾으니 노인 한 분이 나왔다. 82세인 주정회朱庭會라는 노인인데 다행히도 그 노인은 사호석에 대해 잘 알고 있었다. 자기가 어렸을 적에는 사호석이 있어서 직접 보았는데 지금은 없어졌다고 한다. 사호석이 있던 자리를 물으니 우리를 안내하여 마을 뒤로 데려가 위치를 알려준다.

사호석이 있었던 자리는 마을의 뒷산 자락 밑인데 그 아래에는 넓은 고구마밭이 있다. 사호석이 왜 없어졌느냐고 물으니 오랜 세월 풍화 작용으로 없어지기도 하고 마을 사람들이 돌을 깨서 사용하기도 했다는 것이다. 그런데 사호석을 깨 간 사람들은 모두 좋은 결과가 없었다고 한다. 우리와 같이 매년 사호석을 보기 위해 외국인들이 찾아왔다가 실망해서 돌아간다고 한다. 주 노인은 우리에게 사호석의 일부를 보여주겠다고 우리를 안내했다. 그리고 그가 데리고 간 곳을 보니 여러 개의 돌로 쌓은 곳이 있었는데 그 돌중에 하얀 돌 하나를 가리키며 이것이 사호석에서 나온 돌이라고 한다. 연암도 사호석이 하얀 돌이라고 했으니 아마도 틀림이 없을 것이다. 사호석은 이미 오래 전에 흔적도 없이 사라지고 이제는 전설만 남았다.

호두석촌과 사호석 위치

노룡 盧龍

　산해관에서 노룡으로 오는 중간에 무녕撫寧이라는 곳을 거쳤다. 무녕은 진황도시에 속하는 지역으로 진황도처럼 아주 깨끗하고 정돈된 도시이다.

　이날은 산해관에서 노룡까지 87㎞를 주파했다. 날씨는 너무 무더워 병에 얼음을 넣어 얼굴을 식히기도 했다. 노룡의 격림호태格林豪泰 주점에 짐을 풀었는데 이 호텔은 가성비 최고의 호텔이었다. 숙박비도 100원에 불과했지만, 방은 최고의 수준이었다. 넓고 깨끗했으며

무녕

격림호태 주점

모든 시설이 완벽했다. 게다가 종업원들의 서비스도 최고였으며, 중국 어디서나 받는 보증금조차도 없었다. 더욱 놀라운 것은 중국 어디에서나 가능한 흡연이 이 호텔 내에서는 금지되었다는 것이었다. 이 호텔은 체인점으로 운영된다고 하며 중국의 대부분 도시뿐만 아니라 한국을 포함하여 세계의 대도시에 모두 이 호텔이 있다고 한다. 핸드폰으로 호텔을 검색해서 즉석에서 예약이 가능하니 회원으로 가입하면 편리하다고 하여 그곳에서 회원으로 가입했다.

아, 난하滦河여

노룡을 지나 3㎞를 가니 청룡하라는 강이 나타났다. 그리고 이어 바로 난하에 도착했다. 노룡蘆龍을 출발한 지 1시간도 채 지나지 않았지만 난하에서 잠시 머물기로 했다. 그것은 잠시 난하에서 우리의 고대사를 더듬어보기 위해서이다. 제방 위에 자전거를 세우고 우리는 굼실굼실 흘러가는 난하를 바라보았다.

난하. 기원전 109년에 난하에서 커다란 전쟁이 일어났다. 고조선과 한나라 간의 난하와 대릉하에 이르는 양국의 지배권을 둘러싼 전쟁이다. 당시 고조선의 서쪽 경계선은 바로 이곳 난하였다.

전쟁의 원인은 이러했다. 당시 한 무제는 흉노와의 접경 문제를 해결하자 서쪽으로 고조선 방면으로 세력을 확장하고자 했다. 한 무제는 섭하涉何를 보내 고조선과의 외교적 타결을 추진했으나 고조선이 이를 거부하였다. 이에 섭하가 성과 없이 돌아오는 길에 패수에서 마중 나온 조선의 비왕裨王(관직명) 장長을 죽였다. 사마천의 『사기』에 의하면 "섭하가 물러나 국경에 이르러 패수에 닿자 마부를 시켜 섭하를 전송하러 나온 조선의 비왕 장을 찔러 죽였다. 섭하는 즉시 강을 건너 말을 달려 요새로 들어가 드디어 천자에게 귀국 보고를 하기를 '조선의 장수를 죽였나이다.'라고 하였다. 천자는 그 명분이 좋다고 여기고 꾸짖지 아니하였고, 섭하를 요동 동부도위로 삼았다. 고조선은 섭하를 원망하고 병사를 내어 섭하를 공격하여 죽였다."*는 구절이 있다. 이로써 양국 관계가 악화하였다.

이에 한 무제는 섭하가 살해된 것을 빌미로 기원전 109년 고조선을 침공하였다. 그리고 기원전 108년까지 일 년간 계속된 이 전쟁 중에 고조선은 내분이 발생하였는데, 친한파들은 고조선의 마지막 왕인 우거왕을 살해하고, 최후까지 항전하고 있던 장군 성기를 주살하고 왕검성을 한나라군에게 내어주었다. 이로써 고조선은 기원전 108년

---

* 何去至界上 臨浿水 使御刺殺送何者朝鮮裨王長 卽渡 馳入塞 遂歸報天子曰 殺朝鮮將 上 爲其名美 卽不詰 拜何爲遼東東部都尉 朝鮮怨何 發兵襲攻殺何

난하

에 멸망하였으며 이 전쟁에서의 패배는 곧 우리 한민족이 오늘날 난
하 지역에서 물러나 만주 지역으로 생활권을 옮겨가는 역사적 결과를
초래했다. 이러한 역사를 아는지 모르는지 난하의 강물은 무심히 흘
러가고 있었다. 만약 이 전쟁에서 고조선이 이 난하와 대릉하 지역을
지켜냈다면 우리의 이후 역사는 어떻게 바뀌었을까?

난하는 발해로 흘러들어 가는 강으로 옛 명칭은 난수澳水(더운물)이
다. 이는 발원지에 많은 온천이 있기 때문에 얻은 이름이다. 澳은 灤
(난)으로 와전되었으며, 灤, 溧은 음이 서로 비슷하여, 후에 당대에 와
서 연화演化되어 난하가 되었다.

수양산과 백이숙제묘

수양산 바라보며 이제를 한하노라

주려 죽을진들 채미도 하난 건가

아모리 푸새엣 것인들 긔뉘 따에 낫다니(성삼문)

난하를 건너 102번 국도를 따라 5㎞ 정도 가서 다시 우측으로 좁은 길로 접어들었다. 수양산과 이제묘를 보러 가기 위해서이다. 중간에 허름한 시골인 마방촌馬坊村을 지나서 수양산에 도착했다. 도착하고 보니 이 산이 과연 수양산인지 눈을 의심하지 않을 수 없었다. 낮고 조그만 구릉(?), 아니 산이라는 이름이 어울리지 않는 아주 작은, 나무도 없는 민둥산이었다. 잘못 찾아온 것 같아 수양산 허리에 난 길을 따라 계속 따라가니 작은 공장이 나왔다. 그 공장에 가서 수양산이 어디에 있는가 하고 물으니 방금 지나온 작은 동산이 수양산이란다. 다시 돌아와 수양산을 바라보니 정말로 보잘것없는 작은 민둥산이었다.

수양산

연암도 수양산에 대해 말하길 "난하의 기슭에 수양산이라는 작은 언덕이 있다"고 했다. 수양산 밑에는 사람들이 버린 쓰레기들이 수북이 쌓여 있는 모습이 보였다.

산에서 내려와 행수촌이라는 마을에 들어와 동네 노인들이 있는 곳에 가서 다시 한 번 수양산을 확인하고 백이숙제묘인 이제묘의 위치를 탐문했다. 모두 이제묘는 없어졌다고 한다. 아마도 문화 혁명 시기에 완전히 없어졌을 것이다. 그럼 그 위치만이라도 알려달라고 부탁하니 77세인 상수영尙秀英이라는 할머니가 그 위치를 안다고 하여 그 할머니를 앞세워 이제묘가 있던 곳으로 갔다. 할머니는 어렸을 때 이제묘를 보았다고 한다. 도착하고 보니 붉은 대문이 굳게 닫힌 공장이 앞을 가로막았다. 이곳이 이제묘가 있던 자리라고 한다. 문을 두드렸으나 아무런 인기척이 없고 안에서는 개들이 요란하게 짖는 소리만 들려왔다.

백이숙제는 은나라 말 주왕의 폭정이 심하여 주나라 무왕이 혁명을 일으키자 무왕의 말 고삐를 잡고 신하로서 임금을 치는 것의 부당함을 간한다. 결국 무왕의 혁명이 성공하여 은나라가 멸망하고 무왕이 즉위하자 백이숙제는 주나라의 곡식을 먹지 않겠다고 수양산에 들어가 고사리를 뜯어 먹다가 굶주려 죽었다.
『사기』「백이열전」에는 백이숙제가 마지막 죽을 때 남긴 다음과 같은 시가 있다. 이것이 유명한 채미가采薇歌이다.

登彼西山兮, 采其薇矣, 以暴易暴兮, 不知其非矣

神農虞夏忽焉没兮, 我安适归矣, 吁嗟徂兮, 命之衰矣

수양산에 올라 고사리를 꺾어 먹누나 폭력으로 폭력을 바꾸니 그 옳고 그름을 모르겠구나

신농 하우의 세상이 이미 사라졌으니 내가 편히 돌아갈 곳은 어디인가. 아아 슬프다. 이제 황천으로 돌아갈 시간이구나

백이숙제가 유교의 표상이 되어 오늘날까지 사람들에게 숭배의 대상이 된 데에는 공자가 백이숙제를 성인으로 찬양했기 때문이다. 『논어』「공야장편」에는 "공자께서 말씀하셨다. 백이와 숙제는 옛날에 다른 사람이 자기에게 악하게 굴었던 일을 생각하지 않았기 때문에 원망하는 일이 드물었다. 子曰伯夷叔齊不念舊惡怨是用希"고 했다. 『논어』「술이편」에서는 자공이 공자에게 물었다. "백이숙제는 어떤 사람인가요?" 공자가 말하길 "옛 현인이다."라고 말했다. 자공이 "원한이 있었나요?" 하고 묻자 공자가 가로되 "인을 구하여 인을 이루었으니 또 무슨 원한이 있겠는가?"伯夷叔齊何人也 曰古之賢人也 曰怨乎 曰求仁而得仁 又何怨라고 했다.

　　수양산과 이제묘가 있는 행수촌을 나올 때는 허무하다는 생각이 들었다. 수양산은 생각과 달리 너무도 초라했고, 더구나 그 밑에는 사람들이 버린 쓰레기가 가득했다. 이제묘는 흔적도 없이 사라지고 그 자리엔 공장의 철문이 굳게 닫혀 있었다.

　　이것은 오늘날의 중국의 상황을 상징하고 있는 듯했다. 중국 정

부는 공자학당을 만들어 전 세계에 유교의 교주인 공자를 떠받드는 듯이 보이지만 실제로 이는 중국의 소프트 파워를 선전하는 것일 뿐이다. 실제로 중국에서 유교의 가치는 수양산 아래에 있는 쓰레기처럼 버려졌다. 도덕보다는 물질적, 경제적 이익을 우선시하는 상황은 마치 도덕을 상징하는 이제묘를 파괴하고 그 자리에 물질적 이익을 상징하는 공장을 세운 것과 같지 않은가!

무왕의 말고삐 잡던 옛사람은 어디 가고
적막한 수양산엔 고사리조차 보이지 않는구나
이제묘는 어디 있는가 흔적조차 찾을 수 없고
텅 빈 산 위로 흰 구름만 헛되이 흘러가누나

풍윤豊潤

　노룡에서 풍윤은 70여 ㎞로 하루의 노정으로는 비교적 가까운 거리였다. 그러나 도로의 상황은 이날도 역시 최악이었다. 엄청난 대형 트럭들이 도로를 완전히 메우고 그들이 뿜어내는 매연과 먼지들이 도로에 가득했다. 편도 1차선은 대형 트럭이 지나가기에도 좁았고, 거기에 자전거 도로까지 거의 없다시피 하여 그야말로 목숨을 건 주행이었다.

　차량을 운전하는 쑨 선생은 이러한 극한적인 교통의 악조건 속에서도 역주행과 끼어들기를 반복했다. 중국 사람들의 일반적인 운전 습관이었다. 이러다간 이곳에서 죽을 수도 있다는 생각이 들었다. 백강 선생이 "이러다간 여기서 죽겠다. 한국으로 무사히 돌아가야 한다. 집에서 집사람이 내가 안전하게 돌아오기를 기도하고 있다. 안전제일!" 하고 소리치니 손 선생도 웃으며 "安全高于一切(안전이 무엇보다도 우선이다)"라고 합창한다.

　점심때 풍윤에 도착했다. 이백易佰 연쇄여점連鎖旅店이라는 여관에 짐을 풀었다. 시간이 많이 남아 점심을 먹고 고려포로 가기로 했다. 연암도 풍윤에서 숙박을 하고 다음 날 고려보로 갔다. 풍윤의 중심에서 고려포까지는 5.8㎞인데 열하일기에서 연암은 풍윤에서 10리를 가

서 고려보에 닿았다고 했다. 청나라의 10리가 5.76㎞이니 정확히 맞
아떨어진다.

슬픈 역사의 고려포高麗鋪

고려포는 당시에 고려보라고 했다. 병자호란 다음 해(1637년) 포
로로 잡혀 온 조선인들끼리 한 마을을 이루어 사는 곳이다. 집들은 모
두 띠 이엉을 엮어 지붕을 덮었으며 산해관부터 이곳까지 천여 리에
논이라고는 없었는데 이곳에서는 갑자기 논에 벼를 심고 있었다. 떡
과 엿 같은 음식에서 고국 조선과 같은 풍습을 가지고 있었다. 가끔
조선의 사신이 지나갈 때면 음식값을 받지 않는 일도 있었고, 고국의
이야기가 나오면 눈물을 흘렸다고 한다.

그런데 말몰이꾼들이 이를 악용하여 마구잡이로 음식을 공짜로
먹고 그릇과 의복을 요구하며 심지어는 물건을 훔치는 자까지 생겨났
다. 사정이 점점 이렇게 되자 그 후부터는 사신단이 와도 음식을 팔지
않고, 팔아도 바가지를 씌우거나 값을 먼저 받곤 한다. 이렇게 되
자 말몰이꾼들도 백방으로 꾀를 내어 사기를 쳐서 분풀이하니 서
로 간에 상극이 되어 마치 원수를 보듯 한다. 하인들은 이곳을 지날
때는 일제히 한목소리로 욕을 하며 "네놈들은 조선의 자손들로 너
희 할애비가 왔는데도 어찌하여

고려포 표지판

나와서 절을 하지 않느냐?"라고 하면, 고려보의 사람들도 맞받아서 욕설을 퍼붓는다. 연암은 사정이 이렇지만, 조선 사람들은 오히려 이곳 고려보의 인심만 나쁘다고 욕을 해대니 한심하다고 썼다.

10년 후 김정중이 사행을 다녀온 후에 쓴『연행록』에도 고려보를 지날 때 느낀 것을 적은 내용이 있다.

세상에서 전하기를, 우리나라 사람이 사로잡혀 이 땅에 와서 그대로 계속하여 살았으므로 '고려보'라 부른다고 한다. 그 가운데에 논이 있는데, 북으로 온 뒤로 처음 본다. 내가 지나갈 때 마을 사람 수십 명이 황량병黃粱餠을 가지고 말 앞을 둘러싸고서 일제히 소리 내어 떡을 사라고 하는데, 떡은 우리나라의 팥떡 모양 같았다. 아아, 너희 조상들이 포로로 잡혀 이곳으로 들어온 환란이 없었던들 너희의 관대冠帶도 내내 우리 일행과 같았을 것이다. 한 번 잡혀 온 뒤부터는 후손이 다 오랑캐의 말이요 오랑캐의 얼굴이니, 아! 애달프도다. 그러나 한 마을을 이루어 옛 나라의 이름(고려)을 잃지 않았으니 기특하기도 하다.

고려포에 도착하니 길 위에 고려포라고 쓰인 팻말이 반갑게 우리를 맞이한다. 큰길에서 골목으로 들어가 고려포의 마을로 들어갔다. 사람들이 많이 모여 있는데 아마도 무슨 공사를 하는 것 같았다. 우선 이들이 고려포에 사는 조선족이 아닐까 하는 생각에 반가움이 앞섰다. 그들에게 다가가 혹 조선족이 아니냐고 물으니 모두 아니라고 한다. 조금 실망했다. 그러면 이곳 고려포에 조선족이 사는가 하고 물으니 아마 한 사람도 없을 것이라고 한다. 조금 더 들어가 할머니들에게 물어보아도 똑같은 대답만 되돌아왔다. 그렇게 몇 군데를 돌아다니며 주민들을 만나 조선 사람을 찾았으나 한 사람도 만날 수가 없었다. 240년 전 조선 사람들이 집거했던 이곳 고려포에 이제는 조선 사람이 한 사람도 없다니, 허허로운 마음에 중국인 가족과 사진 한 장 찍고 나왔다.

나라가 망하니 죄 없는 백성이 포로가 되어
낯선 이곳에서도 겨우 명맥을 유지했구나
기특하다 조선의 백성이여
역사의 슬픔을 안고 있는 고려포
고국에의 향수가 얼마나 깊었을까
조선의 사신이 지나갈 때마다
눈물 흘리며 고향 소식 물었다지
그러나 오늘 찾은 고려포에는
고려 사람은 하나도 없고
고려포라는 이름만 덩그러니 남았네
그들은 모두 어디로 갔을까
역사의 허망함에 마음이 아파
돌아오는 발걸음이 쓸쓸하다

한국식 예절
이날 저녁 식사를 하는데 중국인 두 명은 면을 먹고 우리는 밥에 채소와 고기를 볶은 것을 얹은 요리를 먹었는데 맛은 비교적 거부감

이 없어 맛있게 먹었다. 식
사 시작 전에 중국인 류 선
생이 젓가락을 나누어 주면
서 우리에게 하나씩 던져 주
었는데 이것에 대해 백강(김
종운) 선생이 한마디 했다.
남에게 물건을 줄 때 던져
주는 것은 한국에서는 예의

한국식 예절

가 없는 행동이라고 웃으며 알려주었다. 물론 이런 행동이 중국에서
는 전혀 문제가 되지 않는 자연스러운 행동임을 알고 있지만 그래도
우리가 한국인이기 때문에 알려는 줄 필요가 있다는 생각에서였다.
전혀 중국인의 행동을 비판하려는 것은 아니었다. 한국의 예절이 그
렇다는 것을 알려줄 뿐이었다. 이어 행차(최충현) 선생이 젓가락을 거
두어 다시 나누어 주는 시범을 보였다. 류 선생은 중국 동북 지방 사
람들은 통이 크기 때문에大方 작은 것에 구애를 받지 않는다不拘小節고 하
면서도 다시 젓가락을 나누어 주는데 일부러 더욱 공손히 나누어 주
어 우리는 모두 한바탕 웃고 말았다. 그리고 이후부터는 절대로 젓가
락을 던지는 일이 없어졌고, 오히려 일부러 두 손으로 공손히 드리는
모양을 연출하여 식사할 때마다 이로 인해 웃음을 자아냈다.

옥전玉田

아침 식사를 중국 라면인 홍소우육면紅燒牛肉面으로 때웠다. 오늘은 풍윤에서 계주薊州로 갈 계획이었다. 도로의 상황은 어제보다 훨씬 좋아졌다. 대형 트럭도 거의 보이지 않고 거리는 차량이 없어 한산했다. 짧은 거리에서 이렇게 거리의 상황이 달라질 수 있을까 신기할 정도이다. 중국의 도로는 참 이상하다. 같은 102번 국도임에도 어느 구간은 3차선인가 하면 어느 구간은 1차선으로 좁아지기도 한다. 더구나 가장 차량이 붐비고 혼잡한 구간은 1차선이고 한산한 곳은 3차선이니 이를 어떻게 이해해야 할까.

고인종옥처古人種玉處

옥전에 도착했다. 옥전은 옥이 나는 밭이라는 뜻이다. 그래서 옥전에는 고인종옥처라는 관광 명소가 있다. 옛사람이 옥을 심은 곳이라는 뜻이다. 전하는 바로는 양백옹阳伯雍이라는 사람이 효성이 지극하여 부모가 죽자 무종산에 장사를 지내고 그곳에 집을 짓고 살았다. 무종산은 매우 높은 산으로 산 위에는 물이 없었다. 그는 물을 길어다가 그곳을 지나가는 사람들에게 마시도록 했다. 3년이 지난 후 어떤 사람이 와서 물을 마신 후 한 말의 돌을 가지고 와 양백옹에게 주면서 이를 땅에 심으면 옥이 그곳에서 자라나게 될 것이라고 하였다. 그렇게 하고 몇 년 후에 가보니 정말로 그곳에 옥이 자라나고 있었다고 한다.

　이곳 옥전은 춘추 시대에는 무종자국이었다가 전국 시대에는 연나라의 우북평군이 되었다. 당대에 들어와 고인종옥의 전설에 따라 옥전으로 바뀌었다.

　옥전의 시장 거리에서 고인종옥처가 어디에 있는지 주변 상인들에게 물었다. 마산사麻山寺에 있다고 한다.

　마산사를 찾아갔다. 길을 잘못 들어 이리저리 한참을 헤매다가 겨우 마산사에 도착했다. 작은 마을인 마산사촌을 지나니 마산이라는 큰 산이 나타나고 그 마산에 마산사가 있었다.

마산사

옥전 시장에서의 탐문

마침 그곳에 노인 두 사람이 있어 고인종옥처와 마산사에 대해 물어보았다. 두 노인은 이곳의 향토사에 대해 매우 해박하여 우리에게 자세히 설명해 주었다. 고인종옥처는 마산의 정상에 있다고 한다. 도저히 정상까지는 다녀올 수 있는 시간도 없고 더운 날씨에 올라갈 기운도 없었다. 그냥 앞에 있는 마산사만 보고 두 노인으로부터 한참 동안 마산사에 대해 자세한 설명을 들었다. 마산사는 당나라 시기에 창건된 고찰이다. 명과 청나라 시기에 매우 융성했다고 한다.

진 시옌성金先生과 라오 진老金

중국인 쑨 선생은 처음에는 백강 선생을 진셴성金先生이라고 부르더니 언제부터인지 라오진老金이라고 부르기 시작했다. 진셴성과 라오진의 차이를 물었다. 진셴성은 라오진에 비해 공식적인 호칭이고, 라오진은 더 친밀한 뜻을 가지고 있다고 한다. 쑨 선생이 백강을 라오진으로 불렀다는 것은 백강을 자기의 진정한 친구로 생각하고 있다는 것을 의미한다. 김 선생은 나의 친한 친구라는 뜻이다. 그래서 백강 선생도 앞으로는 쑨셴성孙先生이 아닌 라오쑨老孙으로 부르겠다고 하니 좋아했다. 그래서 오늘부터 우리는 셴성先生이 아닌 라오진, 라오쑨의 친밀한 친구 관계가 되었다.

계주蓟州

별산진別山镇 장날 풍경

옥전에서 20여 ㎞를 지나니 별산진이 나왔다. 별산진은 연암이 갔을 때는 별산점鱉山店으로 불렸던 곳이다. 마침 별산진 장날이었다. 중국에서 장날의 풍경을 여러 번 보았다. 연산관에서 처음 장날의 모습을 보았고, 이후에도 여러 곳에서 장날의 모습을 보았는데 모두 하나같이 우리의 시골 풍경을 연상케 하는 모습이었다. 군고구마 장사의 기계는 우리나라와 비슷하다. 고구마를 한 개씩 통 속에 집어넣고 불 속으로 집어넣어 굽는 방식이다.

별산진 장날

어양漁陽

옥전에서 계주로 오는 102번 국도는 다시 2차선으로 바뀌었다. 계주에 도착하여 어양교漁陽橋를 찾았다. 열하일기에는 어양교 길 왼쪽에 양귀비의 사당이 있고 산 위에는 당나라 때 인물인 안록산의 사당이 있어 서로 마주 보고 있다고 했다. 그래서 연암은 이를 가리켜 더럽고 음란한 사당이라고 하였다.

당나라 현종과 양귀비의 로맨스는 오늘날까지 전해지고 있지만 사실 양귀비는 현종의 아들인 수왕의 비이기도 하여 현종과는 시아버지와 며느리의 관계였다. 그리고 양귀비와 안록산은 겉으로는 모자 관계였지만 사실은 안록산이 입궁하면 양귀비와 밤을 지내는 날이 많아 추문이 끊이지 않았다.

어양교를 찾으려 하였으나 누구도 어양교를 아는 사람이 없었다. 지도에도 나오지 않는 것으로 보아서는 어양교가 없는 것이 분명하

고어양과 어양고가

다. 양귀비 사당 역시 아는 사람이 없었다. 부근에 옛 어양古漁陽이라고 쓴 팻말이 붙어있는 성루가 보였다. 여양은 계주薊州의 옛 이름이다. 그 옆에는 어양고가漁陽古街라는 패루가 있는데 그 안으로 들어가니 넓은 길 양쪽으로 옛 모습의 건물들이 들어서 있었다.

독락사獨樂寺

독락사를 찾아갔다. 연암도 계주에 와서 독락사를 다녀왔다. 그가 관음각을 보고 쓴 내용이 『열하일기』에 기록되어 있다. 독락사는 천년고찰이지만 정확히 언제 건축되었는지는 알 수가 없다. 안록산이 당에 반란을 일으킬 때 이 절에서 기병하였으며 전하는 바로는 그가 백성들과 더불어 즐거워하지 않고 혼자 즐거워했기獨樂 때문에 독락사獨樂寺란 이름이 생겼다는 일설이 있다.

앞에 있는 거대한 2층의 관음각은 1층에는 구족원성具足圓成이란 편액이 있고 2층에 관음지각觀音之閣이라고 쓰인 편액이 있다. 관음각

독락사

안에 있는 불상은 16m의 관음보살상이 있다. 사면의 벽에는 16나한 상, 산과 숲, 물, 구름과 세속적인 주제의 그림이 그려져 있는데 이는 명대에 그려진 것으로 비교적 잘 보존된 상태이다.

관음각 뒤에는 보은원報恩院이 있다. 이는 명대에 창건하여 청대에 중건된 사합원식 건축물이다. 보은원이라는 글씨는 함풍 8년(1959년) 함풍제의 어가가 독락사에 머물렀을 때 이 절의 방장의 요청으로 쓴 글씨이다. 그 뒤에는 삼세불전과 대웅보전이 있는데 삼세불은 사바세 계의 주불인 석가모니불, 서방 극락 세계의 주불인 아미타불, 동방정 유리 세계의 주불인 약사불을 일컫는다는 설명문이 세워져 있다. 관 음각 옆에는 커다란 쇠북이 거치되어 있었다.

방균진邦均鎭

방균진은 연암이 이곳을 지날 때는 방균점이라고 했다. 연암은 이곳에서 하룻밤을 머물고 삼하로 들어갔다. 계주 북쪽에 있는 빈산

방균진

의 남록에 있는데 연암은 반산이 절경이 많다고 해서 한번 가보고 싶었으나 같이 갈 사람이 없어 가지 못한 것을 애석해 했다. 우리도 반산을 보지 못하고 그저 방균진邦均鎭을 지나갈 수밖에 없었다. 길가에 세워진 '경동제일진 방균京東第一鎭 邦均'이라고 쓰인 패루가 눈에 들어왔다. 북경 동쪽에서 제일가는 고을이라는 뜻이다.

구하泃河

삼하에 들어가기 전에 구하를 건넜다. 구하는 이전에 호타하滹沱河라고 했던 강이다. 연암도 호타하를 배를 타고 건너 삼하로 들어갔다고 했다. 예전에는 강물이 많았을 터인데 지금은 강폭도 그리 넓지 않고 강물도 깊지 않아 보였다. 수중을 지나서 건넜던 강도 구하狗河인데 글자가 약간 다르다.

구하

중국의 장관, 구호

『열하일기』에는 중국의 장관이 무엇인가를 자문하는 글이 나온다. 이때 일등 선비는 도무지 아무것도 볼만한 것이 없다고 말한다고 했다. 왜냐하면 황제가 변발했고, 대신들이 변발했고, 만백성이 변발했으니 이러한 되놈의 나라에 볼만한 것이 없다는 것이었다.

연암은 스스로 삼류 선비임을 자처하면서 중국의 장관은 깨진 기

각종 표어들

왓조각과 냄새나는 똥거름에 있다고 말한다. 깨진 기왓조각과 똥거름은 비록 쓸모없고 더러운 것 같지만 중국에서는 이를 잘 활용한다는 의미일 것이다.

과연 우리가 본 중국의 장관은 무엇인가? 그것은 아마도 중국 어디에서나 볼 수 있는 구호가 아닐까 한다. 중국은 구호와 표어의 나라이다. 시골의 쓰러져가는 담벼락에서부터 번화한 도시의 거리에 이르기까지 어디서나 눈에 띄는 것이 구호이다. 그 구호의 내용이야말로 중국의 국가주의를 상징하고 있다. 가장 눈에 띄는 것이 '검은 세력을 타도하고 악의 세력을 제거하자打黑除惡'와 사회주의 핵심 가치관의 표어이다. 그 밖에 위대한 "중화 인민 공화국 만세"라든지 "시진핑 시대의 위대한 사회주의 기치를 높이 들자", "적극적으로 고발하면 유공이고 숨겨주고 비호하면 불법"이라는 표어도 있다.

이런 표어들을 보면서 두 가지 생각이 든다. 하나는 중국은 불안한 나라라는 생각이다. 검은 세력과 악의 세력이 얼마나 많기에 가는 곳마다 이런 표어가 붙어있는지 모르겠다. 게다가 적극적으로 고발해야 하며 숨겨주면 불법이라고 한다. 또 하나는 중국이 인민들에 대한 체제 선전을 통해 사상 통일을 한다는 생각이다. 사회주의 핵심 가치관과 시진핑과 공산당, 국가에 대한 선전이 그것이다. 이러한 국가주의는 인민의 자유와 인권을 제약할 수밖에 없을 것이다. 중국은 대국이기는 하지만 선진국은 아니다.

통주 通州

　　오늘 주행 계획은 풍윤에서 옥전을 거쳐 계주까지 80㎞의 노정이었지만 예상외로 빨리 삼하에 도착하자 그대로 계주를 거쳐 통주까지 직행하기로 했다. 그러다 보니 오늘 하루 주행 거리는 무려 138㎞가 되었다. 하루 주행 거리로서는 그야말로 초인적인 거리이자 지금까지의 하루 주행 거리 중 가장 먼 거리이다.

　　『열하일기』에 의하면 계주의 술맛은 북경 동쪽에서 으뜸이어서 한 술집에 들어가 취하도록 실컷 마셨다고 하는데, 우리는 더운 날씨와 피로감으로 술맛을 제대로 볼 여유가 없다. 그저 식사할 때마다 시원한 맥주만 찾아 마셨다. 저녁 6시에 겨우 통주에 도착하여 신통新通 빈관이라는 아주 누추한 여관에 방을 정했다. 방은 좁고 환기도 제대로 되지 않았으며 퀴퀴한 냄새가 났다. 그러나 방값이 저렴하고 무엇보다도 공안의 등록이 무사히 지나간 것에 감사했다.

신통빈관

저녁에는 여관 길 건너에 있는 섬로한陝老漢이라는 섬서 식당에서 식사했다. 식사하면서 맥주잔을 들고 한국어와 중국어로 "우리는 친구我们都是朋友"라고 외치며 건배했다.

단동丹東을 출발한 지 벌써 17일이 지났다. 그동안 중국인과 우리는 진정한 친구가 되었다. 많은 어려움 속에서도 중국인 류 선생과 쑨 선생은 진정한 친구로서 우리를 도와주었다. 만약 그들과 우리가 진정한 친구가 아닌 그저 금전 관계로 맺어진 계약 관계였다면 아마도 벌써 우리 사이에 수많은 갈등이 발생했을 것이다. 육체적인 어려움과 문화적인 차이 속에서도 우리가 이렇게 화합하며 올 수 있었던 것은 그동안 우리가 서로 진정한 친구라는 것을 깊이 느끼고 있었기 때문이었을 것이다.

이 섬서 식당에는 좀 특이한 이름의 메뉴가 하나 있다. 이곳뿐만 아니라 풍윤에 있는 섬서 식당에서도 똑같은 이름의 국수 메뉴를 본 적이 있다. 우리가 보기에는 아마 한자 사전에도 없는 글자일 것이 분명한 아주 복잡한 글씨의 메뉴이다. 한 글자가 무려 58획이나 되는 글자인데 어떻게 발음하느냐고 물으니 '뻥뻥면'이라고 한단다. 일반적인 국수보다 얇고 넓은 국수인데 섬서 지방의 특이한 메뉴 중 하나이다.

뻥뻥면

경항대운하京杭大運河

통주에서 가장 유명한 것은 경항대운하이다. 이 대운하는 아마도 세계에서 가장 길고, 오래된 운하가 아닐까 한다. 만리장성과 함께 중국 고대의 위대한 공사로 일컬어진다. 절강성의 항주에서 시작하여 북경에 이르기까지 무려 1,800㎞에 달한다. 장강, 황하, 전당강, 회하, 해하의 다섯 개의 강을 관통하고 있는 2,500여 년의 역사를 가지고 있는 운하이다. 수양제가 경항대운하를 뚫은 목적은 남방의 양식을 북방으로 수송하기 위해서였다.

연암이 통주에 왔을 때도 이곳에는 수많은 배로 꽉 차 있었으며 그 장관에 압도되어 다음과 같이 술회하고 있다.

강은 넓고도 맑으며 엄청나게 많은 배는 가히 만리장성의 웅대함과 견줄 만하다. 큰 배 10만 척에는 모두 용을 그렸는데 호북의 전운사가 어제 호북의 곡식 300만 석을 배에 싣고 온 것이다. 한배에 올라서 대략적인 제도를 둘러보았다. 선기船旗에는 절강, 산동 등의 배 이름을 크게 써 붙였다. 강을 따라 100리 사이에 배들은 마치 대나무 숲처럼 빽빽하게 들어찼다. 천하의 모든 물건이 모두 이곳 통주로 모여들고 있으니 노하潞河의 선박들을 구경하지 못한다면 이 나라 수도의 장관을 알지 못할 것이다.

이곳에서 정사와 부사 서장관의 삼사가 모두 연암과 함께 그곳에 정박해 있는 배에 올라가 구경하였다. 그리고 배에서 내려와 언덕을 오르니 수레와 말이 길을 메워 갈 수가 없었으며 동문으로 들어가 서문에 이르기까지 독륜차 수만 대가 길을 꽉 메워 몸을 돌릴 곳조차 없었다고 한다.

허균이 삼국 이래 역대의 시를 평한 책인『성수시화』라는 책에 시의 품격을 높이 평한 조선 중기의 이주李胄의 '통주'라는 시가 나온다.

통주는 천하의 빼어난 경치여서 通州天下勝
누각은 구름 뚫고 하늘 높이 솟아있네 樓觀出雲霄
시장에는 금릉의 재화가 쌓이고 市積金陵貨

경항대운하

강은 양자강의 물결과 이어져 있으며 江通揚子潮

차가운 안개 가을 물가에 내려앉고 寒煙秋落渚

외로운 학은 해 질 녘 요동으로 돌아가네 孤鶴暮歸遼

말안장 위의 이 몸은 천 리 나그네라 鞍馬身千里

올라보니 고향 땅 아득하구나 登臨故國遙

경항대운하는 우리가 머물고 있는 여관에서 그리 멀지 않은 곳에 있었다. 그래서 저녁 무렵 걸어서 경항 대운하를 찾았다. 황혼이 짙어 가는 대운하에서는 많은 사람이 낚시하는 모습이 보였다.

시대의 이단아 이탁오李卓吾

이탁오 묘는 통주의 서해자西海子 공원에 있다. 서해자 공원은 통

이탁오 묘

주 북쪽의 큰 공원으로 중앙에는 큰 호수가 있는데 호수 북단에 이탁오 묘가 위치해 있다.

이탁오는 명나라의 사상가로 유교적 사상이 철저히 지배했던 당시의 상황에서 금욕주의와 신분 차별을 강요하는 예교를 부정하고 남녀평등을 주장하는 등 시대와 역행하는 사상을 주장한 특이한 사상가로 유명하다. 그는 유교적 전통과 배치되는 개인의 권리와 자유와 행복이 중요하다고 하며 유교로 인해 타고난 성품을 상실하였으므로 이를 회복하기 위해 자기를 귀하게 여기고 자신의 길을 가도록 힘써야 한다는 개인 행복론을 주장하기도 하였다.

그의 저서에는 장서藏書, 분서焚書 등의 이름을 붙였는데 그는 후일 그의 저서가 금서가 될 것을 미리 암시했다고 할 수 있다. 그의 수많은 저서와 독자적인 성격은 세상에 수용되기 어려웠다. 그는 재능이 너무 뛰어나고 기개가 너무 호방해 빛을 묻고 세속에 섞일 수가 없었다. 결국 그는 반유교적이라는 이유로 유교적 사회에서 쫓겨나 마지막으로 통주에서 체포되어 죽었다.

매화

왕안석

담 모퉁이 매화 몇 가지
추위 무릅쓰고 홀로 피어
멀리서도 눈이 아닌 줄 알겠으니
은은히 향기가 퍼지기 때문이다

墙角数枝梅 凌寒独自开遥知不是雪 为有暗香來

이탁오를 생각하면 2010년 노벨 평화상을 수상했던 류샤오보劉曉波가 생각나지 않을 수 없다. 왜냐하면 류샤오보야말로 21세기의 이탁오이기 때문이다. 류샤오보 역시 이 시대의 중국에서 이단아라고 할 수 있다.

류샤오보도 이탁오처럼 권력에 의해 박해를 받다가 죽었다. 그는 중국의 민주주의 운동가로 천안문 사태가 발생하자 시위에 참여하였으며 공안에 의해 국가전복죄로 여러 번 체포되기도 했다. 2010년 노벨 평화상 수상자로 선정되었지만 교도소에 수감된 상태라 시상식에 참석하지 못했다. 2017년 6월, 간암 말기 판정을 받고 석방되어 심양의 한 병원에서 치료를 받던 중 50여 일 만에 숨을 거뒀다. 그는 민주회 운동뿐만 아니라 유교의 개조인 공자에 대해서도 신랄한 비판을 가했다. 다음은 그의 주장이다.

공자 붐과 공자 아카데미의 열풍은 고전 문화 부흥의 순수한 의도에서 출발한 것이 아니라 중국 공산당이 주도하는 극단적 민족주의의 일환으로 추진되는 불순한 목적을 가진 것이다. 공자는 성인이 아니다. 공자 자신이 상갓집 개 같다고 했지만 결국 한 무제에 의해 유가가 주류 학파가 되면서 황권 독재 체제를 수호하는 문지기 개가 되었다. 중국 문화의 최대 비극은 진시황의 분서갱유가 아니라 한 무제가 백가를 모두 내치고 유가만을 숭상한 것에서 비롯되었다. 공자는 극단적 공리주의자이며 교활하며 미적 영혼과 철학적 깊이가 없을뿐

더러 고귀한 인격, 넓은 도량과 지혜가 부족하다. 공자는 정치가들을
찾아다니다가 실패하자 결국 도덕의 교주가 되었다.

서관에 도착한 밤에는 뇌성벽력과 함께 장대 같은 비가 내렸다. 사신이 묵은 서관은 아직 수리하지 않아 객관의 창호지가 떨어졌으므로 새벽에 찬바람이 들어와 감기가 조금 들어 음식을 먹을 수가 없었다.

…서관에 나흘간 머물고 있을 때 아무런 동정이 없자 모두 황제가 북경에 있는 것으로 여기고 그동안 정사가 길을 재촉하며 고생시킨 것을 원망했다. 그러나 4일 밤, 황제가 조선 사신에게 열하로 오라는 명령을 내렸다는 것을 알고 모두들 경악했다. 이때 사람과 말을 점검해보니 사람은 발이 부르트고, 말은 여위고 병들어서 황제의 생일까지 기일을 맞추어갈 희망이 없었다.

『열하일기』 8월 2일, 5일

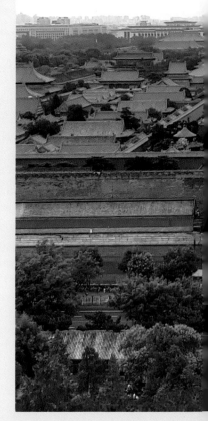

《 6부 》

북경 北京

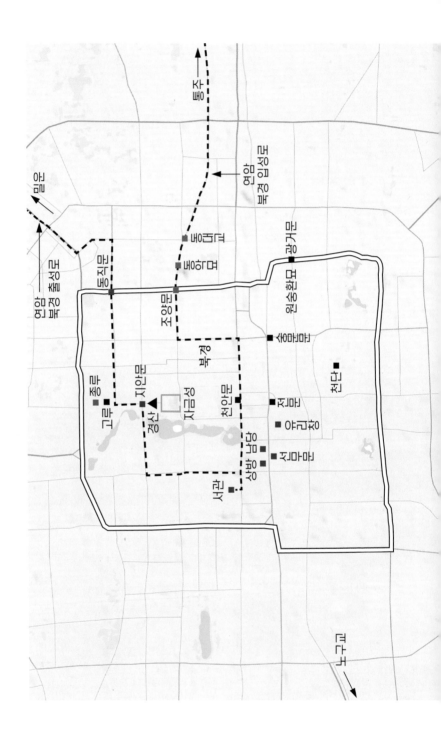

통주의 여관에 머물면서 북경을 구경하기로 했다. 북경 시내는 호텔비가 매우 비싸기도 하고 호텔을 구하기도 어려울 뿐만 아니라 통주는 북경에서 그리 멀지 않기 때문에 지하철로도 쉽게 북경 시내로 들어갈 수가 있기 때문이다. 통주에서 4일간 머물면서 북경을 유람하기로 했다.

역사적으로 본 북경

서진 시대에 주 무왕이 소공을 북경과 그 일대에 봉하면서 이를 '연'이라고 칭했다. 진대에는 현 북경에 계현을 설치했다. 원대에는 '대도'라고 칭했으며 금나라는 '중도'라고 했다. 명 초기의 수도는 남경이었으며 이때 이곳은 '북평'이라고 불렀다. 그러나 영락제가 정난을 일으킨 후 이곳으로 천도하여 처음으로 북경이라고 했다. 1928년 국민정부군이 북벌 완료 후에는 다시 남경을 수도로 하면서 북경을 북평으로 불렀다. 7·7사변 후 일본군이 북경을 점령하고 중화민국 임시정부가 이곳에 성립하면서 북평을 북경으로 바꿨다. 1945년 일본이 항복하자 이곳을 접수한 부대가 다시 북평으로 바꿨다. 1949년 국공내전에서 승리한 공산당이 다시 북경으로 바꿨다. 그 후 북경 주변 지역인 밀운密雲, 순의, 통주通州 등을 북경시에 편입시켰다.

영락제의 반정反正

명의 수도는 태조 주원장이 명을 건국했을 때는 남경이었다. 북경이 명의 수도로 바뀐 것은 북경에 있는 연왕燕王 주체朱棣가 반정을 일으켜 조카인 건문제를 죽이고 명의 황제에 오르면서 북경으로 천도했기 때문이다. 영락제 이후 북경은 명 왕조뿐만 아니라 청 왕조 및 현재까지 중국의 수도가 되었다.

연왕 주체가 정변을 일으켰을 때, 연왕과 건문제 간의 상황은 절대적으로 연왕에게 불리했다. 정치적으로 연왕은 반란군이었으며, 군사적으로도 수적 열세에 처해 있었다. 그러나 건문제에게는 유능한 장상將相이 없어 이 유리한 국면을 활용하지 못했다. 반면 연 측은 불리한 입장에서 연왕의 탁월한 영도와 불요불굴의 정신력과 고난을 무릅쓴 분전을 통해 소수 병력으로 다수 병력을 상대로 연승을 거두고, 마지막에는 대담하게 근거지를 비워놓고 전력을 투입한 '공심전술空心戰術'로 바로 수도인 남경을 함락시켰다. 건문제는 후비后妃들을 모두 궁宮에 가둔 후 불을 놓아 함께 타죽었다. 그래서 명 황제 중에서 유일하게 능이 없는 황제가 건문제이다.

방효유方孝孺, 자신의 절개를 지키기 위해
10족의 멸문지화를 당하다

방효유는 절강浙江의 영해寧海 출신으로 어려서부터 영민해 향인鄕人들은 그를 신동神童이라고 했다. 성장 후 송렴宋濂에게 학문을 배웠고

왕도王道를 밝혀 태평 시대를 이루는 것을 자신의 소임으로 알았다. 건문제는 즉위 후 그를 불러 한림시강을 거쳐 문학박사로 임명해 국가 대사를 묻는 일이 많았고, 또 독서를 좋아하던 건문제는 글귀에 의문이 생기면 그를 불러 설명을 들었다. 신료들과 국사를 논하다가 결정하기 힘든 문제가 있으면 병풍 뒤에 대기하던 방효유에게 비답을 내릴 문구를 써내게 했다. 연군燕軍이 정변을 일으킨 후 토벌 조서나 각종 격문은 모두 방효유의 손에 의해 작성되었다.

연왕이 처음 정변을 일으켰을 때 측근인 승僧 도연道衍은 "방효유는 배운 대로 행동하는 사람이라 우리가 성공하는 날 따르지 않을 것이 분명하지만 결코 그를 죽이면 안 됩니다. 그를 죽이면 천하의 독서인讀書人들이 우리에게 등을 돌릴 것입니다."라고 했고, 연왕도 그 말에 동의했다. 그러나 연왕이 경사京師에 들어간 후 방효유를 불렀지만 응하지 않자 그를 잡아 하옥시킨 후 그의 제자 요용廖鏞에게 그를 설득하게 했지만 요용은 질책을 받고 쫓겨났다. 연왕이 즉위 조서를 쓰려고 할 때 모든 사람이 방효유를 추천하여 그를 불렀지만 방효유는 대성통곡하면서 계단 앞에 멈추어 서서 더 나가지 않았다.

이에 연왕이 "선생은 스스로를 학대하지 마시오. 나는 주공周公이 성왕成王을 보좌했던 일을 본받으려 하는 것일 뿐이요."라고 하자* 방효유는 "성왕(건문제를 지칭함)이 어디에 있습니까?"라고 물었다. 연왕이 "스스로 불에 몸을 던져 죽었소."라고 했다. 이에 방효유가 "그러

---

* 주(周) 무왕(武王)의 아우 주공(周公) 단(旦)은 무왕의 아들 성왕을 보좌하며 봉건(封建) 제도, 종법(宗法) 제도, 정전(井田) 제도 등 각종 제도를 만들었고, 예악(禮樂)을 정비해 주조(周朝)의 통치를 안정시켰다.

방효유 ⓒ弥陀伴我

면 왜 성왕의 아들을 세우지 않는 것입니까?"라고 하자 연왕은 "나라에 성장한 군주가 필요하오."라고 했다. 이에 방효유가 "그러면 왜 성왕의 아우를 세우지 않는 것입니까?"라고 하자 연왕은 "그것은 짐의 집안 문제요."라면서 좌우에 명해 방효유에게 지필紙筆을 주어 "천하에 즉위 조서를 내리려면 선생이 써야만 하겠소."라고 하자 방효유는 붓을 내던지면서 "죽으면 죽었지 조서를 쓸 수 없습니다."라고 했다. 연왕이 강제로 글을 쓰게 하자 방효유는 "연적찬위燕賊纂位"(도적 연왕이 제위를 찬탈했다) 네 글자를 썼다. 이에 크게 노한 연왕은 방효유의 입을 칼로 귀밑까지 찢고 거리에서 사지를 찢어 죽이게 한 다음 그의 일족 9족과 친우 및 그의 제자 등 873명을 포함하여 10족을 모두 죽였다. 유사 이래 9족을 멸했다는 기록은 있어도 10족을 멸했다는 기록은 방효유가 처음이다. 방효유는 죽기 전에 절명사絶命詞 1편을 쓴 후 의연히 죽었다. 이때가 그의 나이 46세였다.

방효유의 이야기는 우리에게 과연 절개가 무엇이고 대의란 무엇인지를 다시 한 번 생각하게 한다. 그는 죽어서 충절지사라는 이름을 남겼지만 그 때문에 무고하게 죽은 8백여 명의 목숨은 무엇이란 말인가.

우직지계迂直之計, 멀리 돌아가는 길이 오히려 가깝다

『손자병법』「군쟁」 편에 우직지계라는 말이 있다. 우직지계란 멀리 돌아가는 길이 늦게 도착하는 것처럼 보여도 실은 그 길이 곧바로 질러가는 길보다 오히려 빠른 길이 된다는 뜻이다.

후금이 북경을 침공하기 위한 가장 빠른 길은 요서회랑의 금주, 영원과 산해관을 통해 북경으로 직행하는 것이다. 그러나 그 길에는 원숭환이라는 당대의 영웅이 지키고 있고, 산해관이라는 난공불락의 요새가 버티고 있었다. 이에 홍타이지는 이곳이 아닌 다른 진출로를 고려하지 않을 수 없었다. 요서회랑을 우회하여 북쪽으로 장성의 허점이 있는 곳을 돌파한 후 북경으로 직접 진출하는 방안을 강구하였다. 후금군이 산해관을 우회하여 북쪽에서 북경으로 남하한 이 전략이 바로 손자가 말한 우직지계라고 볼 수 있다. 이 전략은 비록 원거리 우회 기동이 필요하지만 적의 의표를 찌를 수 있는 장점이 있었다. 그러나 한편으로는 위험한 작전이기도 했다. 만약 후방을 차단당한다면 그들의 본거지인 심양으로 돌아갈 수 없기 때문이다. 홍타이지는 과감히 이 전략을 택했다.

천총 3년 10월 2일, 서기 1628년. 홍타이지는 심양을 출발하여 팔기병과 몽고병을 이끌고 요서회랑을 우회하여 몽고 지역을 통과하여 장성의 약한 지역을 통해 북경으로 곧바로 진공하였다. 이에 원숭환 역시 곧바로 북경을 향해 진군하였다.

원숭환이 북경에 들어온 것은 11월 19일로서 홍타이지가 북경에 들어오기 하루 전이었다. 그가 외성의 동쪽 문인 광거문廣渠門 밖에 도착했을 때는 군량도 떨어지고 말 먹이도 없었으며, 군사들은 초겨울의 들판에서 노숙하며 배고픔과 추위에 떨고 있는 상황이었다. 광거문 밖에서 청군과 격전이 벌어졌는데 원숭환은 사졸들 앞에서 직접 적군과 사투를 벌였으며, 사서의 기록에 의하면 그의 갑옷에 맞은 화살이 마치 고슴도치 같았다고 하였다. 그의 갑옷은 중갑이었기 때문에 화살이 뚫지 못했다. 조선의『선조실록』에 이 광거문 밖의 전투에 대해 다음과 같이 기록되어 있다.

적이 광거문에 이르자 원숭환과 조대수 등이 오시부터 유시까지 10차례 격전을 벌였으며 원숭환은 화살을 맞았으나 다행해 승리했다. 적이 30여 리를 후퇴했다. 적이 경사를 공격했으나 함락시키지 못한 것은 원숭환과 조대수 두 장수의 역전의 공이 있었기 때문이다.

북경의 보위전에서 승리한 후 숭정제는 원숭환과 만계, 조대수 등의 장수를 자금성으로 불러 조견하였다. 이때 원숭환은 숭정제에게 군사들이 추위와 배고픔, 노숙 등으로 지쳐있으니 성안으로 들어와 잠시 휴식하게 해달라고 요청했다. 그러나 이때 숭정제는 군졸 한 명도 성안으로 들어올 수 없다고 거절했다.

원숭환의 억울한 죽음과 명의 몰락

후금군은 과거 영원에서 두 번 패한 이후, 원숭환을 경계했는데, 홍타이지는 이번에 또 북경에 침입했다가 원숭환에게 패배하자 원숭환 제거를 위해 반간계反間計를 쓰기로 했다. 홍타이지는 북경 전투 시 몇 명의 태감을 생포하였는데 장수 고홍중과 포승선에게 포획한 태감을 함께 감시케 했다. 홍타이지의 밀계密計에 따라 이들은 마치 원숭환이 청에 항복한 것처럼 말을 주고받아 일부러 명의 태감이 듣도록 했다. 얼마 후 홍타이지가 고의로 간수를 다른 곳으로 보내 태감에게 도주의 기회를 주었다. 이 틈에 도주한 태감이 급히 들은 일을 숭정제에게 보고하자 숭정제는 원숭환을 의심하기 시작했다.

이에 12월 1일 숭정제는 군량 문제를 해결해주겠다며 원숭환을 자금성으로 불렀다. 추위와 배고픔에 지쳐있던 원숭환으로서는 기쁜 소식이었을 것이다. 평대에서 원숭환을 조견할 때 원숭환뿐만 아니라 조대수, 만계 등이 있었다. 숭정제는 원숭환을 만나자마자 해명의 기회도 주지 않고 금의위錦衣衛 옥에 가두었다.

그 이듬해인 1630년 8월 16일 원숭환은 가장 잔혹한 형벌인 책형磔刑으로 북경의 저자에서 처형되었다. 『명사』, 『형법지』에 의하면 명조에서 사형 방법은 두 가지로 교살絞殺과 참수斬首이다. 그러나 원숭환은 규정에도 없는 책형을 받았는데, 원숭환이 받았던 책형은 온몸의 살을 수천 개의 포로 뜨는 끔찍한 형벌이었다. 이렇게 장성을 스스로 허물어버린 명이 망하지 않는 것이 이상한 일이다.

원숭환 사당

반간계에 의해 원숭환이 억울하게 죽은 것은 당시에 밝혀지지 않았지만, 후일 청이 실록을 만들면서 그 진상이 드러나게 되었다. 건륭 47년(1782년) 건륭제가 조서를 내려 원숭환의 억울함을 풀어주었으며 후금이 반간계를 사용했음을 공개했다.

원숭환이 참혹하게 처형된 뒤 형장에 걸려있던 그의 유골에서 밤새 머리를 도난당하는 사건이 발생하고, 그 머리의 행방은 몇 세대가 지나도록 밝혀지지 않았다고 하는데, 150여 년이 지난 뒤에야 진상이 알려졌다고 한다. 여余씨 성을 가진 부하 한 사람이 원숭환의 머리를 훔쳐다가 자기 집 후원에 묘를 쓰고 제사를 지냈으며, 자손들에게 유언을 남겨 여씨 집안은 대를 이어가며 원숭환의 묘를 지키면서 제사를 지내왔다고 한다. 최근까지도 그 17대손인 여유지余幼芝라는 사람이 이 묘를 돌보고 있다고 한다.

현재 원숭환의 묘는 광거문 부근의 광거문 중학교 부근에 있다. 택시를 타고 광거문 중학교 앞까지 갔으나 어디에도 원숭환 묘의 위치를 알려주는 안내 표시판이 없었다. 중학교 앞길 건너에 있다고 했

원숭환 사당

는데 길 건너에는 아파트 단지였다. 울타리 밖에서 아파트 단지 안을 바라보니 그 아파트 단지 안에 원숭환 묘가 있었다.

　아파트의 출입구를 통해 들어가 원숭환 묘로 갔다. 방 안에는 원숭환의 사진이 걸려있고 그 위에 벽혈단심碧血丹心이란 네 글자가 있었다. 일편단심과 같은 뜻이다. 그리고 사면의 벽에는 원숭환과 관련된 여러 가지 자료가 전시되어 있다. 그중에는 여씨가의 17대인 여유지라는 사람의 사진과 기사가 있고, 건륭황제의 조서와 건륭제가 원숭환의 억울함을 풀어주고 청이 반간계를 사용했음을 공개했다는 자료도 있다.

　후원으로 들어가니 숲으로 둘러싸인 곳에 유명원대장군묘有明袁大將軍墓라는 비석이 있고 그 뒤에 원숭환의 묘가 있었다.

　원숭환 묘를 보고 나온 후 근처에 있는 식당에서 점심 식사를 했다. 우연히 들어갔는데 한국식 식당이었다. 원시니로고육原始泥爐烤肉이라는 좀 이상한 이름의 식당이었다. 이곳은 한국인이 자주 찾은 관광지도 아니고 학교 부근의 아파트 단지가 있는 아주 평범한 지역인데 어떻게 이곳에 한국 식당이 있는지 아무리 생각해도 알 수가 없었다. 종업원에게 식당 주인이 한국인이냐고 물어보니

원시니로 불고기집

한국인이 아니고 동북 사람이라고 한다. 식사는 한국식 삼겹살을 구워 먹는 방식이었다. 된장도 있고 채소도 있어서 고기를 마늘과 함께 싸서 먹을 수 있었다. 덕분에 오랜만에 맛있는 식사를 했다. 제법 손님들이 많은 것을 보아서는 중국 사람들도 많이 찾는 것 같았다. 냉장고를 보니 한국의 소주인 '좋은 데이'와 음료수 '아침햇살', '자연은 알로에', '자연은 애플' 등이 진열되어 있었다.

토끼를 잡은 후에 사냥개는 삶는다

천하를 통일하고 한나라를 세운 후, 유방은 그를 도와 전장을 누비던 한신을 비롯한 팽월, 경포 등 수많은 공신을 숙청해버렸다. 오직 지혜로운 장량만이 모든 부귀영화를 마다하고 속세를 떠나 화를 면하였다. 한신은 처형될 때 이렇게 한탄했다.

"토끼를 잡은 후에는 사냥개는 삶게 되고, 새가 떨어지고 나면 좋은 활은 창고에 처박히게 된다. 적국이 멸망하고 나면 지혜로운 신하도 죽는다.狡兎死走狗烹 高鳥盡良弓藏 敵國滅謀臣亡 - 史記 准陰侯列傳"

필요할 때는 사용하지만 이용 가치가 사라지고 나면 필요했던 사람이 오히려 귀찮은 존재 내지는 자신을 위협하는 존재가 되기 때문에 이를 제거하는 일은 역사에서 자주 일어나는 일이다.

청태종이 죽었을 때 뒤를 이은 순치제는 겨우 여섯 살밖에 되지 않았으므로 숙부인 도르곤이 섭정왕이 되었다. 순치 원년 3월 이자성이 북경을 함락시키자 명의 마지막 황제 숭정제는 매산에서 목을 매고 자살함으로써 명이 멸망했다. 이러한 천하의 형세가 급변하는 상황에서 도르곤은 천재일우의 기회가 왔다고 생각하고 군대를 산해관으로 진출시켜 북경을 공략하여 중원을 차지함으로써 천하를 통일하고자 했다. 그리고 마침내 북경으로 들어가 청의 수도를 그곳으로 옮기고 어린 순치제를 심양에서 모셔왔다. 청이 중원을 차지할 수 있게 된 것은 전적으로 도르곤의 공이었다.

북경에 들어온 후 도르곤은 한족의 민심을 안정시키기 위해 명의 관리는 현재의 직책에서 그대로 근무하도록 하고, 백성들은 다시 예전의 생업으로 돌아오도록 했다.官仍其職 民復其業 그리고 자금성을 그대로 보존하여 청의 궁실로 사용했다. 이는 이자성이 북경에 들어와 궁궐을 부수고 백성과 관리들을 착취하고 금은보화를 약탈했던 것과 비교하면 매우 정치적 안목이 있는 조치였다. 도르곤의 정치적 능력에 의해 청은 비교적 순조롭게 안정되었다.

도르곤은 순치 7년에 병사했는데 이때 그의 나이 아직도 젊은 39세였다. 그가 죽었을 때 순치제는 그를 위해 황제의 예로 장사를 치렀다. 시호도 내리고 태묘에도 들어갔다. 그러나 순치제가 친정한 지 2년, 순치제는 도르곤의 죄상을 조사하라는 명을 내렸으며, 이에 따라 도르곤의 16개 죄상이 열거되었다. 이뿐만 아니라 그의 무덤이 파헤쳐지고, 그의 시신은 채찍으로 매질을 당하였다. 태묘에서도 끌어내려지고 시호도 폐지되었다. 왜 그랬을까? 도르곤이 섭정하던 기간 어린 황제는 언제 폐위되어 죽을지 모르는 불안감 속에서 지내지 않았을까? 마음속에 숙부인 도르곤에 대한 두려움과 미움이 자라고 있었던 것은 아니었을까?

청군이 산해관을 돌파할 수 있었던 것은 전적으로 오삼계가 청에 항복했기 때문이다. 아무리 명이 망했다고 해도 난공불락의 요새인 산해관을 돌파한다는 것은 매우 어려운 일이었다. 청태종도 죽을 때까지 결국 산해관을 넘지 못했다. 산해관의 수장인 오삼계가 산해관을 활짝 열고 청군을 북경으로 인도했기 때문에 청군이 북경으로 들어올 수 있었다. 그 후 오삼계는 청의 치하에서 평서왕에 봉해져서 운남 지역을 진수했다. 그러나 강희제에 들어와 삼번을 폐지하자 결국 난을 일으켰으나 결국 형양에서 병사했다.

큰 공을 세우면 목숨이 위험해진다

구약 성경에 다윗이 블레셋과의 전쟁에서 큰 공을 세우고 돌아오자 그의 명성에 시기와 질투를 느낀 사울왕은 다윗을 죽이려고 하였다. 그래서 다윗은 사울왕으로부터 도피하여 수십 년 동안을 도피 생활을 하였다. 이처럼 동서고금을 막론하고 큰 공을 세우고 나면 이를 시기하고 질투하여 그 공을 폄하하거나 죽이려고 하는 일들이 수없이 일어났다. 안으로는 조정의 신하와 군주가 그를 시기하고 질투하며, 밖으로는 적국이 갖은 모략으로 그를 죽이려고 한다. 이순신 장군도 비슷한 경우라고 할 수 있을 것이다.

살이호전 이후 요동의 방어가 심각해지자 명 조정은 낙향해 있던 웅정필을 다시 요동 경략에 임명하였다. 이때 웅정필은 황제에게 요동 방어 대책을 설명한 후 마지막에 다음과 같이 건의했다.

"부디 신臣의 용병을 곤란하게 만들지 못하도록 해주시고, 신이 시기를 놓치지 않도록 해주시고, 신의 기를 꺾지 못하도록 해주시고,

옆에서 신의 팔꿈치를 잡아끌어 방해하지 못하도록 해주시고, 신을 위기 상황에 외롭게 방치해서 신을 그르치고 요동을 그르치고 나라를 그르치게 만들지 못하게 해주시길 청합니다. …"

웅정필은 자기가 후금의 공격을 저지하여 공을 세우게 되면 분명 조정 신하들이 자기를 시기하여 탄핵할 것을 예감하고 이러한 말을 황제에게 했을 것이다. 그러나 결국 그는 요동 지역을 안정시키고 누르하치가 더 이상 침략하지 못하도록 하는 큰 공을 세웠음에도 불구하고 그가 우려했던 대로 전수구변傳首九邊의 참혹한 최후를 맞았다.

명의 마지막 울타리였던 원숭환도 비슷한 말을 했다. 그는 영원 전투에서 승리하여 황제의 신임을 얻게 되자 정신들이 자신을 시기할 것을 우려하여 황제에게 웅정필과 비슷한 말을 했다.

"누가 용맹하게 적을 격파하면 적도 그를 원망하겠지만, 그의 공을 질시하고 미워하는 신하들이 있게 마련입니다. 큰 공을 세우면 그를 비방하는 글이 광주리에 가득 차고, 그를 비방하는 말이 매일 답지하는 것은 예로부터 흔히 있는 일입니다. 성명聖明께서는 정신廷臣들과 함께 부디 지금의 마음이 변하지 않으시기를 바랄 뿐입니다."

그러나 이듬해인 영원 금주 전투에서 대승을 거두었을 때 이 전투의 일등공신은 놀랍게도 당시의 권력자인 환관 위충현이었다. 심지어 위충현의 3살 먹은 손자까지 후작과 백작의 작위를 전공으로 포상받았다. 그러나 정작 이 전투의 총지휘관인 원숭환에게는 아무런 포상이 이루어지지 않았다. 오히려 원숭환을 모함하는 상소가 올라가자 원숭환은 관직을 내려놓고 낙향하지 않을 수 없었다.

후일 위충현이 처형되고 원숭환이 재기용되었을 때에도 "신臣은 요동을 수복하고 지킬 힘은 얼마든지 있지만, 모든 사람의 입을 움직일 힘은 없습니다. 신이 경사를 떠나 1만 리 밖으로 가면 능력과 공을 시기할 사람이 어찌 없겠습니까?"라고 했다. 결국 그는 그의 말대로 홍타이지의 반간계와 조정 신하들의 모함, 그리고 숭정제의 의심을 받아 북경의 저자에서 온몸의 살을 저며내는 혹형을 당한 후 죽었다.

역사 이래로 나라를 구하는 공을 세우는 영웅이 있으면 군주나 조정의 신하들이 그를 시기하여 공을 폄하하고, 심지어는 탄핵을 받아 목숨을 부지하기 어려운 일이 비일비재하다. 큰 공을 세우면 목숨이 위태로워진다.

국공 내전 시 북경 전역, 상병벌모上兵伐謀

국공 내전의 삼대 전역 중 평진平津전역은 북평(당시는 북경을 북평이라고 불렀다)과 천진 일대에서 1948년 11월부터 1949년 1월까지 국민당군과 공산군이 벌인 전역이다. 중국의 수도인 북경을 두고 벌인 전투이기 때문에 매우 상징적인 의미가 있는 전역이다.

국민당군은 서로부터 장가구, 북평, 천진, 당고를 잇는 천여 리의 철도 연변에 병력을 배치하였다. 이는 유사시 철도를 이용하여 천진 외항인 당고를 통해 철수를 용이하게 하기 위한 통로였다. 평진전역의 국민당군의 지휘관은 부작의傅作義였다. 공산당군은 국민당군의 긴 방어선을 차단하여 장가구와 천진, 당고를 고립시키고, 마지막으로 북평을 포위하였다.

부작의의 90만 대군은 포위된 가운데 싸우지도 철수할 수도 없는 상황에 처하게 되었다. 공산군이 북경을 공격한다면 부작의의 대군과 치열한 전투를 벌여야 하며, 이 과정에서 수많은 사상자가 발생하는 것은 물론, 북경 성내에 있는 수많은 문화재가 파괴되는 것은 명약관화한 일이었다. 모택동은 북경의 문화재가 파괴되는 것을 방지하기 위해 1949년 1월 16일 부작의에게 최후통첩을 보내 평화적인 항복을 하라고 하였다. 1월 21일 부작의는 이를 받아들임으로써 공산군은 북경을 무혈 입성하게 되고 북경의 문화재는 아무런 손실을 입지 않게 되었다.

『손자병법』「모공」편에 보면 '상병벌모上兵伐謀 … 기차공성其次攻城'이라는 말이 나온다. 즉 최선의 방책은 적의 계책을 교란하는 것이며, 가장 좋지 않은 방책은 적의 성을 공격하는 것이라는 말이다. 이것이 가장 잘 적용된 곳이 북경전역이다. 북경성을 무력으로 공격하지 않고 적의 계책을 교란함으로써 아무런 손실을 입지 않고 국민당군을 섬멸할 수 있었다.

적의 계책을 교란하고 적의 의도를 알기 위해서는 적 내부에 심어 놓은 간첩을 이용하는 것이 고금의 방법이다. 공산당은 국민당군 내부에 있는 공산 첩자들을 잘 이용했다. 이를 통해 공산당은 국민당의 전략과 의도를 모두 손바닥 들여다보듯이 알고 있었다. 국민당군 내부에는 수많은 공산당원이 고위 직책에 포진되어 있었다. 그들은 공산당이 대륙을 석권하게 되자 비로소 그 신분을 드러냈다. 회해전역에서는 국민당 국방부의 작전처장이자 서주 총사령부의 참모장이었던 곽여귀라는 자도 공산당원이었다. 그의 사위 두율명 장군은 회해전역의 국민당군 지휘관이었다. 심지어 평진전역 사령관인 부작의의 딸도 공산당의 지하당원이었다. 부작의의 딸인 부동란傳冬蘭은 아버지인 부작의의 일거수일투족을 모두 공산당에게 보고했다. 따라서 공산당은 항복을 앞둔 부작의의 심적 변화까지 모두 알고 있었다. 그리고 결국 딸의 권유로 항복하게 된다.

동악묘東岳廟

동악묘는 통주에서 북경 시내로 들어오는 길목인 조양구의 조양문 밖에 위치해 있다. 도교의 사원으로 태산의 산신인 동악대제를 제사 지낸다고 한다. 연암의 일행은 이곳 동악묘에 이르러 심양에 들어갈 때처럼 관복으로 갈아입고 분무관의 반열을 정비했다.

정문에 들어서니 80m의 긴 보도가 있는데 양쪽으로는 소원을 비는 붉은 색깔의 허원패許願牌가 가득 묶여 있었다. 내용을 보면 還家載福(집으로 돌아가면 복이 가득하다.), 心想事成(마음에 생각하는 대로 이루어진다.), 事業發展(사업이 발전한다.)이라고 쓰인 것들이 대부분이었다. 보도를 지나면 향을 피우는 커다란 향로가 있고 그 뒤에는 대악전岱嶽殿이라는 전각이 있다. 대악전 앞에 있는 설명에는 대악전이 원 지치至治 2년(1322년) 처음 창건되었고, 강희 37년(1698년) 화재가 발생하여 1700년에 중건했다고 적혀있다. 동악대제를 제사 지내는 곳인데, 동악대제는 인간의 생로병사와 부귀빈천을 주관한다고 한다. 대악전 뒤에는 전각과 비석들이 있으며 전각 안에는 동악묘東岳廟에 관한 자료와 각종 글씨가 진열되어 있다.

동악묘

원명원國明園

처음 북경 시내로 들어오는 날, 아침 일찍 여관을 나섰다. 아침 7시 30분부터 9시 30분 사이의 러시아워 시간에는 북경 차량 이외의 차량은 시내로 진입이 불가능하다고 한다. 쑨 선생의 차를 타고 북경 시내로 들어왔다. 북경의 아침 하늘은 스모그로 뿌옇다. 원명원은 8시에 문을 열기 때문에 시간적 여유가 있어 북경 올림픽 주 경기장인 니아오차오鳥巢와 북경의 실리콘 밸리인 중관촌, 선수촌 등을 보고 8시에 원명원으로 들어갔다.

원명원은 청 황실의 정원이다. 중국을 정복한 만주족은 원래 북방의 유목 민족으로 북경 지역으로 수도를 옮긴 후 고향인 만주 지역

열강에 의해 파괴된 원명원

과 다른 기후 조건으로 인해 쉽게 적응할 수가 없었다. 특히 여름이 되면 시원했던 만주와 달리 높은 기온으로 고생해야 했다. 그래서 생각한 것이 정원과 피서산장이었다. 승덕承德에 피서산장을 만들어 여름철에는 이곳에서 정무를 보았으며, 북경 근처에는 대규모 정원을 만들어 더위를 피해 정무를 보곤 했다. 원명원은 북경성 밖 10㎞ 지점에 있는 이궁으로 청나라가 가장 융성했던 시기에 만들어졌다. 강희제가 아들인 옹정제에게 하사했던 것을 옹정제 시기에 증축하고 확장하였으며 건륭제 시기에 다시 몇 개의 건축물이 증축되어 광대한 황실 정원이 되었다.

처음 원명원에 들어가니 넓은 호수가 나타났다. 호수 위에는 연잎이 가득했다. 그리고 조금 더 들어가니 파괴된 원명원의 모습이 보였다.

원명원에는 두 개의 과거가 있다. 하나는 중국의 번영을 상징하는 것이고, 다른 하나는 중국의 몰락을 상징하고 있다. 원명원이 건설되었던 강희, 옹정, 건륭 시기는 청조가 가장 번영했던 시기였다. 아마도 당시 전 세계에서 가장 융성했던 제국이었을 것이다. 황제는 천하의 중심이었고, 모든 나라는 황제에게 고개를 숙여 경의를 표해야하는 천하관을 가진 국가였다.

그러나 19세기에 들어서 힘을 잃어버린 청조는 서구 열강의 먹잇감으로 전락했다. 영국과의 양차에 걸친 아편전쟁으로 홍콩을 할양당하고, 일본과의 갑오전쟁으로 대만을 내주어야 했으며, 북쪽으로는 러시아에 만주를 할양하고, 독일에 산동반도를 떼어주어야 했다. 1860년 영불 연합군과 1900년 8개국 연합군이 수도인 북경을 점령할 때 원명원은 파괴되었다. 파괴된 원명원의 모습에는 몰락한 중국의 모습이 있다.

이제 중국은 원명원의 뼈아픈 과거를 뒤로 한 채 다시 비상하려고 한다. 중국의 꿈中國夢이 실현되는 날 한국은 어떤 선택을 해야 할 것인가?

이화원頤和園

원명원을 보고 곧바로 이화원으로 갔다. 이화원은 원명원에서 1km밖에 떨어져 있지 않다. 이화원 역시 청 황실의 정원으로 원명원과 같은 역사적 재난을 겪었다.

1860년 영불 연합군이 북경에 들어와 이화원을 불태우고 파괴했다. 그 후 광서 10년부터 21년(1984-1895년)까지 서태후를 위해 중건하였는데 비용이 부족하여 만수산의 건물과 곤명호 주위에 울타리를 만드는 데 중점을 두어 수리하고 이름을 이화원으로 바꾸고 이궁으로 삼았다. 1900년에 8개국 연합군이 다시 북경으로 들어와 이화원의 문물과 건축물을 파괴했다. 그리고 광서 28년(1902년) 다시 중건했으나 이전의 면모를 회복하지는 못했다.

이화원에는 만수산과 곤명호를 비롯하여 많은 건축물이 있다. 만수산은 60m 정도 되는 낮은 산으로 이 산을 중심으로 많은 건축물이 지어져 있다. 우리가 산에 올랐을 때는 무더위가 심한 한여름이어서인지 울창한 숲에 가려 전망이 보이지 않으니 매우 답답하게 느껴졌다.

장랑長廊은 만수산에서 남쪽으로 내려오면 곤명호가 보이는 곳에 있다. 700여m에 273칸으로 중국 황실 정원뿐만 아니라 세계에서 가장 긴 회랑으로 기네스북에 등재되어 있다고 한다. 주랑走廊의 천장과 옆면은 채색된 그림이 그려져 있는데 주제는 산수, 풍경, 화조, 어충, 인물 등이다.

장랑의 전면에는 넓은 곤명호가 있다. 곤명호는 청대 황실 정원 중 가장 넓은 호수이다. 언 듯 보면 마치 바다와 같다는 생각이 들 정도이다. 호수 가운데 서제라는 긴 제방이 있다. 서제는 항주의 서호를 모방하여 만든 것이라고 한다.

동우銅牛는 곤명호의 동쪽, 십칠공교로 들어가는 입구에 있는 구리로 만든 소의 상이다. 건륭 20년(1755년)에 수재를 진압하기 위해 주조했다고 한다.

십칠공교十七孔橋는 곤명호 위에 설치된 돌로 만든 다리이다. 넓이는 8m이고 길이는 150m이다. 다리는 17개의 아치로 만들어졌기 때

이화원 호수

문에 '17 공교'라는 이름이 붙여졌다. 석교 양쪽 난간에는 500여 마리의 석사자상이 있는데 하나도 똑같은 모양이 없다고 한다.

유리창琉璃廠

통주에서 두 번째 시내로 들어오는 날이다. 쑨 선생 차를 타고 중남해 부근까지 왔다가 경찰에 적발되었다. 쑨 선생은 밖으로 나가 경찰과 이야기를 하고, 우리는 차 안에서 무슨 이유인지도 모르고 기다려야 했다. 결국 쑨 선생은 벌금 딱지를 떼이고 차 안으로 들어왔다. 무슨 일이냐고 물으니 법규를 위반했다고 한다. 북경 시내에는 중남해를 중심으로 순환도로가 5개 있다. 그런데 2환도로 안으로는 경京이란 번호판이 붙은 북경 차량을 제외하고 지방 차량은 진입할 수 없게 되어있는데 잘못 들어왔다는 것이다. 벌점과 벌금을 받았다며 표정이

유리창 서가

밝지 않다.

유리창에서 내려 쏜 선생 차를 돌려보내고 우리끼리 시내를 둘러보기로 했다. 유리창은 서울의 인사동과 같은 지역이다. 『열하일기』에 의하면 유리창은 정양문에서 선무문에 이르기까지 다섯 마을이 모두 유리창이며 국내외의 온갖 재화와 보물들이 모여들고 쌓여있는 곳이라고 하였다. 지금의 유리창은 정양문과 선무문 사이에 있는 화평문 남쪽에 있으니 연암이 잘못 본 것인지 아니면 유리창이 축소된 것인지는 알 수가 없다.

이곳에서 느낀 점은 서울의 인사동은 너무나 현대화되어 한국의 전통적인 아름다움을 찾을 수가 없는 데 반하여 북경의 유리창은 전통적인 모습을 잘 간직하고 있었다. 도로를 중심으로 서가西街와 동가東街로 나누어져 있다. 먼저 우리는 서가를 둘러보았다. 이른 아침이어서인지 인적이 드물고 상점들도 아직은 문을 열지 않았다.

서가에서 동가로 길을 건너는데 육교가 매우 아름답다. 육교조차 전통적인 건축 양식으로 지어진 것이 인상적이었다. 동가로 오니 가게 문을 여는 곳이 여러 곳 있었다. 고서, 서화, 골동품을 취급하는 가게들이 많이 있다. 붓 파는 가게에 들어가 190원 하는 붓을 만지작거리고 있으니 150원까지 깎아 줄 수 있다고 한다. 여관에서 일찍 나오느라 아침을 먹지 않아 주변 가게에서 빵과 우유를 사서 간단히 아침 식사를 했다.

북경 천주교회당, 남당南堂

유리창에서 곧바로 북쪽으로 가니 화평문 사거리가 나왔다. 화평문은 원래 북경성의 외성에 있는 문이었으나 지금은 이름만 남아있고 성문은 없어졌다. 이렇게 이름만 남은 문이 북경에는 꽤 많다. 도시 계획을 하면서, 또는 지하철을 건설하면서 성문이 헐린 것이다.

화평문에서 서쪽으로 한 블록을 가니 선무문 사거리가 나왔는데 선무문 역시 성문이 남아있지 않았다. 그 사거리의 한 모퉁이에 천주 교회당인 남당南堂이 우뚝 세워져 있다. 연암은 남당을 가보지는 않았지만 이곳 선무문에 이르러 남당을 지나간 것으로 기록하고 있다.

남당은 마테오리치가 중국에 와서 처음 세운 천주교회당이다. 교회당 앞에는 마테오리치의 동상이 서 있다. 안으로 들어가니 일요일임에도 불구하고 예배를 보는 사람이 하나도 보이지 않았다. 교회당

남당

문은 굳게 잠겨 있었다. 이곳은 교회당이 아니라 그저 과거의 유적일
뿐이다.

남당南堂은 역사가 오래된 천주교회당이다. 1605년 이태리 신부
인 마테오리치가 이곳에 처음으로 교회당을 세웠으며, 그 후 독일의
선교사인 아담 샬이 다시 대교회당을 지어 이곳을 북경 교구의 교회
로 했다. 1664년 아담 샬이 하옥되자 교회당이 한때 허물어졌다가 강
희제가 다시 중건하였다. 1900년 의화단에 의해 소실되었다가 2년 후
다시 중건되었다.

서관西館의 옛터에서

다시 북쪽으로 한 블록을 가니 서단 사거리가 나왔다. 연암 일행
이 묵었던 서관은 서단 서쪽의 중국은행 본점 건물과 민족문화궁 사
이에 있었다고 한다. 그곳에 도착해보니 지금은 여행사와 같은 사무
실이 차지하고 있었다.

서관 옛터

『열하일기』에서는 서관에 도착했을 때의 상황을 다음과 같이 묘사하고 있다.

서관에 도착한 밤에는 뇌성벽력과 함께 장대 같은 비가 내렸다. 사신이 묵은 서관은 아직 수리를 다 하지 않아 객관의 창호지가 떨어졌으므로 새벽에 바람이 들어와 감기가 조금 들어 음식을 먹을 수 없었다. 서관에 나흘간 머물고 있을 때 아무런 동정이 없자 모두 황제가 북경에 있는 것으로 여기고 그동안 정사가 길을 재촉하며 고생시킨 것을 원망했다.
그러나 4일 밤 황제가 조선 사신에게 열하로 오라는 명령을 내렸다는 것을 알고 모두들 경악했다. 이때 사람과 말을 점검해 보니 사람은 발이 부르트고 말은 여위고 병들어서 황제의 생일까지 기일을 맞추어갈 희망이 없었다.

흔적도 찾을 수 없는 서관의 옛터에서 240년 전의 감회에 젖었다. 한 나라의 사신이 묵을 서관이 수리되지 않아 창호지가 찢어지고 떨어진 방에서 감기가 들어 음식을 먹을 수 없었던 그 당시의 비참한 상황을 생각하니 실로 처량하기 그지없다는 생각이 들었다. 천자의 생일을 축하하기 위해 수천 리 길을 힘들게 와서 천자도 없는 북경의 허름한 객사에서 노심초사했을 당시 조선 사신들의 서글픔이 아프게 전해오는 것 같다. 지금은 비록 사대주의의 옛 왕조 시대의 일방적인 관행은 사라졌지만 과연 한국은 오늘날 중국에 어떠한 위상을 가진 나라인가?

천단공원天壇公園

서단 사거리에서 택시를 타고 천단으로 갔다. 천단 남문에서 입장권을 사려고 하는데 60세 이상은 무료라고 한다. 기분이 나쁘지는 않았다. 지금까지 60세 이상은 반표를 받았는데 무료는 처음이다. 남문으로부터 북문까지 천단을 종으로 관통하여 둘러보았다.

천단이 처음 세워진 것은 명 영락 18년(1420년)이며, 그 후 청 건륭, 광서 때 중수했다. 천단은 명, 청 양대의 제왕이 하늘에 제사를 지내고 오곡이 풍성하기를 기원했던 장소이다. 중간에 담장이 있어 내단과 외단으로 나뉘는데 남쪽 내단의 남북 축선상에 주요 건축물이 집중되어 있다.

• 환구단圜丘壇

남문을 들어서면 곧바로 환구단이 있다. 환구단 앞에는 화표주 6개가 두 개씩 짝을 이루어 마치 패방과 같은 문 세 개가 있다. 그 문을 통과하면 흰 돌로 만든 3층의 커다란 둥근 건축물이 있는데 이것

천단공원 입구 및 환구단

이 환구단이다. 환구단이 둥근 것은 이곳이 하늘에 제사를 지내는 곳이기 때문이다. 옛날 사람들은 하늘은 둥글고 땅은 네모지다_{天圓地方}고 인식했다. 맨 위층으로 올라가면 중심에 둥근 돌이 있는데 사람들이 다투어 이곳에 올라가 사진을 찍거나 기도하려는 사람들이 많이 보였다. 중앙에 있는 돌을 중심으로 부채꼴 모양의 돌 9개를 깔았으며, 또 그 밖으로는 9의 배수로 순차적으로 돌을 깔았는데, 이 아홉의 숫자는 하늘의 수를 상징한다고 한다.

• 황궁우 皇穹宇

환구단에서 북쪽으로 가면 황궁우라는 원형의 아름다운 건물이 나온다. 황궁우는 환구단에서 제사 지낼 때 사용하던 부속 건물이다. 건물 안에는 채색화기 온통 그려져 있는데 모두 용과 봉황이 아름다운 무늬로 가득했다. 동서 양쪽에는 배전이 있는데 동쪽의 배전은 대

황궁우

명신(태양), 북두칠성, 금목수화토의 오성, 하늘의 성신의 위패를 모시는 곳이고, 서쪽의 배전은 야명신(달), 운우풍뢰의 신들의 위패를 모시는 곳이다.

서울에도 환구단과 황궁우가 있었다. 조선호텔 부근에 있는 조그만 녹지는 원래 환구단이 있던 자리로 지금은 황궁우와 석고石鼓만 남아있다. 고종이 대한제국으로 바꾸면서 환구단을 세우고 이곳에서 하늘에 제사를 지내고 황제에 즉위하였다고 한다. 일제 강점기에 환구단을 헐고 조선총독부 철도호텔(지금의 조선호텔)을 지었다.

• **기곡단**祈谷壇
황궁우에서 북쪽으로 가면 기곡단이 있다. 기곡단은 봄에 곡식의

기곡단

신에게 제사를 지내는 곳이다. 주요 건축물로는 기년전祈年殿, 황건전皇乾殿 등이 있다.

기년전은 원형으로 된 3층 건물로 높이가 5.6m이고, 맨 아래층의 직경이 91m이다.

황건전은 기년전 북쪽에 있다. 이곳은 황천상제와 황제의 조상 위패를 모시는 곳이다.

노구교盧溝橋에서

북경 관광의 마지막 날이다. 아침 일찍 여관 부근에서 만두로 간단히 식사했다. 통주의 중창中倉 버스 정류소에서 647번 버스를 타고 팔왕분八王坟 동역東站에서 내린 다음 대왕로大王路 지하철역에서 1호선을 타고 오과송五棵松 남역南站에서 내렸다. 그리고 다시 624번 버스를 타고 노구신교로 갔다. 노구교盧溝橋에는 구교와 신교가 있는데 신교에 내렸으니 구교로 찾아가야 한다. 정류장에서 어떤 여자를 만나 구교를 물

노구교

으니 자기도 구교로 간다고 하면서 같이 가자고 한다. 그래서 그 여자
와 함께 이야기하면서 걸어서 노구교까지 왔다.

성이 장이고 요녕성에서 왔다는 그 여자는 노구교에 대해 미리
많은 연구를 해온 사람인 것 같다. 노구교에 대한 역사뿐만 아니라 노
구교의 난간에 새겨진 사자상 등 세세한 것까지 아주 해박한 지식을
갖고 있었다. 함께 노구교를 걸으면서 많은 도움을 받았다.

노구교는 북경 광안문 밖 서남쪽에 있는 영정하永定河 위에 있는
다리이다. 금대에 건설되었으며 북경에서 가장 크고, 가장 오래된 석
교이다. 다리의 길이는 266.5m이고 11개의 아치로 이루어져 있으며,
다리 양쪽 난간에는 500여 개의 모양이 서로 다른 석사자의 조각상이

있다. 700여 년 전 마르코 폴로는 이곳에 와서 보고는 세계에서 가장 아름다운 다리라고 했다.

노구교의 아름다움을 말할 때 흔히 북경 8경 중에 있는 '노구효월盧溝曉月'이라는 말을 한다. 새벽이 되어 닭이 울고 그믐달이 서쪽으로 넘어갈 때면 노구교의 달빛이 더욱 아름답기 때문에 노구효월이라는 말이 생겼다고 한다. 노구교의 동쪽에는 건륭제가 쓴 노구효월의 시비가 있는데, 일찍이 건륭제가 가을날 이 다리를 건너면서 다리에서 본 경치가 아름다워 쓴 시이다.

완평성

그러나 이같이 아름다운 노구교에는 중국의 아픈 과거가 있다. 중일전쟁의 시발점이 된 곳이다. 1937년 7월 7일 밤, 일본군은 노구교 부근에서 훈련하고 있었다. 이때, 일본군은 한 명의 병사의 실종을 구실로 완평성宛平城으로 들어가 수색하겠다고 중국군에게 요구하였다. 그러나 중국 수비군이 단호히 거절하자 일본군은 마침내 중국 수비군에게 총을 발사하고 또 완평성에 대해 포격을 실시했다. 이에 일본군과 중국군 사이에 교전이 발생하였으며, 이것이 중일전쟁의 시발점으로 이를 노구교 사변, 또는 77사변이라고 한다. 이 노구교 사변이 중일전쟁으로 확대되자 결국 1937년 7월 29일 북평이 함락되었으며, 30일에는 천진이 함락됨으로써 중국의 심장부가 모두 일본의 통치하에 들어가게 되었다.

노구교를 구경하고 나서 곧바로 성문을 거쳐 완평성으로 들어왔다. 마침 비가 내리기 시작했는데 산해관에서 보았던 배수 문제가 이곳에서 또 발생했다. 온 성내가 물바다가 되어 한참이나 비를 피해 있어야 했지만 결국 물은 빠지지 않았다. 완평성에서 버스를 타고 곧바로 전날 갔던 유리창을 다시 갔는데 유리창 역시 완전히 물바다가 되

경산에서 내려다본 자금성

숭정제가 목매 자살한 곳

어 있었다.

경산공원景山公園

천안문 광장과 고궁 주변을 보려고 나온 날은 비가 내렸다. 천안
문 광장에서 고궁으로 가니 마침 그날이 월요일이라 고궁박물관이 휴
관하는 날이었다. 아뿔싸! 사전에 월요일이 휴관하는 날인 줄 알았다
면 일정을 조정했을 것이다. 우리는 중산공원과 북해공원을 거쳐 경
산공원으로 올라갔다. 경산공원에 올라가니 우리가 보려고 했던 고궁
이 한눈에 내려다보였다.

경산은 이전에는 매산煤山으로 불렸던 곳이다. 특히 명의 마지막
황제인 숭정제가 이곳에서 목매달아 자살한 곳으로 유명하다. 1644
년 당시의 정세는 북방에서는 청의 군대가 산해관을 압박하고, 국내

에서는 이자성의 농민군이 북경으로 진군하는 등 명은 양쪽의 전선에서 연전연패하는 상황에 몰리게 되었다. 그리고 결국 이자성의 농민군이 북경을 점령하자 마지막 황제인 숭정제는 자금성 뒤에 있는 경산에 올라 나무에 목을 매고 자살함으로써 명조는 결국 멸망하게 되었다.

숭정제가 목을 매 자살한 곳에는 큰 나무가 하나 있고 그 밑에 '명 사종 순국처'라는 비석 두 개가 세워져 있다.

한국에서도 숭정제를 제사 지내는 곳이 있다. 괴산 화양동에 있는 만동묘萬東廟이다. 만동묘는 임진왜란 때 조선을 도와 원병을 보내준 만력제와 명의 마지막 황제인 숭정제를 모시는 사당이다. 1703년에 건립되었으니 명이 망한 지 60년 후의 일이다. 그만큼 조선의 모화사상은 뿌리 깊다. 이미 사라진 왕조의 황제를 제사 지낸다는 것은 당시 천하를 차지하고 있는 청에 미움을 살 수 있는 일이었다. 그럼에도 불구하고 조선은 청을 오랑캐로 멸시하며 청의 연호 사용하기를 기피하고 이미 멸망한 명의 연호를 계속 사용하고자 했다. 또 중국에서 오랑캐에 의해 중화가 사라졌다고 하며 조선이 스스로 소중화를 자처하였다. 만동묘는 이러한 배경 속에서 생겨났다.

만동묘라는 명칭 자체가 이를 잘 나타낸다. 만동묘는 만절필동萬折必東에서 나왔는데

화양동 만동묘

이는 황하가 만 번 휘어지지만 결국에는 동쪽으로 흘러가듯이 아무리 중국이 오랑캐의 천하가 되었지만 조선은 명을 잊지 않으며 중화를 지키겠다는 뜻이다.

북경의 버스와 지하철

북경에서 버스와 지하철을 여러 번 탄 적이 있다. 통주에서 버스를 타고 지하철로 갈아탔으며, 노구교를 갈 때도 지하철과 버스를 타고 다녔다. 서울의 버스와 지하철과 비교하면 너무도 모든 것이 불편하기 그지없다. 버스는 배차 시간이 너무 길고 언제 도착하는지도 알수가 없다. 서울의 버스 정류장에서 도착 시각까지 친절하게 알려주는 시스템에 익숙한 사람으로서는 답답하기 그지없다. 언제 올지 모르는 버스를 기다리느라 사람들은 차도까지 들어가 목을 빼고 서성거린다. 노구교를 가기 위해 오과송五棵松 남역南站에서 624번 버스를 기다릴 때는 거의 30분 넘게 길에서 기다려야 했다. 순수하게 내가 기다

길가에서 버스를 기다리는 사람들과 북경 버스 안의 보안

린 시간이 30분이니 앞에 버스가 지나간 시간까지 고려한다면 아마도 1시간은 족히 될 것이다. 버스 안에는 보안이 항상 탑승하고 있다. 팔에 완장을 찬 사람이 어느 버스에나 있는데 이들이 하는 일이 별로 없는 것 같다. 이것도 인민을 통제하기 위한 수단인지 의심이 갈 수밖에 없다.

북경의 지하철을 타려면 몸 검색을 받아야 한다. 마치 공항 출국장에서 몸 검색을 받는 것과 똑같다. 모든 가방과 소지품은 검색대를 통과해야 하며 심지어는 휴대한 지갑조차 열어보게 하거나 손에 들고 있는 물병조차도 육안으로 검사하고, 그래도 의심스러우면 휴대한 사람에게 마셔보라고까지 한다. 중국은 공안의 나라이다. 이렇게 하지 않으면 나라가 불안한 모양이다.

고북구 장성 아래는 바로 날고 뛰고
베던 전쟁터로 지금 사해는 전쟁을
하지는 않지만 오히려 주위를 둘러
보면 사방이 산으로 둘러싸이고 수
많은 골짜기는 음산하기 그지없다.
때마침 달은 상현달로 고갯마루에
걸려 넘어가려고 하는데 그 빛이 싸
늘하기가 숫돌에 갈아세운 칼날 같
았다. 조금 뒤에 달이 더욱 고개 너머
로 기울어지자 양쪽의 뾰족한 모습
을 드러내어 홀연히 불빛처럼 붉게
변하면서 마치 횃불 두 개가 산 위에
서 나오는 것 같다. 북두칠성은 반 남
아 관 안에 꽂혔는데 벌레 소리는 사
방에서 일어나고, 긴 바람은 숙연하
여 숲과 골짜기가 함께 운다. 그 짐승
같은 언덕과 귀신 같은 바위들은 창
을 세우고 방패를 벌여 놓은 것 같고,
큰 물이 산 틈에서 쏟아져 흐르는 소
리는 마치 군사가 싸우는 소리나 말
이 뛰고 북을 치는 소리와 같다.

『열하일기』「야출고북구기」 중

고하로

7부

열하 熱河 를

항해

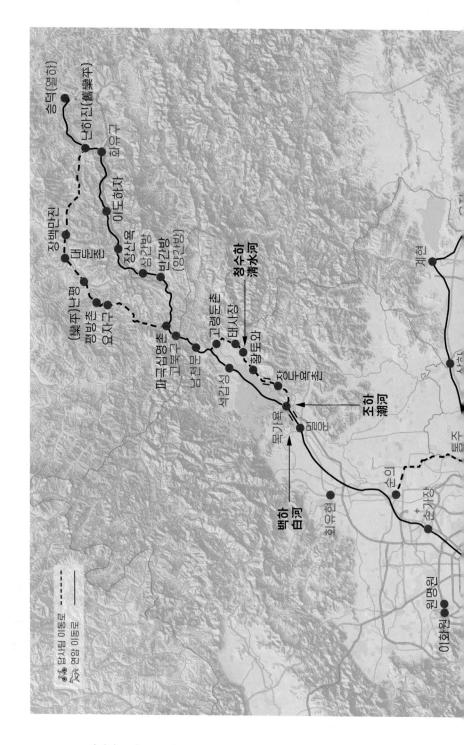

밀운密雲

밀운 가는 길

밀운으로 가기 위해 4일간 머물렀던 통주의 신통빈관을 떠났다. 원래는 북경 시내를 거쳐 밀운으로 가야 하지만 자전거를 타고 시내로 다시 들어가 연암의 길을 따라간다는 것은 불가능하고 또 의미 없는 일이다. 복잡한 북경 시내를 힘들게 통과하여 먼 길로 돌아간다고 해도 연암의 길을 따라간다고 말할 수가 없다. 그만큼 모든 것들이 바뀌었다. 연암은 서관에서 지안문과 동직문을 거쳐 밀운으로 갔다고 했지만 지안문과 동직문은 지금 흔적도 없이 사라졌다. 그래서 통주

밀운가는 길에서 잠시 휴식

에서 직접 밀운으로 가기로 했다.

북경 외곽을 조금 벗어났는데 왕복 8차선의 차도가 막혔다. 경찰이 대로를 가로막았는데 그 이유를 알 수가 없었다. 경찰 차단선 너머 텅 빈 도로에는 도로를 차단할 이유를 찾을 수 있는 그 아무것도 없었다. 그 많은 차량이 모두 샛길로 빠지니 그야말로 교통지옥이 되었다. 그리고 조금 후에 차단되었던 도로가 다시 개통되었다. 왜 차단했는지는 아무도 알려주지 않았다. 경찰이 막으면 인민은 아무 말 없이 그저 순종할 뿐이다. 통주에서 북경 북쪽에 있는 순의順義로 오는 도로는 울창한 가로숫길로 교통이 원활했다.

순의에 있는 현대자동차 공장

순의順義에 도착했다. 순의의 첫인상은 매우 깨끗한 도시라는 인상을 받았다. 순의에는 한국의 현대자동차 공장이 있다. 도로 옆에 있는 현대자동차의 광고탑을 보니 자랑스러운 마음이 들었다. 이런 것들이 국가의 위상을 높이는 것이다. 현대자동차는 '북경현대'라는 상표를 가지고 있다. 그래서인지 북경에서는 현대차를 많이 볼 수가 있다. 특히 택시는 현대차가 많다.

회하를 건넜다. 그러나 회하에는 강물이 하나도 없고 강바닥에는 잡초만 무성했다. 이어 백하白河를 건넜다. 백하 역시 물이 많지 않고 흐름이 끊겼으며, 강물은 녹조 현상으로 짙은 녹색을 띠고 있었다.

연암이 백하를 건널 때는 누런 황토물로 물살이 매우 급했다고 한다. 배를 타고 백하를 건널 때 비바람이 몰아치고 우렛소리가 진동하였으며 옷은 비에 젖어 덜덜 떨지 않는 사람이 없었다. 해는 바야흐로 서산에 떨어지고 날은 저

백하 ⓒ中关村在线

문데 밥을 지을 점방조차 없었다. 당시 연암 일행은 황제가 있는 열하로 가는 일정이 다급하여 밤낮을 가리지 않고 강행군을 할 때였다. 밀운에서도 쉬지 않고 그냥 지나치려다가 강물을 만나 할 수 없이 깊은 밤에 밀운성으로 들어가 집집마다 대문을 두드려서 겨우 숙박을 할 수 있었다.

백하 위에는 백하교가 있는데 양쪽 난간이 하얀 돌로 만들어졌다. 강변에 있는 넓은 공원에는 탁구대가 설치되어 있는데 그 수량이 족히 수백 대가 될 정도로 엄청나게 많다. 백하를 건너 밀운 시내로 들어와 격림호태格林豪泰 주점에 짐을 풀었다. 점심은 호텔 앞에 있는

밀운 격림호태 주점, 한국 식당

식당을 찾아갔는데 생각지도 못한 한국 식당이었다. 북경에 있을 때 원숭환 묘 부근에서 우연히 한국 식당에서 식사한 적이 있었는데 이곳 밀운에서도 우연치 않게 한국 식당을 발견하게 되었다. 오랜만에 국순당 막걸리와 된장찌개, 김치찌개, 꼬리곰탕을 시켜서 맛있게 식사했다.

밀운의 백석령장성

식사 후에 쑨 선생 차를 타고 밀운 일대를 둘러보았다. 밀운 시내를 조금 벗어나니 백석령白石嶺 장성이 나타났다. 이 장성은 북제 시대의 장성을 중수한 것이라고 한다. 장성으로 올라가 사진을 찍었다.

밀운 저수지로 갔는데 저수지

밀운북역

를 보지는 못했다. 밀운 저수지는 북경 시민들의 식수로 사용하기 때
문에 함부로 들어갈 수가 없다고 한다. 시내로 들어와 밀운 기차역을
잠시 들렀다. 기차역은 매우 한산하고 조용했다. 다른 대도시의 기차
역과는 판이하게 다른 모습이었다. 문을 열고 들어가니 검색대가 있
고 공안이 길을 막고 들어오지 못하게 했다. 표를 사야지만 들어올 수
있다는 것이다. 참으로 이상한 나라이다.

사회주의 핵심 가치관

호텔 바로 옆에는 밀운 유치원이 있다. 우연히 길을 지나가다가
유치원 안을 들여다보니 갖가지 정치적 구호들이 건물 벽면을 장식하
고 있었다. "검은 세력을 타도하고 악의 세력을 제거하는 투쟁을 전개

하여 안전한 사회 환경을 만들자. 开展打黑除恶专项斗争创建安全稳定社会环境", "위대한 꿈의 청사진을 그려서 위대한 사업의 신시대를 열어가자. 绘就伟大梦想新蓝图开启伟大事业新时代"라는 글과 함께 사회주의 핵심 가치관 12개가 쓰여 있었다. 도대체 어린 유치원 아이들에게 이런 정치적 구호를 선전하여 어쩌자는 것인가.

이번 중국 여행을 하면서 길거리에서 가장 많이 볼 수 있는 것이 중국의 체제 선전 표어들이다. 그중에서도 사회주의 핵심 가치관이라는 선전물이 가장 많이 눈에 띄는 선전물이다. 사회주의 핵심 가치관은 중국 어느 거리에서나 볼 수 있다. 유치원부터 각급 학교마다 사회주의 핵심 가치관이 쓰여 있다.

사회주의 핵심 가치관은 12가지이다. 부강富强, 민주民主, 문명文明, 화합和谐, 자유自由, 평등平等, 공정公正, 법치法治, 애국爱國, 성실敬业, 신용诚信, 우애友善가 그것이다. 생각해 보건대 사회주의 핵심 가치관이라는

밀운 유치원 벽면의 각종 구호

이 12개의 표어들이 어떻게 사회주의의 핵심 가치관이 될 수 있는 것인지 알 수가 없다. 이것들은 모두 그저 사람들이 갖추어야 할 기본적인 소양이거나 일반적으로 국가가 지향해야 할 것들이지 사회주의와는 밀접한 관계가 없는 것들이다. 이것들이 사회주의 핵심 가치관이라면 그 사회주의는 특별한 가치가 없는 사회주의라고 할 수 있지 않을까? 어떻게 이것들을 사회주의 가치관이라는 이름으로 버젓이 인민들 앞에 홍보하고 있는지 알 수가 없다. 사회주의 핵심 가치관이라는 미명하에 인민을 교육하여 체제에 순응하게 만들려는 저의가 있는 것은 아닌지….

고북구 古北口

고북구 가는 길

연암 일행은 밀운에서 청의 군기대신을 만났는데 열하에 있는 황제가 조선 사신이 오기를 학수고대하고 있으며 반드시 초아흐렛날 아침 이전까지 열하에 도착해야 한다고 알려주고 떠났다. 그날이 초엿새이니 겨우 3일밖에 남지 않았다. 밀운에서 열하까지의 거리가 160여 ㎞ 정도이니 그야말로 밤낮으로 가야 겨우 도착할 수 있는 거리였을 것이다. 게다가 가는 길에 있는 수많은 강물이 일행의 길을 더디게 만들었다. 잠도 자지 않고 강행군을 계속하여 어떤 때는 하룻밤에 아홉 개의 강물을 건넜다고 한다.

이때 역졸들의 모습은 한결같이 맨발에다가 가슴을 풀어헤쳤으며 얼굴은 새카맣게 그을리고 바짝 말랐다. 옷은 해지고 찢어져 볼기짝과 허벅지를 가리지도 못했다고 한다. 그리고 추위와 굶주림, 불면으로 인해 곯아떨어지면 아무리 채찍으로 깨워도 잠시 일어났다가 곧 고꾸라져 잠이 들었다고 한다.

연암은 밀운에서 목가곡穆家峪(穆家峪의 오기)을 거쳐 석갑성石匣城에서 광형하廣硎河를 건너 남천문南天門을 통해 고북구로 들어갔다고 했다. 그

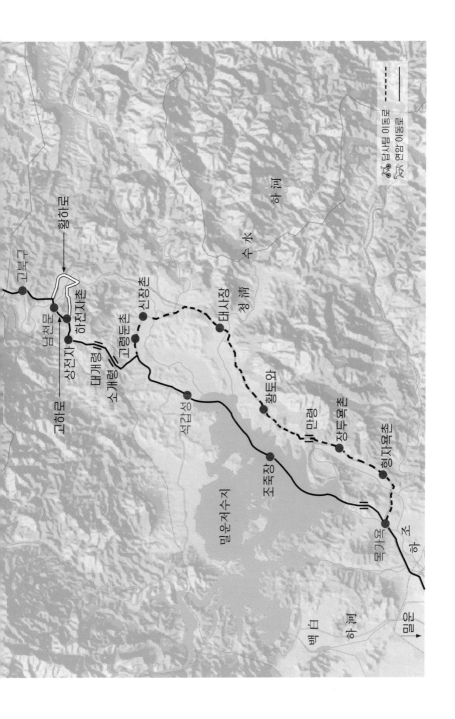

리고 광형하를 일명 백하白河라고 했다. 그러나 이는 아마도 연암이 착오로 기록한 것이 아닐까 생각한다. 남천문을 지나 강을 건너 고북구로 들어갔으며 고북구로 들어가는 강은 백하가 아니라 조하潮河이다.

밀운에서 고북구까지는 101번 도로를 따라가면 60㎞ 정도 되는 거리이다. 우리가 처음 여행 계획을 세웠을 때는 101번 도로를 따라갈 예정이었다. 그러나 밀운을 조금 벗어나 연암이 아침을 지어 먹었다는 목가욕穆家峪을 지나니 밀운 옛길密古路이 나타났다. 우리는 갑자기 원래의 계획을 바꾸어 밀운 옛길로 가기로 했다. 이왕이면 밀운 옛길을 따라 연암이 갔던 목가욕에서 남천문을 통해 고북구로 들어가기로 했다. 그리고 101번 도로의 많은 차량 왕래, 소음과 먼지 비산, 교통사고의 위험성 등을 생각할 때 과감히 이 길을 선택했다. 그러나 누구도

밀운 옛길의 장두욕촌

알 수 없는 길이었다. 중국인 류 선생과 쏜 선생도 연암이 간 길을 알리가 없었다. 오직 백강(김종운) 선생이 이끄는 대로 따라올 뿐이었다. 그러나 연암이 거쳐 갔다는 석갑성으로 가는 길은 밀운 저수지에 수장되어 지도에도 나오지 않아 어디로 가는지 알 수가 없어 우리는 석갑성은 우회하기로 했다. 형자욕촌荊子峪村에서 장두욕촌庄頭峪村, 황토와黃土窯, 청수하淸水河를 건너 태사둔太師屯에 도착하여 이른 점심을 먹었다.

계속 밀운 옛길로 가다가 왼쪽으로 유신로琉辛路, 고상로高上路를 거쳐 황하로黃下路로 접어들어 다시 고하로古下路로 가다가 하전자촌下甸子村 삼거리에서 잠시 휴식을 취하면서 동네 할머니와 이곳의 실정에 대한 대화를 나누었다. 무슨 농사를 짓는가, 이곳 촌의 인구는 얼마인가, 아이들 소학교와 중학교는 어떻게 다니는가 등등을 물어보았는데 할머니는 친절하게 대답해 주었다. 우리가 한국에서 온 사람들이라고 하니 이 동네에도 한국에 일하러 갔다가 온 사람이 있다고 한다.

하전자촌 삼거리에서 왼쪽으로 가면 고하로이다. 고하로부터는 산길이어서 길도 매우 좁고 포장도 안 된 흙길의 고개가 시작되었다. 이 길이 과연 남천문으로 가는 길인지 아니면 중간에 산속에서 길이 끊길 것인지 조금은 의심이 들었다.

고갯마루를 넘어 내려가니 조그만 마을이 나타났다. 지도상 이곳이 남천문이다. 나이가 지긋한 마을 노인이 있어서 이곳이 어디냐고 물어보니 용양촌龍洋村이라고 한다. 다시 남천문이 어디냐고 물으니 이곳에 있다고 한다. 아, 드디어 남천문에 정확히 도착했다.

할머니와의 대담

그 노인은 나이가 62세인 마모화馬
茅華라는 분으로 이곳에서 어렸을 때 남
천문과 남천묘를 보았다고 한다. 그러나
문혁 기간 중에 파괴되었다고 한다. 그
곳이 어디냐고 물으니 우리가 지나온 고
갯마루를 가리키며 저 위에 있는 고개
에 있었다고 한다. 그래서 우리가 그 노
인과 함께 다시 고개로 올라가 현장에서
자세한 설명을 들었다. 남천묘가 있었던 위치, 남천문의 규모 등을 자
세히 가르쳐주었다. 남천문의 높이는 부근에 있는 큰 나무보다도 높
았다고 한다. 마을로 돌아와 그곳에 있는 큰 돌 4개를 가리키며 이것
이 남천묘에서 가져온 것이라고 한다.

남천문에서 나와 산속 길을 지나 조하를 건너 고북구로 들어갔
다. 조하는 건너는 곳이 작은 시내와 같이 물이 적어 건너는 것도 그
대로 길로 연결되어 있으며 물은 길 밑으로 흘러간다.

하전자촌 삼거리

고하로

남천문이 있던 곳

고북구에서

고북구는 원래는 호북구虎北口였으나 당 고조 이연의 조부인 이호의 이름에 호虎라는 글자가 있었기 때문에 당에서는 호북구를 고북구古北口로 바꾸었다. 고북구는 산해관, 거용관居庸关 양관 사이의 장성요새로 요동 평원과 내몽고에서 중원 지역으로 통하는 인후이며 대대로 병가필쟁의 요해처이다. 따라서 고북구를 쟁탈하기 위한 전쟁이 그치지 않았으며, 이로 인해 고북구의 역할은 더욱 중요해졌다.

고북구 오는 길

날씨는 너무도 무더웠고 우리는 지칠 대로 지쳤다. 더 이상 몸을 움직일 수 없는 상태가 되었다. 제일 시급한 것이 몸을 쉴 수 있는 여관을 빨리 정하는 것이었다. 고북구는 예상과 달리 여관이 많지 않았다. 자전거를 길가에 세워놓고 쑨 선생과 백강 선생이 차를 타고 동분서주하며 여관을 찾아보았다. 처음에 간 곳은 농가원이었는데 골목길로 한없이 들어가서 어느 허름한 농가에 있는 집이었다. 우리가 숙박하기에는 너무 멀고 외진 데다가 모든 것이 불편하기 그지없었다. 다시 나와 큰길가에 쾌첩주점快捷酒店이 있어 그곳의 여관을 정하고 휴식을 취할 수 있었다.

늦은 오후에 쑨 선생 차를 타고 고북수진으로 가서 사마대장성司馬臺長城을 보려 했으나 시간이 너무 늦어 그냥 돌아왔다. 호텔 길 건너에 있는 작은 식당에서 저녁을 먹었다.

고북구의 밤

희미한 가로등 아래 가끔 차량의 불빛이 지나갈 뿐, 고북구의 밤 거리에는 오가는 사람들의 발길조차 끊겼다. 마치 죽은 도시와 같이 조용하다. 새카만 밤하늘엔 별들이 반짝인다. 우리가 처음 단동에 도착했을 때 과연 이 험난한 여행을 끝낼 수 있을까 염려와 걱정을 했는데 어느덧 막바지에 들어섰다. 이제 승덕承德까지 가기만 하면 된다. 승덕까지 가는 100㎞에 가까운 산길이 우리의 인내를 시험하는 마지막 고비가 될 것이다.

고북구의 여름밤이 점점 깊어간다. 왠지 모를 쓸쓸함, 흐느낌, 허무함과 같은 복잡한 감정들이 마음을 어지럽힌다. 어느덧 한국을 떠난 지가 22일이 되었다. 그리고 우리는 지금 중국의 역사상 전란이 끊

고북구의 밤

이지 않았던 머나먼 변방 지역에 와 있다. 전쟁의 고통으로 얼룩진 고
북구. 수많은 백성이 이 변방을 지키기 위해 어린 나이에 와서 늙어서
고향에 돌아갔다고 하지 않던가.

열다섯 나이에 군에 종군하였다가
여든이 다 되어서야 고향에 돌아왔다네
길에서 만난 이웃들에게 물어보았지
우리 집에 누가 남아있느냐고
저 멀리 보이는 곳이 그대의 집인데
이제는 송백나무 무덤만 남았다 하네
토끼가 개구멍으로 드나들고
꿩이 지붕 위로 날아가는구나
집 마당엔 조가 자라고
우물가에도 아욱이 무성하네
곡식을 빻아 밥을 하고
아욱을 따 국을 끓여본다
밥과 국이 다 되었는데
이제 누구와 끼니를 때울까나
문을 나서 동쪽 하늘을 바라보노라니
눈물만 하염없이 내 옷을 적시는구나 (십오종군정, 한 악부시)

十五從軍行 八十始得歸 道逢鄉里人 家中有阿誰
遙望是君家 松柏塚累累 兎從狗竇入 雉從梁上飛 中庭生旅穀 井上生旅

葵 烹穀持作飯 采葵持作羹 羹飯一時熟 淚落霑我衣 不知貽阿誰 出門東
向望 淚落霑我衣

국경 지역의 쓸쓸함, 전쟁의 참혹함, 전란 속에서의 이산의 아픔
이 고북구古北口에 있다. 오랜 세기 동안 계속되어온 인간 투쟁의 역사
가 허무하게 느껴지는 고북구古北口의 밤이다.

황폐한 해골이 흩어지고 보루는 이미 평평하게 되었네
한조는 이곳이 전투가 벌어졌던 곳이라고 하네
만고의 원혼들이 이곳에 맺혔으니
바람이 불고 비가 올 때면 전투하는 소리가 들리곤 한다.

荒骨潛銷壘已平, 漢家曾說此交兵°
如何萬古冤魂在, 風雨時聞有戰聲

고북수진古北水鎮

고북수진은 한국의 민속촌과 같이 관광을 위해 조성된 마을이다.
사마대장성司馬臺長城 밑에 있으며, 중국 북방의 민속적 특색을 잘 보여
주고 있는 곳이다. 뒤에는 사마대장성이 있고 안에는 호수가 있다. 특
히 야경이 아름답다고 하는데 보지는 못했다.

사마대장성司馬臺長城

사마대장성은 중국의 수많은 장성 중에서 가장 험한 곳에 축성된

고북수진의 모습

사마대장정

장성이다. 우리가 보기에는 성벽을 축조하지 않아도 산세와 능선이 워낙 높고 험하여 장성의 역할을 충분히 할 것 같다. 이렇게 높은 곳까지 어떻게 벽돌을 운반하여 장성을 만들었는지 이해하기 힘들었다. 만리장성을 축성하기 위해 흘린 백성들의 피와 눈물이 얼마나 많았는지 가히 짐작이 간다. 그래서 고래로 장성에 관한 슬픈 이야기가 수많은 문학 작품 속에 묘사되어 있다. 다음의 시는 장성의 노역장으로 간 남자가 집에 있는 아내에게 자기의 심정을 읊은 시이다. 오죽하면 사내를 낳으면 키우지 말라고 했을까. 한번 가면 그곳에서 죽어야 하는 백성들의 한이 이 시에 서려 있다.

···生男愼莫擧 生女哺用脯
君獨不見長城下 死人骸骨相撑拄··· (음마장성굴행 일부)

아들을 낳으면 절대로 키우지 말고
딸을 낳거든 고기 먹여 잘 키우시오
그대는 장성의 모습을 보지 못했지만
죽은 사람들의 해골이 켜켜로 쌓여 있다오

케이블카를 타고 사마대장성에 올랐다. 위에서 아래를 내려다보니 고북수진의 아름다운 전경이 눈에 들어왔다. 그리고 늘어선 능선 위에는 사마대장성이 마치 용처럼 구불구불 달리고 있다.

북성문北城門

　사마대장성에서 내려와 다시 북성문으로 왔다. 북성문은 고북구의 장성에 있는 관문으로 북쪽으로 가기 위해서는 이 문을 통해야 한다. 연암은 한밤중에 고북구를 빠져나갔는데 아마도 이 북성문을 통해서 나갔을 것이다. 고북구 장성을 지나면서 연암은 깊은 감회에 젖었을 것이다. 그래서 무언가 장성에 자기의 흔적을 남기고 싶어 했다. 캄캄한 밤에 먹을 갈 물을 구하지 못해 가지고 간 술을 부어 먹을 갈고 작은 붓으로 장성의 이끼 낀 돌 위에 흔적을 남겼다. "건륭 45년 경자년 8월 7일 밤 삼경 조선의 박지원 여기를 지나가다"라고 썼다.

　북성문의 편액에는 고도난관古道難關이라는 글씨가 행서체로 쓰여

북성문

약왕묘 문

있다. 장성을 통하는 옛길이며 적이 통과하기 매우 어려운 관문이라는 뜻이다.

북성문을 통과했다. 이미 전날 고북구로 들어올 때 만리장성을 넘었지만 그것은 그저 장성을 헐어내고 새로 건설한 국도를 거쳐 온 것이고, 오늘 북성문을 통과함으로써 공식적으로 우리도 마침내 만리장성을 넘은 것이다.

북성문을 통과하니 바로 우측으로 약왕묘藥王廟가 있다. 매년 음력 9월이면 이곳 약왕묘에서 성대한 행사가 개최된다고 한다. 이곳은 약왕묘뿐만 아니라 관제묘도 함께 있다.

만리장성 단상

만리장성은 진시황이 몽염을 시켜 쌓은 것이다. 북방의 오랑캐인 호胡를 막기 위해 기존에 있던 전국 시대의 장성을 연결하여 쌓았다.

『사기』 권6 「진시황본기」 32년 기록에 의하면 불로초를 구하러 바다로 나갔던 노생盧生이 얻어온 책에 "호胡가 진秦을 망하게 할 것이다亡秦者胡也."라는 글귀가 있었다. 그래서 진시황은 수많은 백성을 강제 동원하여 북방의 호를 막기 위한 엄청난 대역사를 강행했다. 백성들의 고통과 아픔은 무시한 채 왕조의 안위만을 위한 조치였다. 그러나 정작 진나라를 멸망시킨 것은 북방의 호가 아니라 진시황의 둘째 아들인 호해였으니 참으로 역사란 이렇게 허무하기도 하다. 진시황이 호를 막기 위해 만리장성을 쌓았지만 백성들에게 노역을 강요함으로써 그로 인한 내부적 민란에 의해 멸망했다. 진의 방위를 위해 쌓은 장성이 오히려 진을 붕괴시키는 촉진제가 되었던 것이다. 장성이라는 물질적 성벽으로 인하여 정신적 성벽인 내부 단결이 붕괴한 것이다.

1차 대전 후 프랑스는 독일군의 침공을 막기 위해 마지노선의 요새를 쌓았다. 그러나 만리장성처럼 2차 대전 시 프랑스는 마지노선 때문에 독일군에게 패배했다. 10년 동안 쌓은 마지노선이 겨우 1주일 만에 돌파되었다. 마지노 요새만 있으면 독일군이 더 이상 침공할 수 없을 것이라는 안일한 생각이 프랑스군의 방어 능력을 해이하게 만들었다. 즉 마지노 요새의 물질적 방어선 때문에 정신적 방어선이 붕괴되었기 때문이다. 그래서 나폴레옹은 정신력은 물질력의 3배라고 말했으며, 클라우제비츠는 무기가 칼집이라면 정신력은 칼집 속에 있는 칼날이라고 했다.

과연 우리는 어떠한가? 국민들의 안보 의식이 점점 무너지고 있는 현실을 보고 있다. 우리의 경제력을 과신하고 물질적 우세로 안보를 지킬 수 있다고 생각하는 것은 아닐까? 그리고 평화 협정을 맺으면 그것이 평화를 보장한다고 정치인들은 말한다. 과연 그런가?

역사에서 협정이란 일시적인 약속일뿐이며 영원한 평화를 보장해주지는 않는다. 강약의 위치가 바뀌고 상황이 변하게 되면 국가 간의 협정은 한순간에 휴짓조각으로 바뀔 수 있다.

1938년 영국 수상 챔벌린은 히틀러와 평화 협정을 맺고 귀국하면서 '나는 평화를 가지고 왔다'고 외쳤으나 1년 뒤 독일은 폴란드를 침공하여 2차 대전을 일으키게 된다. 1973년 월남전 당시 파리에서 평화 협정이 이루어지고 이로 인해 키신저와 레둑토는 노벨 평화상까지 수상하게 되지만(레둑토는 노벨 평화상 수상을 거부했다.) 1년 후 월맹은 파리 평화 협정을 파기하고 월남을 침공하게 된다. 결국 평화를 지키는 것은 물질적인 힘이나 상호 간에 맺은 협정이 아니라 나라를 지키겠다는 굳은 결의, 즉 안보 의식이다.

난평漯平

연암이 난평에 올 때는 최악의 상황이었던 것 같다. 북경에서 황제가 있는 열하까지 기일에 맞춰가기 위해 잠도 자지 않고 강행군을 해야 했다. 이곳까지 나흘 밤낮으로 오면서 눈 한번 붙여보지 못해 하인 중에는 가다가 잠시 발을 멈추고 잠을 자는 자들도 있었다. 연암도 쏟아지는 잠을 견딜 수 없었다. 후일 집으로 돌아가면 일천 하루를 잠을 자겠다고 할 정도로 피곤하고 잠이 부족하여 걸어가면서 잠꼬대를 할 정도였다. 오랜만에 숙소참에 도착하여 음식이 나왔으나 너무 고달프고 피로하여 숟가락을 드는 것이 천근 무게를 드는 것 같고, 혀를 놀리는 것이 백 년의 세월이 걸릴 듯하여 소주를 마시고 쓰러졌다.

난평 가는 길

우리의 원래 계획은 고북구에서 곧바로 열하인 승덕承德으로 갈 예정이었다. 그러나 날씨는 너무나 무덥고 거리는 자전거로 하루에 가기에는 너무나도 멀었다. 그래서 난평에서 하루를 묵고 승덕으로 가기로 했다. 고북구에서 오전에 사마대장성을 보고 와서 점심을 먹고 난평으로 출발했다.

고북구를 지나면 바로 장성각하음마천長城脚下飮馬川이라는 마을이
나온다. 고북구까지는 북경에 속하지만 장성각하음마천부터는 승덕
시의 난평현에 속한다. 이곳은 대규모의 휴양 숙박 시설이 있는 곳이
다. 장성각하음마천이라는 말은 장성 아래에서 말이 물을 마셨다는
뜻으로 강희제가 승덕으로 갈 때 이곳에서 휴식하며 말에게 물을 먹
인 곳이라고 하여 지명이 음마천이 되었다.

장성각하음마천에서 약 4㎞를 더 가면 파극십영진巴克什營鎭이 나온
다. 파극십이란 만주어 박크시baksi의 음역이다. 이곳에도 공안의 검문
소가 설치되어 있는데 이를 지나니 무장순라武裝巡邏 차량이 대기하고
있는 것이 보였다. 중국에서 무장 압송 차량은 흔히 볼 수 있는 거리
의 풍경 중의 하나이다. 거리에서 무장으로 압송할 일이 많은 모양이
다.

난평으로 가는 길은 한적한 시골길이었다. 101번 도로를 따라 금
산령장성하곡金山嶺長城河谷을 거쳤다. 금산령장성하곡으로 가는 길에는
수많은 깃발이 길가에 세워져 있었다. 중국의 국가 성립 70주년을 기
념하는 깃발인데 이곳 말고도 중국의 여러 곳에서 많이 본 깃발이다.
모두 불망초심不忘初心 뇌기사명牢記使命이라는 두 개의 표어가 쓰여 있다.
건국 초기의 마음을 잊지 말고 사명을 기억하자는 말이다. 그러나 중
국은 이미 건국 당시의 초심을 잃었다. 농민과 노동자가 중심이 되어
혁명을 일으킨 모택동이 세우려 했던 나라는 평등한 세상이었다. 공
산당기에 그려져 있는 망치와 낫은 노동자와 농민을 상징한다. 그러

불망초심 뇌기사명

나 혁명의 주체였던 노동자와 농민은 오늘날 중국 사회에서 완전히 소외된 계층이 되어 거리의 뒷골목을 헤매고 있고, 타도의 대상이었던 자본가들이 판을 치는 세상이 되었다. 그리고 평등한 세상을 꿈꾸었던 혁명의 이상은 오늘날 극심한 빈부격차의 고통 속에 신음하고 있다.

산신촌山神村, 고역도古驛道 등 계곡과 산촌의 연속이었다. 어릴 적 우리가 자랐던 아늑하고 아름다운 시골의 풍경이었다. 큰 삼거리에 도착한 이후 다시 평방향平坊鄕과 요자촌要子村 등을 지나 난평으로 들어와 격림호태 주점에 짐을 풀었다.

난평 시내 중심에는 난하灤河가 흐르고 있는데 그래서 난평이라는 지명이 생겼다. 난평은 하북성 승덕시에 속한다. 고대에는 이곳이 산융이라는 민족이 거주했던 곳이다. 청대에 들어와 황제들이 열하의 피서산장으로 갈 때는 항상 난평을 거쳤다. 강희제부터 함풍제까지 230차례나 이곳을 왕복했다고 한다. 그중 강희제와 건륭제가 가장 많아서 각각 90차례 이상 이곳을 지나갔다고 한다. 그래서 이곳에는 황제가 다닌 옛길이라든지, 행궁터, 역참터 등이 많이 있다.

난평은 중국어의 표준어인 보통화의 고향이라고 한다. 그래서 난
평에는 '普通話之故鄉'이라고 돌에 새긴 팻말이 세워져 있다. 보통화
의 발음을 채집한 곳이라는 뜻인데 쑨 선생은 이를 전혀 처음 듣는 말
이라고 하며 인정하지 않는 눈치이다. 그의 말에 의하면 보통화는 하
얼빈의 발음을 표준으로 한다고 한다. 갈석산에서 만난 그곳 사람과
우연히 보통화 이야기가 나왔는데 그곳 사람도 보통화는 하얼빈의 말
이 표준이라고 했다. 어느 말이 맞는지는 알 수가 없다.

승덕承德

승덕 가는 길

난평에서 승덕으로 출발하는 날의 아침은 오랜만에 날이 흐려서 그렇게 덥지는 않았다. 354번 도로를 따라 얼마를 가니 왕가구王家沟 도로변의 가게 간판에 청진淸眞이라는 말이 많이 보였다. 청진은 이슬람을 뜻하는 말이고, 이슬람 사람을 중국에서는 회민回民이라고 한다. 잠시 그곳에서 자전거를 세우고 휴식했다. 이슬람교를 믿는 회민은 돼지고기를 먹지 않기 때문에 주로 소고기와 양고기만을 취급한다. 이곳에서도 소고기와 양고기를 파는 곳이 많이 있다. 입군立軍 이슬람 양소고기 판매점淸眞牛羊肉店이라는 정육점에서 주인이 거리에서 양고기를 칼로 잘라내고 있었다.

회민 정육점

물어보니 주인은 회민이라고 하며 이곳에는 대부분 회민이 산다고 한다. 생긴 모습으로는 중국 사람들과 구분이 잘되지 않았다. 짐작건대 이슬람 사람들이 이곳에 정착한 것은 아마도 수백 년 아니면 그보다도 더 오래되었을 것이다. 서안에도 이슬람 사원이 있고 이슬람 사람들이 많이 살고 있는데 이들의 조상이 대략 당나라 때부터 서안에 살았으니 이미 천 년이 넘었다. 이처럼 오랜 세월에도 불구하고 자신의 정체성을 잃지 않고 민족성을 유지해 왔다는 것이 새삼 놀랍다.

조금 더 가니 큰 돌에 대둔촌大屯村이라고 쓰인 표시판이 있는 삼거리가 나타났다. 대둔촌에서 우회전하면 112번 도로로 접어들면서 오르막길이 시작된다. 길가에 있는 공사장에서 나는 먼지와 대형 트럭이 지나가면서 내는 소음과 매연이 길에 가득하다. 중국의 도로에서 흔히 만날 수 있는 풍경이다. 계속 올라가니 마침내 950m의 긴 터널이 나타났다. 이번 여행 중에 처음으로 만나는 긴 터널이자 가장 힘들었던 구간이기도 하다. 터널 안은 수많은 차량에서 나오는 매연과 먼지로 가득하여 숨조차 쉴 수 없을 지경이 되었다. 더구나 터널 안의 조명이 희미하여 검은 고글을 쓰고 있으면 앞이 제대로 보이질 않는다. 그래서 고글을 벗으니 이번에는 매연과 먼지가 눈으로 들어와 눈을 제대로 뜰 수가 없었다. 정말로 위험했던 순간이었다. 겨우 터널을 빠져나오니 콧속이 온통 먼지와 매연으로 새카맣게 되었다.

장백만진에 도착했다. 장백만진 역시 다른 중국의 시골 모습과 같았다. 길 양쪽으로 가게들이 늘어서 있고 마을 중앙으로 난 도로에는 차량이 지나가면서 내

난평-승덕간 터널

무열하

는 먼지들로 누렇게 변한 건물들이 들어서 있다.

　마침내 난하滦河를 건너 승덕承德으로 들어와 남쪽에 위치한 승덕
남역 부근에 숙소를 정했다. 나중에 알고 보니 우리가 건넌 강은 난하
의 지류인 무열하武烈河라는 강이었다. 강은 수량이 많지 않아 강바닥
한쪽에는 풀들이 자라고 있었다.

드디어 최종 목적지인 승덕承德에 도착하다

　승덕으로 들어오는 입구에는 단청으로 채색된 커다란 문이 제일
먼저 우리를 맞이했다.

　승덕 남역 부근의 작은 여관에 도착했다. 이로써 우리의 이번 자

승덕 입구

전거 여행의 최종 목적지에 도착한 것이다! 감회가 깊었다. 여관 앞
조그만 공터에서 자전거로 몇 바퀴를 돌면서 스스로 여행의 완주를
축하했다. 총 1,508㎞였다. 생각해 보면 한여름의 지독한 무더위 속
에서, 낯선 중국 땅에서, 30일
동안, 1,500㎞가 넘는 거리를 자
전거로 완주한다는 것은 결코 쉬
운 일이 아니었다. 그러나 우리
는 해냈다.

　우리가 이렇게 완주할 수
있었던 가장 중요했던 요인은 우
리 간에 형성되었던 끈끈한 우정

마침내 승덕에 도착하다.

이라고 할 수 있을 것이다. 중국인 류 선생과 쑨 선생을 포함하여 우리 모두는 어려움 속에서도 변치 않는 우정을 보여주었다. 물론 도중에 약간의 갈등도 있기는 했지만 우리의 우정은 이 모든 것을 덮어주고 이해하고 참아주고 용서하기에 충분했다.

또 공안에게 쫓겨나다

남역 부근에 여관을 정하고 숙박비까지 모두 지불했는데 조금 후에 여관 주인이 공안에게 등록을 하러 가야 한다는 것이다. 그래서 모두 여권을 손에 들고 부근의 파출소로 향했다. 우리의 모습이 정말로 우스웠다. 무슨 면접시험을 보러 가는 사람의 모습이었다. 면접관에게 잘못 보이면 어쩌나 하는 불안한 표정들이 역력했다. 등록에 문제가 없을 것이라고는 했지만 막상 파출소에 와서 보니 그게 아니었다. 무언가 분위기가 심상치 않았다. 결국은 우리 모두는 공안에 의해 그 여관에서 숙박하는 것이 거부되었다. 젊은 여관 주인도 난감한 표정이었다. 그래서 다시 짐을 싸 가지고 여관을 나와 격림호태 주점으로 왔다. 이 호텔은 노룡에서 쑨 선생이 회원으로 등록한 호텔로서 가격에 비해 아주 좋은 호텔이었으며 지금까지 거부된 적이 없는 호텔이었다. 그러나 승덕에 있는 격림호태 주점은 외국인은 숙박할 수 없다고 한다. 지금까지 아무 문제가 없었다고 해도 안 된다는 것이다. 할 수 없이

빈하 호텔

그 호텔 길 건너편에 있는 빈하濱河 호텔로 가서 그곳에서 짐을 풀었다.

피서산장避暑山莊

피서산장은 승덕에 있는 청 황실의 휴양 별장이다. 당시에는 승덕을 열하熱河라고 하였기 때문에 연암의 기행문이 열하일기가 되었다. 열하라는 지명은 이곳이 온천이 많이 있어 온천물이 난하의 지류인 무열하로 흘러들어 가 추운 겨울에도 결빙되지 않고 증기가 솟아오르기 때문에 생겼다. 그 후 옹정 11년(1733년) 선조의 은덕을 이어받는다承受先祖德澤는 뜻으로 승덕 직예주를 설치함으로써 처음으로 '승덕承德'이라는 지명이 생기게 되었다.

피서산장은 1703년 강희제가 만들기 시작하여 옹정, 건륭의 삼대에 걸쳐 건설하였으며 청은 이를 제2의 정치적 중심지인 배도로 삼았다.

피서산장을 만든 목적은 두 가지이다. 하나는 말 그대로 피서를 위한 것이다. 역대 황제들은 더운 여름에는 북경보다는 열하에 있는 피서산장에서 피서하면서 정무를 보았다. 이곳에서 정원을 거닐고 독서도 하면서 천하의 일을 잊고 초탈한 생활을 즐기기도 했다. 두 번째는 지형적으로 험하고 중요한 이곳을 차지하여 북쪽 변방인 몽고 지역을 제압하여 청의 북변을 안정시키기 위한 것이다. 이를 위해 열하 부근에 목란위장木蘭圍場을 설치하여 매년 가을이면 황제가 목란위장으로 가서 수렵하고 군대를 훈련하였는데, 이는 북변 방위를 공고히 하기 위한 목적이다. 연암도 이미 이러한 청 황제의 속뜻을 알고 열하일기에 다음과 같이 썼다.

천하의 근심은 언제나 북방의 오랑캐에게 있다. 그들을 복속시킨 뒤
에도 강희 시절부터 열하에 궁궐을 짓고 몽고의 막강한 군사들을 유
숙시켰다. 중국의 수고를 덜고 오랑캐로 오랑캐를 방비하고자 함이
었다. 이렇게 하면 군사 비용은 절약하면서도 변방을 튼튼하게 하는
것이므로 지금 황제는 그 자신이 직접 이들을 통솔하여 열하에 살면
서 변방을 지키고 있다.

승덕承德에 도착한 다음 날 아침 피서산장을 찾았다. 일기예보에

피서산장

는 비가 온다고 했지만 날이 화창했다. 피서산장 정문 앞에 도착하니
수많은 인파로 인산인해를 이루고 있었다. 그러고 보니 그날이 마침
토요일이었다. 인파에 밀려 제대로 구경하기도, 사진을 찍기도 힘들
지경이었다. 몇 개의 관람 구역을 지나니 호수가 나타났다. 호수 위
에는 노란색의 용주가 떠다니고 있다. 호수를 가로질러 있는 길을 따
라 호수 건너편으로 갔다. 그곳에서 보니 10층의 백탑白塔이 우뚝 서
있다.

황제 접견 장면

연암 일행은 8월 9일 저녁 열하에 도착하여 14일까지 열하의 태
학관에 머물렀다고 한다. 8월 11일 마침내 정사와 부사가 궁궐에 들
어가 황제를 알현하게 되었다. 사신과 세 명의 통사가 황제 앞으로 나
아가 무릎을 꿇었다. 황제가 "조선 국왕은 평안하신가?"라고 물으니
사신이 "평안합니다."라고 대답했다. 또 황제가 "만주말을 할 줄 아는
사람이 있는가?"라고 묻자 통사 윤갑중이 "대략 이해합니다."라고 대
답하자 황제가 측근의 신하들을 바라보고 기뻐하며 웃었다. 이것이
조선 사신과 황제가 접견할 때 대화의 전부이다.

두 달 가까운 시간 동안 2,500리의 먼 거리를 가서 승덕承德에서
황제를 만나는 광경은 허무할 정도로 간단했다. 황제와 겨우 두세 마
디의 간단한 대화만 했을 뿐이다. 이 두세 마디의 말을 주고받기 위해
왕복 5천 리가 넘는 그 험난한 길을 수많은 사람이 그 고생을 했다니,
한마디로 '조선에서도 축하 사절이 왔소'라고 황제의 눈도장을 찍으러
간 것에 다름이 없다.

피서산장의 암투

2차 아편전쟁이 발생하고 영불 연합군이 북경을 침입하여 원명원을 약탈하자 당시 함풍제는 북경을 버리고 열하로 도망쳤다. 그리고 얼마 후인 1861년 8월에 몽진 중인 열하에서 죽었다. 함풍제가 죽기 전 권력을 둘러싼 치열한 암투가 피서산장에서 벌어지고 있었다. 함풍제의 병세가 악화하여 회복될 기미가 없자 슬그머니 딴마음을 품는 자가 있었다. 숙순肅順과 이친왕 재원載垣이었다.

어느 날 숙순은 이친왕에게 말했다.

"폐하의 병세가 위독하여 회복될 가망이 없소. 우리 두 사람이 섭정에 임명하는 조칙을 내리도록 아룁시다. 그런 후 서태후와 황자를 제거해 버리면 천하는 우리들의 것이 아니겠소?"

그리하여 두 사람은 함풍제의 병상으로 갔다. 이때 함풍제는 말도 제대로 못 하는 상태였다. 두 사람은 함께 "소신들을 섭정에 임명해 주십시오."라고 아뢰었으나 함풍제는 승낙하지 않는다는 뜻으로 고개를 저었다. 그런데 이들 두 사람의 행동을 서태후의 심복 환관이 지켜보고 있다는 사실을 그들은 눈치채지 못했다. 이 같은 비밀을 알아차린 서태후는 겨우 3세밖에 안 되는 황자를 데리고 함풍제의 병상으로 들어가 "폐하, 이 황자에게 제위를 물려주실 의향이지요?"라고 말했으나 함풍제는 아무런 의사 표시도 하지 못하였다. 서태후는 즉시 환관을 불러 황제의 조서를 작성하도록 명하였다. 그 조서에는 "황자가 너무 어리므로 동태후와 서태후에게 섭정을 명한다."라고 쓰여 있었다. 이윽고 함풍제가 죽자 숙순과 이친왕은 급히 서태후를 찾아가 말하였다.

"선제로부터 우리 두 사람에게 섭정으로 임명한다는 말씀이 계셨습니다."

그러자 서태후는 문제의 조서를 보이며 "이 조서를 보시오. 황자에게 제위를 물려주고 황자가 너무 어리므로 두 태후를 섭정으로 한다고 쓰여 있지 않소."라고 말했다. 숙순은 눈을 크게 뜨고 조서를 펼쳐보다가 마지막에 미소를 지으며 말하였다.

"이 조서에는 황제의 옥새가 찍혀있지 않습니다. 그러므로 이 조서는 위조가 틀림이 없습니다."

서태후는 무슨 수를 써서라도 옥새를 먼저 차지해야겠다고 생각하여 심복 환관을 불러 함풍제의 빈소에 가서 옥새를 찾아오도록 하였다. 그런데 숙순과 이친왕 역시 옥새를 차지하기 위해 함풍제의 빈소로 향하고 있었다. 옥새를 차지하기 위한 숨 막히는 싸움이 벌어지고 있었다. 서태후의 심복 환관은 아무도 모르는 비밀 통로를 통해 먼저 도착하여 옥새를 손에 넣었다. 결국 이 싸움에서 서태후가 승리하게 되고 당시 3세인 어린 황자가 즉위하니 이 사람이 동치제이다. 이로써 함풍제의 정실인 동태후와 측실인 서태후가 섭정의 자리에 오르고 사실상 서태후가 실권을 장악하게 된다.(『이야기 중국사』)

포탈라궁

연암 일행이 8월 9일 열하에 도착한 후 다음날인 10일 황제는 예부를 통해 조선 사신으로 하여금 티베트 불교의 지도자인 반선을 만나보라고 하였다. 이에 사신은 처음에는 이를 거부하였으나 황제가 다시 즉시 가보라고 엄명하자 마음이 내키지 않았지만 결국 반선을 만나보았다. 유교 국가인 조선의 사신이 불교 지도자를 만난다는 것이 나중에 문제가 될 수 있어서 황제의 명을 거역했지만 결국에는 만나볼 수밖에 없었을 것이다. 사신 일행이 반선을 만난 곳은 포탈라궁의 찰십륜포札什倫布, 즉 수미복수지묘須彌福壽之廟이다.

포탈라궁은 건륭제가 반선 6세를 위해 라사에 있는 포탈라궁과 같은 양식으로 지은 것이다. 이는 티베트와 몽고가 믿는 티베트 불교를 통해 티베트와 몽고를 선무하여 청조의 정치적 안정을 유지하기 위한 목적이다.

사신은 반선을 만날 때는 황제도 머리를 조아려 절을 하기 때문에 사신도 절을 해야 한다는 말을 듣고는 이를 완강히 거부하여 청의 관리와 다투기를 그치지 않았다. 결국 사신은 반선에게 절을 하지 않았다. 반선을 만나고 나올 때 반선은 사신에게 선물로 불상과 융단 등

포탈라궁

의 물건을 주었다. 후일 사신은 북경으로 돌아와 반선에게서 폐백으로 받은 물건을 역관에게 주었지만 역관들도 이를 더럽다고 여기고 은자 90냥에 팔아서 일행의 마두에게 나누어 주어 이 은자로는 술 한 잔도 사 마시지 않았다고 한다. 그리고 사신은 이 불상 처리 문제를 가지고 매우 고민한 것 같다. 이를 버리자니 청나라의 분노를 살까 두렵고, 가지고 귀국하자니 말썽을 일으킬 것이 분명했다. 연암은 조선과 청의 경계인 압록강에 띄워 바다에 버리는 것이 상책이라고 생각했다.

소식을 들은 정조는 귀국길에 묘향산에 안치하라고 하였는데 이로 인해 성균관 유생들은 항의하였고, 사행부사 정원시는 사태의 책임을 지고 사직 상소를 올렸다고 한다.(『조선왕조실록』 1780년 10월)

• 비정碑亭

포탈라궁에 도착하여 처음 본 것은 커다란 비석이었는데 비면이 흐릿해서 글씨를 알아볼 수 없었으나 설명을 보니 건륭제의 친필로 지관보조智光普照라고 쓴 편액이 있고, 그 안에 거대한 비석에 만주문와 한문, 몽고문, 티베트문의 4개 문자로 수미복수지묘비기須彌福壽之廟碑記라고 쓰여 있었다. 내용은 이 묘를 세운 배경을 기술한 것이라고 한다. 비신의 받침대는 비희贔屓라는 신수로 길상과 장수를 상징한다고 한다.

• 유리패방琉璃牌坊

유리패방은 네 개의 기둥에 세 개의 문으로 되어 있는데 기단과

문은 흰 돌로 만들어져 있고 그 위에는 붉은색과 녹색으로 채색되어 있다. 황제가 반선을 만나러 갈 때에는 중앙의 문을 사용하고 기타 관원들은 양측의 문을 사용한다고 한다.

• 만수유리탑萬壽琉璃塔

맨 뒤에는 7층의 팔각형으로 된 만수유리탑이 있다. 탑 맨 밑부분은 8층의 지붕을 얹은 전각이 있으며 탑신이 내부에 있다. 내부의 탑신에는 56개의 무량수불이 상감되어 있다. 이 탑은 건륭제의 만수무강을 빌기 위해 만들어졌다고 한다.

관제묘關帝廟

포탈라궁을 보고 나와 관제묘로 향했다. 관제묘는 피서산장 밖 바로 남쪽 입구에 있다. 조선의 사신이 이곳에서 잠시 쉬기도 하고 옷을 갈아입고 피서산장으로 들어가 황제를 알현했다.

입구에는 무재신이라고 쓴 편액이 걸려있는데 관우는 무예뿐만 아니라 재물의 신이기도 하다. 입구에는 '위대한 중화인민공화국 만세'라고 쓴 붉은 천이 걸려있었다. 10원 하는 입장권을 사 가지고 안으로 들어갔는데 매표하는 여자가 어디서 왔느냐고 하기에 한국에서 왔다고 하니 매우 반가워하며 스스로 안내를 자청한다. 입구에서 들어가니 그곳 복福 자의 큰 글씨가 있는데 이는 건륭제의 친필이라고 설명해준다. 그 뒤로 숭성전을 지나면 넓은 정원이 나오는데 향불을 피우는 곳과 청룡언월도와 같은 병장기가 거치되어 있고, 정면의 전각 안에는 관우의 상이 모셔져 있다. 병장기를 잡아도 되느냐고 하니

관제묘

동묘

괜찮다고 한다. 그래서 청룡언월도를 들고 무예를 겨루는 장난을 하기도 했다. 전각 뒤로 들어가면 피서산장후서비문避暑山莊後序碑文이라는 큰 비문이 있는데 이는 피서산장을 건립한 후에 세운 비문이다.

관제묘는 중국 어디에서나 볼 수 있는 사당이다. 중국뿐만 아니라 동남아와 일본, 한국에 이르기까지 한자 문화권에서는 어디에서나 관제묘를 볼 수 있다. 한국에서 관제묘가 있는 곳은 여러 곳이 있다. 대표적인 곳이 동대문 근처에 있는 동묘이다.

승덕承德에서의 마지막 밤

우리가 계획했던 모든 여행은 승덕에서 끝났다. 연암의 『열하일기』를 따라 힘들게 승덕까지 왔고 이제는 돌아갈 일만 남았다. 마음은 무사히 여행의 목적을 달성했다는 성취감으로 흡족했다.

호텔로 돌아와 다시 차후의 일정을 준비했다. 중국인 류 선생과 쑨 선생은 내일 아침 일찍 쑨 선생의 차량을 타고 심양으로 돌아간다. 그리고 우리는 내일 승덕-심양 간 고속 열차를 타고 심양으로 가서 그들과 합류할 것이다. 호텔 앞에서 쑨 선생의 차에 우리의 자전거를 모두 실었다. 그리고 그들과 깊은 우정의 악수를 나누고 짧은 작별을 했다. 우리 모두는 서로에게 '신쿠러辛苦了(수고했다)'를 연발했다.

어제저녁에 식사했던 원기대과계袁記大鍋鷄라는 식당에 가서 승덕에서의 마지막 저녁 식사를 했다. 우리는 식사를 하면서 술잔을 기울이며 여행의 완주를 자축했다. 이제 모든 게 다 끝났다는 안도감과 성취감으로 약간 들뜬 마음이 되어 기분 좋게 취했다.

호텔로 돌아와 승덕에서의 마지막 밤을 보냈다. 그동안 낯선 중국 땅에서 보낸 26일간의 일들이 주마등처럼 스쳐 갔다. 40도 가까운 무더운 날씨 속에서 때로는 하루에 130㎞가 넘는 초인적인 거리를 자전거로 달리기도 했다.

원기대과계 식당

길을 잃고 헤맨 적도 있었고, 공안에 의해 여관에서 두 번이나 쫓겨나기도 했다. 험난한 고갯길을 수없이 넘기도 하고 맞바람을 맞으며 힘든 주행을 하기도 했다. 입에 맞지 않는 중국 음식으로 고생하기도 했다. 그러나 그렇게 힘들었던 과정 속에서도 서로에 대한 우리의 믿음과 우정은 흔들리지 않았다. 특히 중국인 류 선생과 쑨 선생의 헌신적인 우정은 잊지 못할 것이다.

승덕의 아침 야시

승덕의 밤하늘에는 별빛조차 보이지 않는다. 처음 단동에서 첫날 밤을 보낼 때 단동 시내의 불빛을 바라보며 멀게만 느껴졌던 한국 땅이 지금은 거리로 보면 훨씬 더 멀리 와 있지만 오히려 더욱 가깝게 느껴진다. 공간과 시간의 차이 때문일 것이다. 단동은 공간적 거리는 가까워도 돌아갈 시간이 멀었기 때문일 것이고, 승덕은 공간적 거리는 멀리 있어도 한국으로 돌아갈 시간은 가까이 있기 때문일 것이다. 이런저런 생각에 승덕의 밤이 깊어간다.

다시 단동丹東으로

　승덕을 떠나는 날 아침, 빵과 우유로 간단히 아침 식사를 했다. 그리고 9시 48분 발 심양 가는 고속 열차를 타기 위하여 택시를 타고 승덕 남역으로 갔다. 대합실에 들어갈 때는 공항에서와 같이 몸과 짐 검색을 받고 또 열차표를 확인받아야 한다. 열차표는 실명제로 되어 있어서 표에 각자의 이름이 표시되어 있어서 표에 있는 이름과 타는 사람이 일치하는지를 확인받아야 열차를 탈 수 있다.

승덕남역 고속열차

고속 열차가 출발했다. 중국의 고속 열차는 한국의 KTX와 같이 시속 300㎞가 넘는 엄청난 속도로 달린다. 그런데 이상한 일이 일어났다. 그렇게 고속으로 달리는데도 열차가 달릴 때 생기는 소음과 진동이 전혀 없었다. 이상한 일이 아닌가. 열차란 철로를 달리는 것이고 철로는 당연히 간격이 있어서 이 간격을 통과할 때 진동과 소음이 생기기 마련인데 중국의 고속 열차는 전혀 이런 현상이 없었다. 마치 기차가 붕 떠가는 느낌이 들었다. 자기 부상 열차가 아닌가 하는 생각이 들었다. 그래서 열차가 중간역에 도착할 때 철로를 자세히 관찰했는데 놀랍게도 철로에 간격이 전혀 없이 그냥 하나로 연결되어 있었다. 전 구간이 하나의 궤도로 만들어진다는 것이 가능한 것인가? 그러나 이런 의문은 심양에 도착해서 쑨 선생의 말을 듣고서야 해소되었다. 중국은 철로의 간격을 메워 진동을 없애는 세계 특허 기술을 가지고 있다고 한다. 놀라운 기술이다.

심양沈陽에 도착하여 이전에 심양에 머물 때 숙박했던 소가둔蘇家屯 구에 있는 취아각聚雅閣 상무빈관으로 갔다. 다음 날 아침 류 선생과 쑨

쑨스린선생집

류싱리 선생집 방문

선생이 여관으로 와서 그들과 하루를 심양에서 보냈다. 이전에 심양에 있을 때 가보지 못했던 살이호 지역과 황고둔을 답사하고 서탑에 있는 한국 식당 경회루에 가서 맛있게 한국 음식을 먹었다. 오후에 류 선생과 쑨 선생의 집을 차례로 방문했다. 이는 전혀 생각지도 못했던 일로 두 중국인이 갑자기 우리를 그들의 집으로 데려간 것이다. 두 사람의 집에 가서 그들의 부인과 아이들을 보고 차를 마시며 환담을 하고 왔다. 외국인인 우리를 집으로 초대한다는 것이 쉽지 않은 일인데 이로써 그들의 깊은 우정을 느낄 수 있었다. 너무도 즐거운 시간이었고 이들의 배려에 깊이 감사했다.

그날 저녁 7시에 마지막 작별의 만찬을 했다. 내일이면 우리는 단동으로 갈 것이다. 식사를 하고 술을 마시며 '우리는 친구'라는 구호를 외치며 건배했다. 서로가 그동안의 노고를 치하하면서 술잔을 부딪쳤다. 그렇게 마지막 작별의 시간을 가졌다. 류 선생과 쑨 선생은 우리에게 영원한 친구終生朋友가 되자고 했다. 그래, 우리는 영원한 친구가 되자.

마지막 심양에서의 밤은 비가 내렸다. 마치 우리들의 이별을 하늘도 슬퍼하는 듯이.

다음 날 아침 단동항으로 출발하는 날이다. 쑨 선생의 차에 자전거를 싣고 또 다른 차를 한 대 더 빌려서 우리가 탔다. 류 선생과 쑨 선생 외에 심양에서 사귀었던 양징楊晶 여사가 우리를 배웅하기 위해 함께 타고 단동까지 왔다. 오는 내내 별로 말이 없었지만 30일간 함께 했던 감회가 서로의 마음속에 가득했을 것이다.

단동항에 도착했다. 이제는 정말로 헤어질 시간이 왔다. 우리는 서로 굳게 악수하고 포옹했다. 왠지 마음이 뭉클해지고 눈시울이 뜨거워졌다. 그동안 많은 도움을 주었던 류 선생과 쑨 선생에게 진심으로 감사했다.

뜨거웠던 2019년 여름, 단동에서 우리는 아름다운 우정과 추억을 뒤로하고 인천으로 오는 페리에 몸을 실었다.

단동항

단동항 자전거 승선준비

단동항에서의 마지막 작별(좌우측이 쑨 선생, 류 선생)

연암이 살았던 조선은 중국에 대한 두 가지 모순을 가지고 있었다. 정치적, 문화적인 것과 심리적인 것과의 모순이다. 정치적으로는 천하로서의 중국을 변방국인 조선이 받들어야 했다. 문화적으로도 연암은 청나라의 여러 가지 문물을 조선이 배워야 한다고 생각했다. 그러나 연암뿐만 아니라 당시 조선의 사대부들은 심리적으로는 오랑캐인 청을 되놈으로 멸시했다. 일등 선비는 청나라에서 아무것도 배울 것도, 볼 것도 없다고 한다고 썼다. 실제로는 배울 게 많은 대국이 분명함에도 심리적으로는 아무것도 볼 것이 없다고 강변하고 있는 것이다.

단도항

《 8부 》

여행을
끝내며

중국, 공안의 나라

중국은 공안의 나라이다. 어디에서나 공안이 감시하고 공안이 미치지 못하는 곳에는 공안에 협조하는 인민들이 가득하다. 가까운 친구라도 불온한 행동을 하면 이를 고발한다. 중국은 이를 멸친대의滅親大義라는 말로 정당화한다. 의무려산에 써 있는 표어에는 적극 고발하면 공을 세우는 것이고 숨겨주면 불법積極擧報有功 隱瞞包庇不法이라는 표어가 붙어있는 것을 본 적이 있다.

중국에서는 인민의 모든 것은 공안에 의해 파악되고 통제된다. 중국에서는 어딜 가나 소지품 검색과 신분 확인을 받아야 한다. 모든 숙박 시설은 신분증이 없으면 숙박이 불가능하다. 외국인은 신분증인 여권이 있어도 아무 숙박 시설에나 투숙할 수 없다. 투숙하려고 하면 먼저 공안의 심사를 받아야 하며 때로는 퇴거 조치를 당한다.

중국의 지하철이나 기차를 탑승할 때에는 공항의 검색 수준과 똑같은 검색을 받아야 한다. 심지어는 관광지에 들어갈 때에도 소지품은 검색대를 통과해야 하며 때로는 지문 채취를 하기도 한다. 중국의 기차표는 실명제이다. 승차권에는 타는 사람의 이름이 명기되어 있다. 구매할 때 신분증을 제시하지 않으면 표를 살 수가 없다. 그리고 기차역에 가서 승차권이 소지인의 것인지를 확인해야 승차할 수 있다.

　중국은 인터넷을 통제하는 나라이다. 구글은 한때 중국 정부에 정보를 제공해야 한다는 요구 때문에 중국에서 철수한 적이 있다. 중국에서는 유튜브나 앱스토어 등이 차단되어 있다. 중국 인터넷에서 '천안문 사태'라든지 '류샤오보'를 치면 정보가 나오지 않거나 매우 비판적인 기사만 나온다. 중국에서 핸드폰으로 홍콩 사태와 같은 내용의 문자나 사진을 올리면 즉시 체포되거나 외국인인 경우에는 웨이신微信이 차단된다. 중국에서 웨이신이 차단된다는 것은 중국에서의 생활이 거의 불가능하다는 것을 의미한다. 왜냐하면 중국에서는 거의 웨이신, 영어로는 'WeChat'이라는 자체 모바일 메신저밖에 사용할 수 없기 때문이다. 결제 수단 역시 거의 웨이신에 의존한다. 중국에 가면 비자 카드나 마스터 카드가 안 통한다고 해서 중국 여행 가기 전 한국에서 중국 카드인 은련銀聯 카드를 발급받았다. 그러나 자국의 카드임에도 불구하고 은련 카드는 거의 사용할 수가 없었다. 대부분 QR 코드를 스캔하여 웨이신으로 결제한다. 백화점으로부터 길거리에 있는 노점상, 택시에 이르기까지 모두 자신의 QR 코드를 복사하여 결제한다.

　문제는 이 웨이신이 중국 정부에 모든 개인 정보를 제공하고 있다는 점이다. 웨이신은 중국 정부에 개인의 정보를 제공하고, 중국 정부는 웨이신을 적극적으로 밀어주고 있다. 중국 공안 당국은 웨이신의 대화 내용까지 검색하는 것으로 알려져 있다. 오늘날 웨이신이 중국에서 확고한 위치를 차지하게 된 배경에는 중국 정부의 지원이 있다. 2016년 국제사면위원회(앰네스티)는 웨이신이 표현의 자유가 100점 만점에 0점이라고 평가하였다.

중국의 거리에서는 무장 압송, 혹은 무장순라라고 쓰여 있는 공안 차량을 흔히 볼 수 있다. 아마도 길거리에서 무장 압송을 할 일이 많이 있는 모양이다. 만약 불온한 행동을 한다면 체포 영장 없이도 현장에서 즉각 체포할 수 있다.

결과적으로 중국은 개인의 인권보다는 국가적 안전을 우선시하는 공안의 나라이다.

중국에 대한 조선의 모순과 한국의 모순

연암이 살았던 조선은 중국에 대한 두 가지 모순을 가지고 있었다. 정치적, 문화적인 것과 심리적인 것과의 모순이다. 정치적으로는 천하로서의 중국을 변방국인 조선이 받들어야 했다. 문화적으로도 연암은 청나라의 여러 가지 문물을 조선이 배워야 한다고 생각했다. 그러나 연암뿐만 아니라 당시 조선의 사대부들은 심리적으로는 오랑캐인 청을 되놈으로 멸시했다. 일등 선비는 청나라에서 아무것도 배울 것도, 볼 것도 없다고 한다고 썼다. 실제로는 배울 게 많은 대국이 분명함에도 심리적으로는 아무것도 볼 것이 없다고 강변하고 있는 것이다. 머리로는 청 황제에게 삼배구고두의 예를 행하면서도 가슴으로는 황제를 욕하고 있는 것이다.

오늘날 중국에 대한 한국의 상황은 어떤가? 역시 이중적 모순이 있다. 정치적, 안보적인 것과 경제적인 것과의 모순이다. 한국은 정치적으로는 공산주의 국가인 중국과 갈등 관계에 있는 미국과 동맹국이기도 하다. 정치적으로 보면 간접적인 적국이다. 또 중국은 한국의 적인 북한을 지지하는 국가로 대북 문제에 있어서 한국과 갈등 관계에 있다. 우리의 안보에 부정적인 영향을 미치는 국가이다. 그럼에도 불구하고 경제적으로는 가까이 하지 않으면 안 되는 나라이다. 중국을 멀리하고서는 한국의 경제를 이야기할 수 없는 시대가 되었다.

이 두 개의 모순을 조화시켜 나가는 것이 오늘날 한국이 안고 있는 커다란 과제이기도 하다. 한때 조선은 정치적으로 강대국인 청을 무시하고 심리적 우호국인 명을 지지하다가 결국 정묘호란과 병자호란의 재난을 자초하였다. 오늘날 이러한 모순 속에서 한국은 이제 불편한 입장에 처하게 되었다. 더구나 민족주의 기치하에 근육만 키워가는 중국의 힘의 과시를 감내해야 하는 한국은 과연 이 모순적인 상황을 어떻게 극복해 나가야 할 것인가?

역사와 민족을 생각한다

단동에서 승덕에 이르기까지 연암의 길을 따라가면서 느끼는 것은 우리 한민족의 아픈 역사였다. 처음 단동에 도착할 때 압록강을 바라보면서 수당의 고구려 침공으로부터 거란, 몽고, 후금 그리고 한국전쟁에 이르기까지 한반도를 유린했던 수많은 역사의 외침이 떠올랐다. 그리고 요양과 심양, 요하를 지나면서 이곳에서 펼쳐졌던 웅대한 민족의 투쟁에서 패배하여 한반도로 축소된 역사에 아픔과 아쉬움을 느끼기도 했다. 특히 조선인이 포로로 잡혀 와 노예로 거래되던 심양과 포로로 잡혀 와 집거하던 풍운의 고려포는 우리에게 뼈아픈 곳이었다. 약소국인 조선이 명과 후금의 틈바구니에서 양 대국의 눈치를 살피면서 원치 않는 전쟁에 참가하여 수많은 조선군이 전사한 부찰 역시 그러했다. 북경에서 조선 사신들이 묵을 서관이 수리되지 않아 창호지가 찢어지고 떨어진 방에서 감기가 들어 음식을 먹을 수 없었던 그 당시의 비참한 상황과, 열하에 있는 황제의 생일에 맞춰가기 위해서 허겁지겁 밤낮으로 열하로 가야 했던 조선 사신들의 다급했던 상황이 슬프게 느껴졌다.

역사에는 가정이 없다고 하지만 만약 고조선이 대릉하에서 한에게 패배하지 않았다면, 고구려가 당과의 투쟁에서 승리했다면, 최영의 요동 정벌이 성공했다면 우리 민족사는 어떻게 바뀌었을까? 한탄과 아쉬움이 남을 수밖에 없다.

그러나 지나간 역사를 바꿀 수는 없지만 다가올 역사는 우리가 지금 만들어가는 것이다. 분명한 것은 우리 민족은 신명이 나면 기적을 창조하는 잠재력을 가지고 있다는 점이다. 그 잠재력을 일깨우고 신명을 불러일으킬 수만 있다면 우리는 무엇이든지 해낼 수 있는 민족이다. 세계 최빈국에서 최단 시간 내에 경제 개발을 이루어낸 것도 그렇다. 한 지도자가 국민들로 하여금 잘살아 보겠다는 의지를 일깨워 온 국민이 경제 발전의 길로 뛰쳐나오게 한 것이다. 그것이 한강의 기적을 만들었다. 2002년 온 국민이 하나가 되어 '대~한민국'을 외쳤던 월드컵 축구 경기에서 우리는 4강의 신화를 이루었다.

그런데 오늘날 2002년의 함성은 어디로 갔는지 찾아볼 수가 없다. 온 국민이 하나가 되어 너와 내가 없이 서로 끌어안고 눈물을 흘리던 그 일치되었던 마음은 찾을 길이 없다. 승리를 위한 함성은 비난으로 바뀌고, 일치되었던 마음은 산산이 부서졌다. 온 국민이 하나가 되어 한목소리로 대~한민국을 외쳤던 광장은 이제 이념의 노예가 되어 서로 다른 목소리와 구호로 얼룩지고 있다. 이렇게 우리는 또다시 역사의 착오를 반복할 것인가.

천하위공天下爲公. 천하는 사사로운 것이 아니라 공공을 위한 것이다. 그러나 개인과 집단의 이익을 우선시하는 천하위사天下爲私 풍조가 세상에 만연되어 있다. 이 좁은 땅에서 지역주의의 족쇄에 묶여서 증오와 갈등을 재생산하고 있다. 어제는 항상 부당하고 오늘은 언제나 정당하다고 한다. 타인에 대해서는 엄격하고 자신에 대해서는 언제나 관대하다. 말로는 정의와 공정을 외치면서 자신은 온갖 불의를 저지르고도 모른 체한다.

모택동은 한국전에 중공군이 참전하게 되자 제일 먼저 결혼한 지 일 년밖에 안 된 자신의 장자인 모안영을 참전시켰으며, 모안영은 한 달 후 미군의 폭격으로 북한에서 전사했다. 당시 미8군 사령관이었던 밴플리트 장군의 외아들도, 유엔군 사령관이었던 클라크 장군과 8군 사령관 워커 장군, 아이젠하워 미국 대통령의 아들도 '전혀 알지도 못하는 나라와 한 번도 만난 적이 없었던 사람들을 지키기 위해* 참전했다. 그런데 그때 정작 한국의 지도층과 그 자제들은 어디에 있었을까? 지금도 왜 지도층의 자제들은 군대 갈 나이가 되면 아픈 사람이

---

* …to defend a country they never knew and a people they never met 워싱턴 한국전쟁
기념 공원 내에 있는 글

그렇게 많아지는 걸까?

　주 문왕을 도와 천하를 통일했던 여상(강태공)이 태공망太公望이라고 불린 것은 주 문왕의 선왕인 태공이 천하를 통일할 인물을 고대하며 기다렸기望 때문이다. 위수 가에서 낚시로 세월을 보내고 있는 강태공에게 문왕이 "노인장께서는 낚시를 즐기십니까?"라고 물었을 때, 여상은 "군자는 그 뜻을 얻기를 즐거워하고, 소인은 눈앞의 이익을 얻기를 즐거워한다고 합니다.君子樂得其志 小人樂得其事"라고 대답했다. 오늘날 한국의 소위 지도층이라고 하는 사람 중에는 눈앞의 이익만을 얻으려는 소인들로 가득하다. 언제 우리는 큰 뜻을 펼치고자 하는 진정한 군자, 사심 없이 국가를 위해 희생할 수 있는 존경할 만한 지도자를 만나 볼 수 있을 것인가. 그리하여 민족의 신명과 잠재력을 일깨우고 저력을 폭발시킬 수 있다면 우리가 한강의 기적을 이루고 2002년 4강의 신화를 창조했듯이 또 다른 기적과 신화를 창조할 수 있지 않을까.

부록

열하일기 지명 비정

열하일기 일자	당시 지명	현 위치
6월 24일	義州(의주)	평북 의주군 의주읍
	鴨綠江(압록강)	의주성 북쪽 통군정 앞 구룡연
	九連城(구련성)	丹东市(단동시) 振安区(진안구) 九连城镇 (구련성진)
6월 25일	구련성 노숙	
6월 26일	金石山(금석산)	丹东市 振安區 金山村(금산촌) 大金山(대금산)
	葱秀(총수)	丹東市 振安區 汤山城镇(탕산성진) 汤山村 (탕산촌)
6월 27일	柵門(책문)	丹东市 凤城市(봉성시) 边门镇(변문진)
6월 28일	鳳凰城(봉황성)	丹东市 凤城市
	松店(송점)	凤城市 薛礼村(설례촌)
6월 29일	三家河(삼가하)	凤城市 刘家河镇(유가하진) 单家河村(단가하촌) 마을 남쪽 하천
	劉家河(유가하)	凤城市 刘家河镇 刘家河村(유가하촌) 유가하
	黃河庄(황하장)	凤城市 刘家河镇 黃家堡子(황가보자)
	金家河(금가하)	凤城市 金家河(금가하)
	林家臺(임가대)	凤城市 通远堡镇(통원보진) 林家台(임가대)
	八渡河(팔도하)	林家台(임가대)와 樊家台(번가대) 사이에 있는 八渡河
	范家台(범가대)	凤城市 通远堡镇 樊家台(번가대)
	大方身(대방신)	凤城市 通远堡镇 二道房(이도방)
	小方身(소방신)	凤城市 通远堡镇 通遠堡站 〈추정〉
	通遠堡(통원보)	凤城市 通远堡镇
7월 1일 ~5일	통원보 체류	

7월 6일	草河口(초하구)	本溪市(본계시) 滿族自治县(만족자치현) 草河口镇(초하구진) 草河口
	分水嶺(분수령)	本溪市 滿族自治县 草河口镇 分水岭
	高家嶺(고가령)	本溪市 滿族自治县 连山关镇(연산관진) 高家岭
	劉家嶺(유가령)	本溪市 滿族自治县 连山关镇 刘家岭(유가령)
	連山關(연산관)	本溪市 滿族自治县 连山关镇
7월 7일	摩雲嶺(마운령)	本溪市 滿族自治县 连山关镇과 下马塘镇(하마당진) 分界의 摩天岭(마천령)
	千水站(천수참)	辽阳市(요양시) 辽阳县(요양현) 甜水滿族乡(첨수만족향) 甜水村(첨수촌)
	靑石嶺(청석령)	辽阳县 甜水滿族乡 靑石岭
	狼子山(낭자산)	辽阳市 辽阳县 河栏镇(하란진) 狼子山
7월 8일	三流河(삼류하)	辽阳市 弓长岭区(궁장령구) 汤河(탕하)
	王祥嶺(왕상령)	辽阳市 弓长岭区 汤河镇(탕하진) 石桥子村(석교하촌) 秦家岭(진가령)
	石門嶺	辽阳市 弓长岭区 汤河镇 小岭子村
	王寶台(왕보대)	辽阳市 宏伟区(굉위구) 曙光鎮(서광진) 望报台(망보대)
	冷井(냉정)	辽阳市 宏伟区 曙光鎮 石洞沟(석동구)
	高麗叢(고려총)	辽阳市 宏伟区 曙光鎮 高力村(고력촌) 일명 前进村(전진촌)
	阿彌庄(아미장)	辽阳市 宏伟区 曙光鎮 峨嵋村(아미촌)
	舊遼陽(구요양)	辽阳市 白塔区 中心路 요양박물관 부근
	西門(서문)	辽阳市 白塔区(서탑구) 西关(서관)
	白塔(백탑)	辽阳市 白塔区 白塔(백탑)
7월 9일	張家台(장가대)	辽阳市 灯塔市(등탑시) 张台子镇(장태자진)
	三道巴(삼도파)	辽阳市 灯塔市 周三界坝村(주삼계파톤)
	爛泥堡(난니보)	辽阳市 灯塔市 乱泥铺村(난니포촌)

7월 9일	萬寶橋(만보교)	辽阳市 灯塔市 万宝桥(만보교)
	烟台河(연태하)	辽阳市 灯塔市 남쪽의 하천
	山腰鋪(산요포)	辽阳市 灯塔市 山岳堡村(산악보촌)
	十里河(십리하)	沈阳市(심양시) 苏家屯区(소가둔구) 十里河镇(십리하진)
7월 10일	板橋堡(판교보)	沈阳市 苏家屯区 沈营线 板桥铺村(판교포촌)
	長盛店(장성점)	沈阳市 苏家屯区 沈营线 长兴甸(장흥전)
	沙河堡(사하보)	沈阳市 苏家屯区 沙河堡镇(사하보진)
	暴交蛙子(폭교와자)	沈阳市 苏家屯区 鲍家村(포가촌)
	氈匠堡(전장보)	沈阳市 浑南区(혼남구) 毡匠村火(전장촌화)
	火燒橋(화소교)	沈阳市 浑南区 火石桥村(화석교촌) 火石桥(화석교)
	白塔堡(백탑보)	沈阳市 浑南区 白塔堡镇(백탑보진) 白塔村(백탑촌)
	一所台(일소대)	沈阳市 浑南区 五里台子(오리태자)
	紅火舖(홍화포)	沈阳市 浑南区 浑河铺(혼하포)
	渾河(혼하)	沈阳市 浑河
	瀋陽(심양)	沈阳市
7월 11일	심양 숙박	
7월 12일	願堂(원당)	沈阳市 和平区(화평구) 敦化路(돈화로) 西本愿寺(서본원사)
	塔院(탑원)	沈阳市 和平区 敦化路 20호 愿寺(원사) 西塔(서탑)
	方士邨(방사촌)	沈阳市 和平区 中华路(중화로) 方士屯(방사둔)
	壯元橋(장원교)	沈阳市 于洪区(우홍구) 元江街(원강가) 韩湾 壮元桥(한만장원교)
	永安橋(영안교)	沈阳市 于洪区 永安村(영안촌) 일명 大石桥(대석교)
	雙家子(쌍가자)	沈阳市 于洪区 马三家镇(마삼가진) 馬三家子(마삼가자)
	大方身(대방신)	沈阳市 于洪区 大方身(대방신)

7월 12일	磨刀橋(마도교)	沈阳市 于洪区 种博路(종박로) 板桥子(판교자)
	邊城(변성)	沈阳市 于洪区 祝家窝堡(축가와보)
	興隆店(흥륭점)	新民市(신민시) 三郭线(삼곽선) 老兴隆店(노흥륭점)
	孤家子(고가자)	新民市 孤家子
7월 13일	巨流河(거류하)	新民市 巨流河
	巨流河堡(거류하보)	新民市 巨流河堡
	泌店子(필점자)	新民市 沙崗子(사강자)
	五渡河(오도하)	新民市 芬崗村(분강촌)
	四方台)(사방대)	新民市 前茶棚庵(전다붕암)
	郭家屯(곽가둔)	新民市 郭家屯(곽가둔)
	新民屯(신민둔)	新民市 新民屯
	小黃旗堡(소황기보)	新民市 小黃旗堡(소황기보)
	大黃旗堡(대황기보)	新民市 大黃旗堡
	柳河溝(유하구)	新民市 柳河溝
	石獅子(석사자)	新民市 大石獅子(대석사자)
	营房(영방)	新民市 营坊村(영방촌)
	白旗堡(백기보)	新民市 白旗堡
7월 14일	小白旗堡(소백기보)	新民市 小白旗堡
	平房(평방)	新民市 金平房村(금평방촌)
	一半拉門(일반랍문)	锦州市(금주시) 黑山县(흑산현) 半拉门镇(반랍문진)
	靠山屯(고산둔)	锦州市 靠山村(고산촌)
	二道井(이도정)	锦州市 黑山县 二道境子村(이도경자촌)
	隱寂寺(은적사)	锦州市 黑山县 八家子(팔가자)
	古家舖(고가포)	锦州市 黑山县 胡家屯(호가둔)
	古井子(고정자)	锦州市 黑山县 胡家屯(1리 남쪽 지역)
	十扛子(십강자)	锦州市 黑山县 十里崗子(십리강자)
	煙台(연태)	锦州市 黑山县 墩台壕(돈태호)
	小黑山(소흑산)	黑山(흑산)
7월 15일	中安浦(중안포)	北镇市(북진시) 中安镇(중안진)

7월 15일	舊廣寧(구광녕)	北镇市
	北鎭廟(북진묘)	北镇市(북진묘)
	新廣寧(신광녕)	北镇市 广宁站村(광녕참촌)
7월 16일	興隆店(흥륭점)	北镇市 兴隆店村(흥륭촌)
	雙河堡(쌍하보)	北镇市 双河堡村(쌍하보촌)
	壯鎭堡(장진보)	北镇市 壯鎭村(장진촌)
	常興店(상흥점)	北镇市 常兴店镇(상흥점진)
	三台子(삼태자)	北镇市 南三台子村(남삼태자촌)
	閭陽驛(여양역)	北镇市 闾阳驿(여양역)
	頭台子(두태자)	北镇市 大二台子村(대이태자촌)
	二台子(이태자)	北镇市 三台子村(삼태자촌)
	四台子(사태자)	北镇市 五台子村(오태자촌)
	王三舖(왕삼포)	北镇市 望山铺村(망산포촌)
	十三山(십삼산)	北镇市 石山站(석산참)
7월 17일	禿老舖(독로포)	凌海市(능해시) 禿老婆店(독로파점)
	大陵河(대릉하)	凌海市 大陵河(대릉하)
	大陵河店(대릉하점)	凌海市 大陵河店(대릉하점)
7월 18일	四同碑(사동비)	凌海市 四桶村(사통촌)
	雙陽店(쌍양점)	凌海市 双羊村(쌍양촌)
	小凌河(소릉하)	凌海市 小凌河(소릉하)
	小凌河橋(소릉하교)	凌海市 水手营子(수수영자) 동쪽 다리
	松山堡(송산보)	錦州市 松山村(송산촌)
	杏山堡(행산보)	錦州市 杏山镇(행산진)
	十里河店(십리하점)	錦州市 十里河子村(십리하자촌)
	高橋堡(고교보)	葫芦岛市(호로도시) 高桥镇(고교진) 高丰村(고풍촌)
7월 19일	塔山(탑산)	葫芦岛市 塔山乡(탑산향)
	朱獅河(주사하)	葫芦岛市 连山区(연산구) 周流河子(주류하자)
	罩羅山店(조라산점)	葫芦岛市 连山区 笊笠山子(고립산자)
	二台子(이태자)	葫芦岛市 连山区 李台子村(이태자촌)
	連山驛(연산역)	葫芦岛市 连山区 连山驿(연산역)
	五里河子(오리하자)	葫芦岛市 连山区 五里河子(오리하자)
	老和尙台(노화상대)	葫芦岛市 龙港区(용만구) 老和村(노화촌)

7월 19일	雙樹舖(쌍수포)	葫芦岛市 龙港区 双树村(쌍수촌)
	乾柴嶺(건시령)	興城市(흥성시) 干柴村(간시촌)
	茶棚菴(다붕암)	興城市 茶棚菴(차붕암)
	寧遠衛(영원위)	興城市 寧遠衛城(영원위성)
7월 20일	靑墩台(청돈대)	興城市 周家窩铺(주가와포)
	曹庄驛(조장역)	興城市 曹庄村(조장촌)
	七里坡(칠리파)	興城市 七里坡村(칠리파촌)
	五里橋(오리교)	興城市 五里桥子(오리교자) 일명 五里村(오리촌)
	沙河所(사하소)	興城市 沙后所(사후소) 일명 中右所(중우소)
	乾溝台(건구대)	興城市 西大道(서대도)
	煙台河(연태하)	興城市 煙台河(연태하)
	半拉店(반랍점)	興城市 朱家峪(주가령)
	望河店(망하점)	興城市 望海村(망해촌)
	(曲尺河(곡척하)	興城市 曲河村(곡하촌)
	三里橋(삼리교)	興城市 三里村(삼리촌)
	東關驛(동관역)	興城市 东关站村(동관참촌)
7월 21	동관역 체류	
7월 23일	二台子(이태자)	興城市 南二台子村(남이태자촌)
	六渡河橋(육도하교)	興城市 六股河(육고하) 다리
	中後所(중후소)	绥中县(수중현)
	一台子(일태자)	绥中县 二台子(이태자)
	三台子(삼태자)	绥中县 三台子村(삼태자촌)
	沙河店(사하점)	绥中县 沙河村(사하촌)
	葉家墳(엽가분)	绥中县 叶家村(엽가촌)
	口魚河屯(구어하둔)	绥中县 狗河城村(구하성촌)
	魚河橋(어하교)	绥中县 狗河橋(구하교)
	石橋河(석교하)	绥中县 石河(석하)
	前屯衛(전둔위)	绥中县
	中後所河(중후소하)	绥中县 동쪽에 있는 六股河(육고하)
	王家台(왕가대)	绥中縣 西王崗台村(서왕강대촌)
	王濟溝(왕제구)	绥中縣 陡坡台村(두파대촌)
	高嶺驛(고령역)	绥中縣 高岭镇(고령진)

	松嶺溝(송령구)	绥中縣 大松岭沟(대송령구)
	小松嶺(소송령)	绥中縣 小松岭沟(소송령구)
	中前所(중전소)	绥中縣 中前所(중전소)
	大石橋(대석교)	绥中县 西甸子镇(서전자진) 大石桥村(대석교촌)
	兩水湖(양수호)	绥中縣 凉水河村(양수하촌)
	老君店(노군점)	绥中縣 老军屯村(노군둔촌)
7월 23일	王家店(왕가점)	绥中縣 王家村(왕가촌)
	望夫石(망부석)	绥中縣 望夫石村(망부석촌)
	二里店(이리점)	绥中縣 二里甸子村(이리전자촌)
	山海關(산해관)	秦皇岛市(진황도시) 山海关区(산해관구) 山海关古城(산해관고성)
	深河(심하)	秦皇岛市 山海关区 石河(석하)
	紅花舖(홍화포)	秦皇岛市 山海关区 石河镇(석하진) 红瓦店村(홍와점촌)
	范家庄(범가장)	秦皇岛市 海港区(해항구) 范家庄村(범가장촌)
	楊河堤(양하제)	秦皇岛市 海港区 邹吕庄村(추여장촌)
	大理营(대리영)	秦皇岛市 海港区 大理营村(대리영촌)
	王家嶺(왕가령)	秦皇岛市 海港区 西王岭村(서왕령촌)
	鳳凰店(봉황점)	秦皇岛市 海港区 凤凰店村(봉황점촌)
7월 24일	望海店(망해점)	秦皇岛市 海港区 望海店村(망해점촌)
	深河驛(심하역)	秦皇岛市 海港区 深河乡(심하향)
	高舖台(고포대)	秦皇岛市 海港区 大毛义匠村(대모의장촌)
	王家舖(왕가포)	秦皇岛市 海港区 往子店村(왕자점촌)
	馬棚舖(마붕포)	秦皇岛市 抚宁区(무녕구) 韩义庄村(한의장촌)
	榆关(유관)	秦皇岛市 抚宁区 榆关村(유관촌)
	营家庄(여가장)	秦皇岛市 抚宁区 荣庄村(영장촌)
	上白石舖(상백석포)	秦皇岛市 抚宁区 上铺村(상포촌)
7월 25일	下白石舖(하백석포)	秦皇岛市 抚宁区 下铺村(하포촌)
	营家庄(여가장)	秦皇岛市 抚宁区 荣庄村(영장촌)
	上白石舖(상백석포)	秦皇岛市 抚宁区 上铺村(상포촌)
	下白石舖(하백석포)	秦皇岛市 抚宁区 下铺村(하포촌)

7월 25일	吳家庄(오가장)	秦皇島市 抚宁区 吾官营(오관영)
	(撫寧縣(무녕현)	秦皇島市 抚宁区 抚宁镇(무녕진)
	羊腸河(양장하)	秦皇島市 抚宁镇 서쪽 洋河(양하)
	午哩舖(오리포)	秦皇島市 抚宁区 五里铺村(오리포촌)
	蘆家庄(노가장)	秦皇島市 抚宁区 鲁匠村(노장촌)
	時哩舖(시리포)	秦皇島市 抚宁区 西桃园村(서도원촌)
	蘆峯口(노봉구)	秦皇島市 抚宁区 卢峰口(노봉구)
	茶棚菴(다붕암)	秦皇島市 抚宁区 茶棚乡(다붕향)
	飮馬河(음마하)	秦皇島市 抚宁区 李宫营村(이궁영촌)
	背陰堡(배음보)	秦皇島市 抚宁区 背阳铺村(배양포촌)
	要站(요참)	秦皇島市 卢龙县(노룡현) 要站村(요참촌)
	猹子营(달자영)	秦皇島市 卢龙县 要站村(요참촌)
	部落嶺(부락령)	秦皇島市 卢龙县 部落岭村(부락령촌)
	盧龍塞(노룡새)	秦皇島市 卢龙县 十八里铺村(십팔리포촌)
	驢槽(여조)	秦皇島市 卢龙县 驴槽(여조)
	漏澤園(누택원)	秦皇島市 卢龙县 杨庄子(양장자)
	永平府(영평부)	秦皇島市 卢龙县(노룡현)
7월 26일	靑龍河청룡하)	秦皇島市 卢龙县 青龙河(청룡하)
	南墟庄(남허장)	唐山市(당산시) 迁安市(천안시) 南坼村(남허촌)
	鴨子河(압자하)	滦河(난하)
	灤河(난하)	唐山市 滦州市(난하시) 滦河(난하)
	范家店(범가점)	滦州市 油榨镇(유자진) 范家庄(범가장)
	夷齊廟(이제묘)	滦州市 油榨镇 新范家庄(신범가장)
	望夫台(망부대)	滦州市 油榨镇 望夫台村(망부대촌)
	安河店(안하점)	滦州市 油榨镇 西安河店村(서안하점촌)
	赤紅舖(적홍포)	滦州市 油榨镇 赤峰堡村(적봉보촌)
	野雞坨(야계타)	唐山市 迁安市 野鸡坨镇(야계타진) 野鸡坨村(야계타촌)
	沙河堡(사하보)	唐山市 迁安市 沙河驿镇(사하역진) 前沙窝铺村(전사와포촌)
	棗庄(조장)	唐山市 迁安市 沙河驿镇 唐庄子村(당장자촌)
	沙河驛(사하역)	唐山市 迁安市 沙河驿镇 沙河驿村(사하역촌)

	紅廟(홍묘)	唐山市 迁安市 红庙子村(홍묘자촌)
	馬舗营(마포영)	唐山市 迁安市 馬舗营村(마포영촌)
	七家岭(칠가령)	唐山市 迁安市 七家岭村(칠가령촌)
	新店舗(신점포)	唐山市 迁安市 东新店舗村(동신점포촌)
	乾草河(건초하)	唐山市 迁安市 干草河村(간초하촌)
	王家店(왕가점)	滦州市 王店子镇(왕점자진)
	張家莊(장가장)	滦州市 王店子镇 张家庄村(장가장촌)
	蓮花池(연화지)	滦州市 王店子镇 莲花池村(연화지촌)
7월 27일	榛子店(진자점)	滦州市 榛子镇(진자진)
	烟墩山(연돈산)	滦州市 榛子镇 香山村(향산촌)
	白草洼(백초와)	滦州市 榛子镇 白草洼村(백초와촌)
	鐵城坎(철성감)	唐山市 丰润区(풍윤구) 刘家营乡(유가영향) 铁城坎村(철성감촌)
	牛欄山舗(우란산포)	唐山市 丰润区 刘家营乡 拨子村(발자촌)
	板橋(판교)	唐山市 丰润区 银城铺镇(은성포진) 板桥村(판교촌)
	丰润縣(풍윤현)	唐山市 丰润区 丰润镇(풍윤진)
7월 28일	高麗堡(고려보)	唐山市 丰润区 高丽铺镇(고려포진) 高丽堡村(고려보촌)
	沙河舗(사하포)	唐山市 丰润区 七树庄镇(칠수장진) 沙河舗村(사하포촌)
	趙家庄(조가장)	唐山市 丰润区 姜家营鄉(강가영향) 杨家铺村(양가포촌)
	蒋家庄(장가장)	唐山市 丰润区 杨家铺村(양가포촌) 서쪽 무명지점
	還香河(환향하)	阎家铺村 (염가포촌)서쪽 800m에 있는 하천 일명 魚河桥(어하교)
	閔家舗(민가포)	唐山市) 丰润区 七树庄镇(칠수장진) 阎家铺村(염가포촌)
	盧姑庄(노고장)	唐山市 丰润区 辛店子村(신점자촌)
	李家庄(이가장)	唐山市 丰润区 李庄子村(이가장촌)
	沙流河(사류하)	唐山市 丰润区 沙流河镇(사류하진) 沙流河村(사류하촌)

7월 28일	亮水桥(양수교)	唐山市 玉田县(옥전현) 沙流河村(사류하촌) 서쪽 2km 무명교
	良家庄(양가장)	唐山市 丰润区 亮甲店镇(양갑점진)
	二十里舖(이십리포)	唐山市 丰润区 二十里铺村(이십리포촌)
	十五里屯(십오리둔)	唐山市 丰润区 十五里铺村(십오리포촌)
	东八里舖(동팔리포)	唐山市 丰润区 八里铺村(팔리포촌)
	龙泣菴용읍암)	唐山市 丰润区 田水园村(전수원촌)
	玉田縣(옥전현)	唐山市 玉田县 玉田镇(옥전진)
7월 29일	西八里堡(서팔리보)	唐山市 玉田县 富乐村(부락촌)
	五里屯(오리둔)	唐山市 玉田县 西五里屯村(서오리둔촌)
	采亭桥(채정교)	唐山市 玉田县 采亭桥镇(채정교진)
	大枯樹店(대고수점)	唐山市 玉田县 孤树店子村(고수점자촌)
	小枯树店(소고수점)	唐山市 玉田县 后王庄村(후왕장촌)
	蠡山店(봉산점)	唐山市 玉田县 峰山村(봉산촌)
	鱉山店(별산점)	天津市 蓟县(계현) 别山镇(별산진)
	宋家庄(송가장)	天津市 蓟县 窦家楼村(두가루촌)
	二里店(이리점)	天津市 蓟县 二里店村(이리점촌)
	現桥(현교)	天津市 蓟县 东定福庄村(동정복장촌)
	三家坊(삼가방)	天津市 蓟县 三间房村(삼간방촌)
	东五里桥(동오리교)	天津市 蓟县 翠辛庄(취신장) 북쪽 400m 거리에 있던 다리
	蓟州城(계주성)	天津市 蓟县 城关镇(성관진) 蓟县县城(계주현성)
	西五里桥(서오리교)	天津市 蓟县 五里桥村(오리교촌)
	邦囷店(방균점)	天津市 蓟县 邦均镇(방균진)
7월 30일	别山庄(별산장)	天津市 蓟县 洇溜镇(인류진)
	一柳河(인류하)	天津市 蓟运河(계운하)
	曲家庄(곡가장)	天津市 蓟县 高各庄村(고각장촌)
	龍灣子(용만자)	天津市 蓟县 龙湾子村(용만자촌)
	現曲子(현곡자)	天津市 蓟县 小现渠村(소현거촌)
	胡李庄(호리장)	天津市 蓟县 胡里庄村(호리장촌)

7월 30일	白幹店(백간점)	天津市 薊県 白澗村(백간촌)
	段家店(단가점)	天津市 薊県 蒋家胡同村(장가호동촌)
	淖沱河(호타하)	廊坊市(낭방시) 三河市(삼하시) 薊运河(계운하)
	三河県(삼하현)	廊坊市 三河市(삼하시)
	东西棗林(동서조림)	三河市 李枣林村(이조림촌)
	白浮屠庄(백부도장)	三河市 白浮图村(백부도촌)
	新店(신점)	三河市 西辛店(서신점)
	皇親店(황친점)	三河市 黄亲庄村(황친장촌)
	夏店(하점)	三河市 夏垫镇(하점진)
	柳河店(유하점)	三河市 柳河屯(유하둔)
	馬已乏(마이핍)	三河市 马起乏村(마기핍촌)
	烟桥堡(연교보)	三河市 燕郊站(연교참) 燕郊公园(연교공원): 烟郊堡(연교보)
8월 1일	師姑庄(사고장)	北京市 通州区(통주구) 宋庄镇(송장진) 师姑庄村(사고장촌)
	鄧家庄(등가장)	北京市 通州区 大邓各庄村(대등각장촌)
	胡家庄(호가장)	北京市 通州区 潞城镇(노성진) 胡各庄村(호각장촌)
	潞河(노하)	北京市 通州区 白河(백하)
	通州(통주)	北京市 通州区 潞城鎮(노성진) 古城村(고성촌)
	永通橋(영통교)	北京市 通州区 八里桥(팔리교)
	杨家閘(양가갑)	北京市 朝阳区(조양구) 管庄乡(관장향) 杨闸村(양갑촌)
	关家庄(관가장)	北京市 朝阳区 管庄乡(관장향)
	三間房(삼간방)	北京市 朝阳区 三间房(삼간방)
	定府庄(정부장)	北京市 朝阳区 定福庄(정복장)
	大王庄(대왕장)	北京市 朝阳区 大黄庄(대황장)
	太平庄(태평장)	北京市 朝阳区 太平庄(태평장)
	紅門(홍문)	北京市 朝阳区 红領巾公园(홍령건공원)
	是里堡(시리보)	北京市 朝阳区 十里堡(십리보)

8월 1일	巴里堡(파리보)	北京市 朝阳区 八里庄清真寺(팔리장청진사)
	新橋(신교)	北京市 朝阳区 东大校(동대교)
	东岳廟(동악묘)	北京市 朝阳区 东岳庙(동악묘)
	朝陽門(조양문)	北京市 东城区(동성구) 朝阳門(조양문)
	西館(서관)	北京市 东城区 前門东大街
8월 2일	서관 유숙	
8월 3일	서관 유숙	
8월 4일	서관 유숙	
8월 5일	孫家庄(손가장)	北京市 顺义区(순의구) 牛栏山镇(우란산진) 北孙各庄村(북손각장촌)
8월 6일	順義(순의)	
	密雲(밀운)	
8월 7일	穆家峪(목가욕)	北京市 密云区(밀운구) 穆家峪镇(목가욕진) 穆家峪村(목가욕촌)
	南天門(남천문)	北京市 密云区 古北口镇(고북구진) 龙洋村(용양촌) 南天门(남천문)
	廣硎河(광형하)	潮河(조하)
	石匣城(석갑성)	北京市 密云区 高岭镇(고령진) 石匣村(석갑촌) 石匣城遺址(석갑성유지)
	古北口(고북구)	
8월 8일	半間房(반간방)	承德市(승덕시) 滦平县(난평현) 两间房乡(양간방향) 两间房村(양간방촌)
	三間房(삼간방)	承德市 滦平县 两间房乡 三间房村(삼간방촌)
	樺楡溝(화유구)	承德市 双滦区(쌍난구) 化育沟村(화육구촌)
8월 9일	熱河(열하)	승덕

자전거로 가는 新열하일기

초판 1쇄 인쇄 2020년 11월 04일
초판 1쇄 발행 2020년 11월 12일
지은이 윤일영·김종운·최충현·신광수·배승식·허익렬·정종용

펴낸이 김양수
디자인·편집 이정은
교정교열 박순옥

펴낸곳 도서출판 맑은샘
출판등록 제2012-000035
주소 경기도 고양시 일산서구 중앙로 1456(주엽동) 서현프라자 604호
전화 031) 906-5006
팩스 031) 906-5079
홈페이지 www.booksam.kr
블로그 http://blog.naver.com/okbook1234
포스트 http://naver.me/GOjsbqes
이메일 okbook1234@naver.com

ISBN 979-11-89254-48-3 (03910)

* 이 책의 국립중앙도서관 출판시도서목록은 서지정보유통지원시스템 홈페이지
  (http://seoji.nl.go.kr)와 국가자료종합목록 구축시스템(http://kolis-net.nl.go.
  kr)에서 이용하실 수 있습니다.
  (CIP제어번호 : CIP2020046798)

* 이 도서의 판매 수익금 일부를 한국심장재단에 기부합니다.